叢書主編：蕭新煌 教授

本書由臺灣亞洲交流基金會與巨流圖書股份有限公司共同策劃出版

東南亞、華客
與臺灣新住民

利亮時、蕭新煌 主編

國家圖書館出版品預行編目（CIP）資料
東南亞、華客與臺灣新住民 / 韓智恩, 陳芳草, 顏榮軒, 王麗蘭, 劉桂苓, 劉漢文, 楊忠龍, 彭婉菁, 沈豪挺作 ; 利亮時, 蕭新煌主編. -- 初版. -- 高雄市：巨流圖書股份有限公司, 2024.04
面； 公分
ISBN 978-957-732-716-1(平裝)
1.CST: 區域研究 2.CST: 文集 3.CST: 東南亞
738.07 113003856

東南亞、華客與臺灣新住民

主　　編　利亮時、蕭新煌
作　　者　韓智恩、陳芳草、顏榮軒、王麗蘭、劉桂苓、劉漢文、楊忠龍、彭婉菁、沈豪挺
發 行 人　楊曉華
編　　輯　邱仕弘
封面藝術　李宇香（Yu-Hyang Lee）
封面設計　毛湘萍
內文排版　弘道實業有限公司

出 版 者　巨流圖書股份有限公司
802019 高雄市苓雅區五福一路 57 號 2 樓之 2
電話：07-2265267
傳真：07-2233073
購書專線：07-2265267 轉 236
E-mail：order1@liwen.com.tw
LINE ID：@sxs1780d
線上購書：https://www.chuliu.com.tw/
臺北分公司　100003 臺北市中正區重慶南路一段 57 號 10 樓之 12
電話：02-29222396
傳真：02-29220464
法律顧問　林廷隆律師
電話：02-29658212

刷　　次　初版一刷 · 2024 年 4 月
定　　價　400 元
I S B N　978-957-732-716-1（平裝）

主編簡介

利亮時　國立高雄師範大學客家文化研究所所長

蕭新煌　財團法人臺灣亞洲交流基金會董事長

作者簡介

（按章次排序）

韓智恩　國立暨南國際大學東南亞學系博士候選人

陳芳草　國立暨南國際大學東南亞學系兼任講師

顏榮軒　逢甲大學經濟學系助理教授

王麗蘭　國立臺灣大學文學院兼任助理教授

劉桂苓　國立暨南國際大學東南亞學系博士候選人

劉漢文　國立暨南國際大學東南亞學系博士生

楊忠龍　國立高雄師範大學東南亞暨南亞研究中心計畫研究人員

彭婉菁　國立中山大學中國與亞太區域研究所博士生

沈豪挺　桃園市蘆山園社區大學主任秘書、國立暨南國際大學東南亞學系兼任助理教授

編　序

從 2020 年開始，臺灣亞洲交流基金會有鑑於推動臺灣南部學界的東南亞區域研究之必要，乃結合高雄師範大學東南亞暨南亞研究中心和國立暨南國際大學東南亞學系，共同舉辦了「新南向新世代：聚焦東南亞」研討會。目的是鼓勵此一領域的年輕學者（博士生、助理教授），能有一個發表與切磋的平台，並與同道和資深學者進行交流。

之後的兩年也都連續舉行相關的研討會，2021 年以「新南向新世代：深耕東南亞」為題，2022 年的主題是「新南向新力量：聚內連外」。經歷三屆研討會，共有近三十篇文章發表，其中不乏課題有意義、品質不錯的論文，我們乃決定就前三屆（2020 年－ 2022 年）研討會近三十篇文章先行送審、擇優出版。用意是想激勵年輕學者繼續深耕，並藉此與東南亞研究的同行學者分享與請益。

經過專家學者的審查，本書收錄了九篇論文，分別落在三個大主題。一是東南亞（共三篇），探討泰國監察使公署、越中邊境赫蒙人生計和 ASEAN+6 的綠色經濟；二是華人與客家（共四篇），分析馬來西亞華人博物館、越南同奈華人農民生計、泰國華人政策與華文教育和馬來西亞柔佛客家新村；三是臺灣新住民（共兩篇），探究近年臺灣東南亞新移民研究之發展和臺中東南亞族裔街區。

本書九篇文章，研究範圍涉及的東南亞國家不少，至少包括在臺灣的東南亞新住民和東南亞國協，個論部分則有泰國、越南和馬來西亞。討論的主題則涵蓋東南亞政治、經濟、教育、華人、客家和臺灣新住民；內容可說是多元和豐富。做為本書主編，我們很希望這九篇由東南亞研究新秀所寫的文章，能夠起個頭，做個示範，讓國內東南亞學界更重視對年輕學人和學子的培養；以使臺灣東南亞研究更多元地蓬勃發展，除了東南亞各國政經社與東南亞華人和臺灣新住民外，也注意到東南亞客家研究。

就臺灣亞洲交流基金會來說，促進臺灣對東南亞的瞭解與交流，關鍵途徑之一就是促進臺灣的東南亞研究。上述的幾個期許，也正是臺灣新南向政策的目標之一。

利亮時、蕭新煌

2024 年 1 月

目　錄

第一篇：東南亞

第二篇：華人與客家

第三篇：臺灣新住民

第一篇

東南亞

第一章

泰國監察使公署之功能 *

韓智恩 **

---

* 按「泰國監察使公署」之泰文為：ผู้ตรวจการแผ่นดิน；英文名稱為 “Office of the Ombudsman Thailand”。本中文譯名採用中華民國監察院「國際監察制度綜覽」之翻譯，取自 https://www.cy.gov.tw/News.aspx?n=115&sms=8883&page=4&PageSize=20（2021 年 5 月 2 日瀏覽）。本論文原題目為：「泰國監察使公署之組職與功能初探」，發表於 2021 年「新南向新世代 深耕東南亞」國際研討會（國立高雄師範大學東南亞暨南亞研究中心、臺灣亞洲交流基金會及國立暨南國際大學東南亞學系聯合主辦），本論文之內容乃整合「泰國監察使公署之組職與功能初探」、「由網路評論探討泰國人民對其監察制度之認知與態度：以巴育就職宣誓事件之仲裁為例」與 “The Ombudsman System of Thailand and its Roles in Thai Politics” 之成果。本論文之研究問題及研究分析乃以「泰國監察使公署之組職與功能初探」為主。

「由網路評論探討泰國人民對其監察制度之認知與態度：以巴育就職宣誓事件之仲裁為例」，發表於 2020 臺灣的東南亞區域研究年度研討會「跨界深思：過去、現在與未來」，中央研究院人社中心亞太區域研究專題中心主辦，2020 年 11 月 23 日。（僅口頭發表，感謝大會諸位先生給予指導意見）

“The Ombudsman System of Thailand and its Roles in Thai Politics” 發表於 *Asian Studies International Journal*, ISSN: 2279-1949, Special Issue. December 2021. https://asianstudies.info/special-issues/.

** 國立暨南國際大學東南亞學系博士候選人

一、研究動機與研究背景

本文的研究動機來自一起震撼泰國的申訴事件。2019 年 7 月 16 日，甫於泰國 3 月 24 日選舉中勝出，具軍人背景的泰國總理巴育率領內閣成員向泰王瓦吉拉隆功宣誓就職時，漏讀了誓詞的內容引起了軒然大波。有泰國民眾就此事件向泰國監察使公署提出投訴，主張巴育的宣誓違法，其領導的新內閣亦因不合法而必須解散。基於巴育的政治身分以及泰國的政治歷史背景，人民向監察使公署投訴新任總理的宣誓過程違法具有重大意義。

巴育在 2014 年卸任陸軍總司令前發動政變，驅逐了第 28 任民選總理盈拉成立軍政府，以國家安全與秩序委員會主任取代總理職位，在這段期間內軍人政府扣押原有的內閣成員，管控媒體之言論及暫時廢除大部分的泰國憲法。人民在此情況下並無表達反對意見的管道，異議分子在這段期間也顯得沉寂，在泰國的政治歷史上，軍政府執政的期間，任何質疑政府的行動是不可想像的。即使是軍政府解散了、停止戒嚴後選出新總理，但總理人選仍是由發動政變的軍人擔任，人民即使對新內閣有所不滿，也不敢有所行動。從這次人民向泰國監察使公署投訴具有軍人背景的內閣總理宣誓違法，在泰國的政治史上具有重大的意義，觸發了本文的研究動機，擬探討泰國監察使公署的沿革、權力、在憲法中的位階與權力、功能以及泰國民眾對其觀感，希望本文的研究結果對進一步瞭解泰國政治的發展能做出貢獻。

本文的主要思考點是：監察制度的設立是為了監督政府機構運作及確保其執行效率，保障百姓權益的設置，然而為何在軍人政變頻繁的泰國，自 2000 年以來就一直保有監察制度，甚至在戒嚴的狀態下軍政府仍然讓監察使公署維持正常的運作？研究者認為這個問題可以巴育宣誓事件做為觀察點，瞭解泰國監察使公署的在實際運作之程序。尤其是被投訴者之背景為具軍人背景之權貴時，監察使公署又有何作為？泰國百姓對監察使公署之觀感是否有利於政治情勢之穩定？如此，我們可透過對監察使公署功能理解泰國特殊的政治環境。

二、文獻回顧

與本研究相關之文獻可分為以下幾類：第一類為監察制度之效能與獨立性，第二類為監察使在行使權力時所遭遇的困難與挑戰，第三是泰國人民對監察使公署的滿意度，第四類為各國監察制度與泰國之間的比較。

（一）監察制度之效能與獨立性

1. Napichchaya Kansanoy（2007）「泰國監察使的法律執行」（The Legal Enforcement of the Ombudsman in Thailand）

Napichchaya（2007）提出泰國監察使公署最大問題是政府部門不向監察使公署報告，監察使公署的意見亦無法拘束泰國行政部門進行修正。這些問題的原因是泰國的法律體系複雜，缺乏明確條文的限制。加上每逢政變，新政府會針對憲法進行修正，如果政府做法有問題的話，就會修訂憲法讓政府的作為合法化。所以如果有人投訴政府，最後也無法讓政府做出任何改善。另外，如果政府不配合監察使公署的調查，或不與監察使公署合作，也是讓監察使公署無法發揮功能的一個重要原因。

泰國監察使公署的設立是依據泰國1997年所修訂的憲法，之後在 2007 年及 2017 年分別再次修訂。這篇論文所研究的憲法背景是 1997 年修訂的，當時泰國監察使公署的名稱是「泰國國會監察署」（Parliamentary Ombudsman of Thailand），現今依據 2017 年憲法的監察使有更大的權力，然而其無法發揮功能的原因可作為本文的參考。

2. Dhiyathad Prateeppornnarong（2019）「泰國處理警察投訴的獨立制度：簡要評估」（The Independent Systems for Handling Police Complaints in Thailand: A Brief Assessment）

Dhiyathad（2019）提出有些案子透過調查發現公務員有罪，然而在這些案子的處理上，監察使公署在行使職權時被政府控制，沒有自己獨立性。另外，監察使公署也沒有司法的權力，因此無法直接懲處公務員，只能把案件在蒐集證據後提交給法院判決。

此研究分析的案例發生在 2017 年憲法頒布之後，泰國監察使公署缺乏獨立性的原因在於沒有司法判決的約束力以及政府控制了監察使公署，使其無法發揮功能。本論文探討的「巴育宣誓事件」與政府的利益相關，這篇文獻可以提供本研究有關監察使制度功能是否可以發揮的關鍵之參考。

3. Orawan Kongthed 的「監察專員辦公室的決策與中央行政法院的判決之間的衝突：關於發行土地文件（土地契約）在 Khok Kloi 分區、Takua Thung 區、Phang-Nga 省的糾紛研究」（Conflicts Between Decisions of The Office of The Ombudsman and The Judgments of The Central Administrative Court: A Study of Disputes on the Issuance of Title Documents (Title Deeds) in Khok Kloi Subdistrict, Takua Thung District, Phang-Nga Province）

在這篇論文中，研究人員研究了與公民的權利和自由有關的組織，監察使公署與中央行政法院舉行的工作會議，在確認和保護公民的權利和自由以及這些衝突如何影響上述權利和自由方面，存在着相互矛盾的意見和判斷。

在開展這項研究時，研究人員關注到良政（good governance）保障公民和平與安全的概念。根據法治原則，公民的權利和自由被視為民主國家的核心。這是防止國家行政機關濫用職權。此研究發現泰國監察使公署在運作時有著下列問題，缺乏透明度並與其他政府部門的權職有衝突：

（1）與其他國家機關的權限重疊：當民眾遇到困難時，他們可以向各種組織如監察使公署、中央行政法院、泰國國家人權委員會或泰國人權委員會提出申訴。上述組織對同一性質的案件都有部分管轄職責，都可以依法受理投訴。換句話說，監察使公署的職權在有些時候顯得模糊，不但使得投訴者無法釐清，在政府機關之間也會有裁量上的爭議。

（2）監察使公署的決定不構成約束力，也無法強制其他行政機關必須遵守。相反，中央行政法院的判決對各機關都具有約束力。因此，中央行政法院可以推翻監察使公署的指示。

總結來說，以上這三篇論文主要是從泰國的法律層面探討泰國監察使公署的效能與獨立性。從以上文獻中，我們發現泰國監察使公署不具有豁免權，行使職務時有很多的顧慮，其獨立性受到很大的影響，同時也沒有執行糾正與彈劾的權力，無法獨立行使監察權。另外，監察使公署在法律上的角色因為與其他政府部門有所重疊，以致在政府機關之間產生裁量上的爭議。此外，泰國也常常修改憲法，所以會讓泰國監察使公署在行使職權時受到很大的限制。以上文獻提供了本研究關於監察使制度在發揮功能時，在政治與制度面向所遇到的問題的參考。

（二）監察使在行使權力時所遭遇的困難與挑戰

1. Rosarin Tomorn 的「泰國監察使公署運營官員對接收投訴者投訴的問題和障礙之意見」（Opinions of Operation Officials of Office of The Ombudsman Thailand Towards Problems and Obstacles for the Receipt of Complaints from Reporters）

此論文訪談受理投訴之泰國監察使公署之公務員，並以訪談結果設計成問卷後由全國 101 位負責處理民眾投訴的公務員填答，以瞭解監察使公署處理投訴時所遭遇的障礙與問題。此研究之目的在於找出提高處理民眾投訴案件之效率。

研究發現最大的問題來自於針對案件事實的調查，其原因為監察使公署每年都會收到大量來自民眾的投訴，然在進行調查時，被投訴的政府機關不配合公署的調查，或提供與案件相關的文件不完整、不明確或不充足，使得調查工作無法順利進行。第二個問題是監察使公署人力不足，人員額數與工作分量不相稱。第三個問題是處理投訴案件需要具備相關專業知識與技能，需要花費大量時間處理投訴，公務員應該要有機會參與相關專業之進修與培訓，以加強工作能力。然而處理案件之人員幾乎沒有機會接受培訓或進修，以加強能力及改善處理投訴之態度，Rosarin Tomorn 在論文中指出泰國監察使公署之預算不足，無法辦理培訓課程以提高署內官員的效率。

在被投訴的機構方面的問題是，它們採取不合作的態度，不按調查的期限提交相關證據或說明；同時，這些機構的人員也不合作提交證據，說明將在期限內審議案件的事實。此外，被投訴之機構對泰國監察使公署之權力、法律地位與責任知之甚少，導致調查工作被延遲。

在投訴者的部分，也有因為害怕惹上麻煩而不顧意提供完整的資料，使得監察使公署缺乏足夠證據採取有效的行動。

透過這篇論文，使研究者在探討「巴育宣誓事件」的過程中注意到投訴者是否會因為害怕得罪政府而不敢進一步提供證據以利調查，監察使公署內部人員因人力或訓練不足而無法迅速進行有效處理的問題。

2. Nurumon Pocham 的「監察使投訴調查過程」（The Ombudsman Complaint Investigation Process）

本文件旨在研究《泰國王國憲法》B.E.2540（1997 年）規定的監察員的法律授權和管轄權以及申訴調查程序、行動引起的問題和障礙。

此外，這篇論文也探討及分析申訴專員的工作，以便找到妥善的解決辦法，更有效地執行申訴專員的工作。這篇論文的事實調查結果如下：

（1）多數人不瞭解監察員及其職能，因此缺乏意願根據《憲法》賦予之權利審查行政失當的政府組織。

（2）根據 B.E.2540（1997 年）的泰國憲法，非政府組織之間存在着一些衝突和重疊，例如，根據泰國憲法第 198 條向憲法法院或行政法院提交意見案件的問題。

根據泰國憲法法院第 24/2543 號決定，法院裁定根據憲法設立的非政府組織不在行政法院管轄之內。此外，根據《設立行政法院和行政法院程序》第 43 節，B.E.2542（1999 年）號申訴專員的地位是原告。

（3）在監察使公署的業務管理方面，調查員人數與收到的申訴人數不成比例，從而導致調查延誤。這種情況也是由於技術研究方面的限制，無法產生足夠的研究文件來修訂法律和政府規範。

總結而言，以上 2 篇文獻以問卷調查的方式，從監察使公署內部接受人民投訴的專員的面向，瞭解其運作時遇到的困難。本文所探討的泰國監察使公署的「功能」其中一部分，正與實際的運作有關。本研究除了從泰國法律層面瞭解泰國監察使公署的制度之外，其實際運作上的問題也非常重要，以上文獻可以作為研究的基礎瞭解。

（三）民眾對監察使公署之滿意度研究

1. Rathasit Koprayoon 的「人民對監察專員辦公室服務的滿意度」（People's Satisfaction on the Services of The Ombudsman Office）

此論文運用問卷調查 120 位曾經透過監察使公署投訴不滿的民眾，目的在於瞭解民眾對監察使公署處理投訴案件的滿意度，並據以提出提升其公共服務的發展方向。

論文的研究發現為：一、監察使公署應加強宣導，以強化民眾對其投訴處理程序的瞭解。二、監察使公署應進一步定位其宣傳之目標群眾之特性，使用目標群眾能理解的語言如方言。三、宣傳活動應具有持續性以使得民眾熟悉監察使公署的運作方式，並因此產生對監察使公署的信心。四、監察使公署應彙報投訴個案的進展及其結果，讓民眾瞭解監察使公署重視民眾的投訴與盡心處理每一個個案。

這篇文獻探討了接受過泰國監察使公署服務過的投訴者的感受，可以讓我們更瞭解監察使制度在運作層面的真實情形，跟本文第五節探討的網路評論進行比對，以進一步瞭解投訴者對監察使制度的信賴度。

（四）各國監察制度與泰國之間的比較

1. 汪林玲（2019）〈歐洲及亞洲監察制度的獨立性分析〉

汪林玲以歐洲跟亞洲共 64 個國家為研究範圍，亞洲的部分包含泰國，然後找出 15 位的監察委員訪問監察制度獨立性的見解並給予從 1 到 10 的評分。這篇論文設計了 5 個評鑑監察制度的方法，它們是：「行政機關的程度」、「法制化程度」、「職權行使程度」、「豁免權情形」和「預算獨立程度」。透過訪談研究之後發現，歐洲監察制度的獨立性指標平均是 7.80，亞洲監察獨立性是 4.61。看得出歐洲監察獨立性比亞洲高，可是在歐洲監察院法令上的架構，監察機構並不屬於三權中的任一權力。在泰國的部分，汪林玲（2019）提出泰國監察使公署從各項評分滿分為十分得到七分的分數跟臺灣的監察院評分是一樣的，泰國監察使公署評分的分數比很多其他亞洲的監察使公署高分，歐洲的監察院有一些國家的評分也不是很高。所以從過去文獻的研究，泰國的監察使公署的機構，雖然還不是很完美，但泰國監察使公署評分七分的分數也算是相當高。

2. 陳澤鑫、汪林玲（2016）〈歐洲國家監察制度獨立性的實證分析：兼論與民主品質的關係〉

這篇論文使用的研究方法是以統計檢定獨立性跟貪腐印象指數、人均產值間的相關分析，可以看得到清廉度及人均產值越高獨立性相對較低，透過這兩個驗證，反映出自由度比較高的民主國家，相對言而較少以高獨立的指標來達到監察制度運作之目的，相反的是經濟上人均產值及自由度較低的歐洲國家其監察制度的獨立性比較高。此篇論文提出獨立於政府之外的監察機構是確保民主品質不可或缺的條件之一，由此可以看得到，這篇論文的研究結論跟前兩篇論文不一樣，因為這篇論文認為如果國家民主制度發展成熟，已經達到一定品質，監察制度自然較能運作得宜，不需要過多的制度上的獨立設計來確保監察職權執行之公正性。本研究認為監察院的制度很需要獨立性跟豁免權，因為能讓監察院的運作更公平也具有更高的效率。

3. 彭錦珍（2005）〈從北歐監察使制度發展論我國監察權之獨立行使——以瑞典、芬蘭、丹麥三國為例之探討〉

彭錦珍（2005）提出北歐強調國會之外獨立運作的國會監察院，不會受制於國會，雖然北歐國家會透過憲法或法律的規範，規定國會給監察院職權行使，惟國會與監察院之間，存在著法規制定、預算編列、監督工作報告等，而且監察院權力來自國會，國會還可以解任或譴責監察院。透過這篇論文可以看到不管是歐洲跟亞洲的監察院遇到的最大問題是豁免權、獨立性和預算。在泰國監察制度方面，雖然泰國監察使公署沒有豁免權的問題，但是有獨立性和預算的問題，因為泰國監察使公署還要靠政府編列的預算來運作，這是讓泰國監察使公署的工作困難的原因。

從文獻分析，我們對泰國的監察制度有以下的瞭解：

1. 泰國監察使公署從各項評分滿分為十分得到七分的分數跟臺灣的監察院評分是一樣的，泰國監察使公署分數比很多其他亞洲的監察使公署高分，歐洲的監察院有一些國家的評分也不是很高。所以從過去文獻的研究，泰國的監察使公署機構，雖然還不是很完美，可是泰國監察使公署評分七分的分數也算是相當高。
2. 泰國監察使公署要靠政府編列的預算來運作，讓泰國監察使公署在遇到與政治相關的問題時，很難發揮功能。

3. 監察使公署的制度很需要獨立性跟豁免權，這樣監察使公署的運作才會有更好的效率，也會比較公平。

4. 泰國監察使公署不具有豁免權，行使職務時有很多的顧慮，其獨立性受到很大的影響，同時也沒有執行糾正與彈劾的權力，無法獨立行使監察權，同時，泰國也常常修改憲法，所以會讓泰國監察使公署在行使職權時受到很大的限制。

本文探究的問題之一為「尤其是被投訴者之背景為具軍人背景之權貴時，監察使公署又有何作為？」，在這方面監察使制度的獨立性非常重要。然而要瞭解泰國監察使制度之獨立性是否僅受到泰國獨特政治環境的限制，還是普遍上監察制度本身的困境，透過以上文獻可知，泰國監察使制度上的限制是一個普遍性的問題。

透過以上的文獻內容探討，我們發現目前似乎欠缺以實際上在泰國發生的政治事件為觀察中心，進行對監察使公署實質運作層面的研究，以瞭解泰國政治體制內的更廣泛政治意義。在此本研究以過去的文獻為基礎，以巴育就職宣誓事件做為實際的觀察點探討泰國監察使公署如何運作。

三、泰國監察使制度、權力及其運作方式

（一）建立監察制度之背景

從泰國的素可泰王朝（Sukhothai era，1181-1474 年）的蘭甘欣大帝（King Ramkhamhaeng，1279-1298 年）開始，就有類似於現今的監

察制度。人民可以通過在市政廳附近敲響鐘聲向國王提出請願，向國王申訴其遭受之冤屈，以受到公正的待遇。國王會以其睿智為百姓平反。後來，隨著國家的發展人口的增加，統治者與人民之間無法直接接觸，國家的行政組織變得更加複雜，於是泰國社會便開始思考如何下放部分的政府權力給民眾，設置特殊的獨立機關來抒解人民因政府機構的失當處分導致損害權益所產生的不滿。

1974 年泰國憲法修訂委員會首先提出泰國監察制度的草案，然而國家立法會議在審查時把相關條文從憲法中移除了。自 1987 年開始，泰國朝野開始熱烈討論要重新在憲法中設置監察制度。1990 年 2 月 16 日，泰國政府與研究機構舉辦了一場探討設置監察制度的研討會，這是首次有政府機構與學者共同策劃設立國會監察使之規範。1991 年泰國的監察制度正式成立，當時設定的名稱為「國會監察使」（Parliamentary Ombudsman），並把相關條文寫入於泰國憲法第 162 條之中。2001 年 4 月 1 日泰國監察使公署正式成立，庇察（Pichet Soontornpipit）是第一位國會監察使。監察使公署成立之後共經歷 2 次軍事政變，並沒有因軍人主政而被廢除。

監察使公署設立後的第一次政變發生在 2006 年 9 月 19 日，軍人推翻了民選的塔信總理，由軍人主政的民主改革委員會（Council for Democratic Reform）接管國家政權，並宣布廢除泰王國憲法 B.E.2540（1997 年）。在這情況下，國會監察使之組織法本應自動被廢止，然而，民主改革委員會在 2006 年 9 月 21 日發布的第 14 次公告中宣告：「為了繼續維持處理民眾的投訴、國家的行政運作以及國家官員能夠忠於職守，除非另有規定，否則國會監察使的組織法 B.E.2542（1999 年）將繼續有效。」允許國會監察使繼續履行職責，以處理人民的投訴。政變後 1 年，軍政府在 2007 年舉辦了公投並修訂憲法 B.E.2550

（2007 年）。「國會監察使」的機制在 2007 年憲法中仍然有效且提升為獨立組織，不局限於調查國會的運作，被賦予可進一步調查其他國家部會組織的運作是否有瑕疵，其名稱也從「國會監察使」（Parliamentary Ombudsman）改名為「監察使公署」（Ombudsman）。

泰國監察使制度建立後第二次的政變發生在 2014 年 5 月 22 日，時任陸軍總司令的巴育將軍推翻了民選總理盈拉，然而也繼續維持了監察使公署的正常運作。在巴育的軍政府主政期間，2017 年 4 月 6 日，明訂泰國監察使的權力建立在強調政府機關對待民眾必須具備公正公平的基礎，具有糾正對百姓產生不公正的國家法律、條規、行政命令或任何行政過程並具有調查以上事實的權力，同時每年向內閣提出業務研究報告並向社會大眾公布其結果。

本質上，軍政府的執政基礎並非建立在民意上，泰國監察使公署歷經了兩度政變仍然屹立不搖，並在某種程度上擴大了權力，展現了特殊的意義，這也是本論文的探究核心之一。

（二）監察使的職權

現行的泰國監察使的職權由憲法第 230 條與第 231 條規範。依據泰國憲法第 230 條，監察使擁有以下職權[1]：

1. 建議相關國家機構修訂任何引起不滿或不公正的法律、規則、規章、命令或任何運作程序，或對人民施加不必要或過重的負擔。
2. 當發現有人因不遵守法律或國家機構或國家官員的越權行為而受到不滿或不公正影響時，進行事實調查，以便建議相關國家機構消除或遏制此類不滿或不公正。

1　參閱 https://www.ombudsman.go.th/new/en/duties-and-powers-of-the-ombudsman/。

3. 向國家機構的理事會或部長提交，以認知該國家機構尚未正確且完全遵守國家職責的第 V 章。

如果相關國家機構未能在沒有合理理由的情況下執行，監察使可根據第 1 項或第 2 項的建議，通知部長或委員會進一步考慮發出適當的命令。

在根據第 1 項或第 2 項進行的程序中，如果與人權侵犯相關，監察使應將該案件轉介給國家人權委員會做進一步行動。

依據泰國憲法第 231 條，在執行憲法與第 230 條相關的職責時，監察使在以下的情況可將案件轉交給憲法法院或行政法院：

1. 如果任何法律條款引發憲法問題，應將該案件連同意見一同轉交給憲法法院；憲法法院應根據憲法法院程序有機法，無延遲地考慮並做出決定。
2. 如果國家機構或國家官員的規則、命令或任何其他行為引發憲法或合法性問題，該規則、命令或行為應延後執行，待行政法院判決或相關處理程序完成後再視結果處理。

（三）投訴管道 [2]

泰國監察使公署開放 7 個管道，以盡量達到便民的目的。投訴內容應具備投訴者姓名與地址、投訴事由、相關證明及簽名。監察使公署強調所有投訴者之個資都受到保密。以下為相關之投訴管道：

1. 電話熱線 1676（全國免付費電話）：投訴時提供姓名、地址與電話號碼並提供身分證號碼或護照號碼。

2　請見泰國監察使公署官方站：投訴管道（complaint channels），https://www.ombudsman.go.th/new/en/complaint-channels/ 。

2. 郵寄：寄投訴信函給監察使公署設立於曼谷的本部。

3. 透過網際網路寄電子郵件至監察使公署的官方網址。

4. 利用監察使公署的官方網站進行投訴，或透過監察使公署在社區網路提供的投訴程式。

5. 提交投訴信件至設立於全國各地的地方檢察官辦公室的法律援助和公民權利保護部門，或全國各地的律師協會及其分支機構。

6. 透過眾議院成員或參議員提交投訴信函，監察使公署也在國會大廈的會議期間提供接收投訴的服務。

7. 投訴者直接至位於曼谷的監察使公署辦公室投訴。

由監察使制度確立的背景、監察使在泰國憲法賦予的職權以及投訴管道，我們可以瞭解監察使制度在設計上確有減少民怨的意圖，然而在泰國的政治環境中是否能達到理想的效果，是否可脫離政治勢力的影響，讓百姓感受到並產生對泰國政府的信心，從而使社會可以更為和諧，可從實際發生的重大政治事件中加以檢驗。

四、巴育宣誓事件之始末

(一) 事件之背景

泰國是個政變頻繁的國家，從 1932 年以來，共經歷了 21 次軍事政變[3]，從 1932 年發生的「無血政變」，一群年輕軍官推翻了拉瑪七世拉差

3　依據陳佩修教授之統計：「泰國自 1932 年行憲迄今，77 年間舉行了 24 次大選，卻也發生了 24 次政變（其中 20 次為軍事政變）；無怪乎泰國著名社會運動領袖蕭素樂（Sivaraksa 1998: 192）作如是比喻：「在泰國，一場失敗的政

提朴（ประชาธิปก）後建立了君主立憲，通過第一部憲法以來[4]，軍人在泰國政治上始終扮演著舉足輕重的角色。然而，後續的泰國歷史發展卻使得軍隊與國王共生共存；雖然是君主立憲國家[5]，泰國施行內閣制，按照憲法，由人民選出國會議員，再由國會議員選出總理組閣，國王只是國家的象徵，沒有實質的權力，而軍隊則效忠國家，不受國王指揮，也不受政府政權更迭的影響。然而泰國自 1932 年政變之後，軍隊權力空前壯大，泰國總理大部分皆有將軍的身分或背景[6]，以軍隊力量發動政變後續任為總理，同時，在君主制被推翻之後，泰國國王在政治應再無權力或重大的影響力。然而，泰國第十一任總理沙立（สฤษดิ์ ธนะรัชต์）為了穩固自己的權力，恢復了拉瑪九世的政治地位，使得軍隊和國王在權力上互相壯大，「形成一種獨特的『國王—軍隊—政府』三足鼎立的政治格局」[7]，

變等於一場期中選舉；一場成功的政變則等於一場國會大選。」（In Thailand, an unsuccessful coup d'étatis like a reelection, a successful one is like a general election.）參閱陳佩修，2009，〈泰國的軍事政變與政治變遷〉，收錄於《東吳政治學報》第 27 卷第 3 期，頁 68。按以上軍事政變次數統計至 2006 年頌提（สนธิ บุญยรัตกลิน）推翻時任泰國總理的塔信（ทักษิณ ชินวัตร），2014 年巴育（ประยุทธ์ จันทร์โอชา）推翻盈拉總理仍未計算在內，故至截稿日止泰國共發生過 21 次軍事政變。

4 參閱 "Thailand coup: A brief history of past military coups." *The Straits Times*, May, 22. From https://www.straitstimes.com/asia/se-asia/thailand-coup-a-brief-history-of-past-military-coups-0（2023 年 4 月 5 日瀏覽）。

5 參閱李淑貞〈泰國軍隊權力的結構性基礎〉，宋鎮照、陳珉瀚主編，《翻開泰國新篇章：穩中求新、變中求創、順中求昇》，頁 217-266。

6 泰國歷任總理中有 19 位任期超過 1 年，然而具有軍人身分的歷任泰國總理共計 13 位，占 66% 以上。

7 參閱李淑貞〈泰國軍隊權力的結構性基礎〉，宋鎮照、陳珉瀚主編，《翻開泰國新篇章：穩中求新、變中求創、順中求昇》，頁 232。另見陳虹予〈泰式

這樣的形勢發展逐漸形成了獨特的「泰式民主」[8]。這情況演變到2000年以後，泰國政治形勢演變為軍隊常以保護國王，泰國國王似乎也成為巴育政變的理由。

此次泰國監察使公署處理巴育宣誓為總理事件之所以受到大眾矚目，必須從 2014 年巴育發動政變所引發的民主危機說起[9]。簡言之，這起事件之所以意義重大，與泰國至 2014 年為泰黨（Phak Phuea Thai）在民主選舉後贏得政權之後，泰國軍方在 2014 年 5 月 22 日發動政變，解散國會並驅逐總理盈拉之後的一系列事件相關。

另一個重大事件是 2017 年的新憲法之修訂與發動政變者巴育擔任總理的合法性問題。陸軍總司令巴育在發動政變後戒嚴，宣布自己是總

民主發展歷程〉，收錄於宋鎮照、洪鼎倫主編，《泰國政治經濟與發展治理：皇室軍權、區域經濟與社會族群視角》，頁 145-146。

8 「泰式民主」（Democracy in Thai Style）的特徵之一是軍事力量干涉並在某種程度上主導憲法、政黨、與公民權力的運作，泰國軍方經常利用政變的方式來進行政權的轉移，改變憲法及國會的運作；同時，泰國國王也擁有獨特的地位與權威，形成重要的政權轉移之合法性的「支持與仲裁力量」。參見陳虹予，〈泰式民主發展歷程〉，收錄於宋鎮照、洪鼎倫主編，《泰國政治經濟與發展治理：皇室軍權、區域經濟與社會族群視角》，頁 127-128。

9 在盈拉執政期間，支持為泰黨與反對為泰黨的泰國人民對立日趨嚴重。2011 年，為泰黨取得重大勝利後，其反對者普遍認為盈拉受到流亡在外的兄長塔信的控制，且盈拉執政下的政府日益腐敗和濫權，因此發動了對 2014 年大選的抵制，甚至揚言發動人民革命。這樣的情況引發了為泰黨的支持者的反制，演變成嚴重的紅衫軍與黃衫軍的抗爭，導致泰國社會動盪不安。在這情況下，只剩不到一年任期即屆齡退休的陸軍總司令發動政變，推翻了民主選舉結果。這使得泰國北部與東北部的占人口大多數的貧窮農民激烈不滿，形成了泰國政治情勢不穩定的一大因素。參閱孫國祥，〈2019 年泰國大選的預評估：選舉暴力與民主鞏固〉，頁 142-144、150-154。

理，由泰國軍方組織國家和平與秩序委員會，承諾一旦泰國社會恢復穩定，並且重新訂定適合的憲法，就會結束戒嚴，解散軍政府，恢復民主選舉，由人民選出的國會領導。然而選舉日期卻一再的延後，由原先承諾的 2016 年 2 月延至 2017 年底，最後又延後到 2019 年。雖然 2015 年 4 月 1 日已經解嚴，然而泰國的總理仍由發動政變的巴育擔任，內閣部長也由巴育委任，人民無疑經歷了自 1932 年以來民主政變後史上最長的軍政府統治[10]。從第二次世界大戰以來，泰國軍方握有左右泰國政治局勢的實力，泰國歷來頻繁的政變主要由軍方發動。值得注意的是，自西元 2000 年以來，軍方的政變除了自稱為維持國家的秩序之外，在明面上也以捍衛皇室為其職責，多次的政變皆以護衛皇室為其正當理由之一[11]。這些背景與本次宣誓事件引起的人民不滿息息相關[12]。

巴育宣誓事件之所以引發泰國廣大民眾的不滿，還有另一個重要

---

10 巴育於政變後自認為泰國總理，之後又主導修改泰國憲法，賦予自己只要獲得過半數的上議院與下議院的議員人數支持，即可擔任總理一職，在這意義上，巴育自 2019 年被推舉並成功宣誓為總理後，從 2014 年算起，至 2023 年任滿預計有 9 年的任期，在泰國政治歷史上是前所未見的，故也引起反對者的強烈不滿。關於泰國自 1932 年以來的簡要的政變形勢及主導政變之軍事首腦擔任泰國總理的任期，參閱 "Thailand coup: A brief history of past military coups." *The Straits Times*, publish 22 May 2014, https://www.straitstimes.com/asia/se-asia/thailand-coup-a-brief-history-of-past-military-coups-0。

11 參閱楊聰榮，〈泰國皇室續承問題研究：從拉瑪九三到拉瑪十世〉，頁 46-47；李淑貞，〈泰國軍隊權力的結構性基礎〉，頁 222-223、253-254。

12 塔信是泰國政治史上第一位做滿任期的民選總理，也成功的連任。然而塔信得到了廣大的基層民眾的支持也造成了曼谷及南部地區擁護王權的民眾與北部、東北部農民的對抗，演變為支持塔信的紅衫軍和支持王室的黃衫軍之間的對峙。在這情況下，皇室與軍方並非中立，而是暗中支持黃衫軍。參閱楊聰榮，〈泰國皇室繼承問題研究：從拉瑪九三到拉瑪十世〉，頁 48-51。

的背景因素。2014 年 5 月巴育發動政變之後，組織並領導國家和平與秩序委員會（National Council for Peace and Order, NPCO），除了實施戒嚴法之外，也負責起草新憲法，之後再經過軍方指定的國家改革委員會（National Reform Council, NRC）批准後再由人民公投，做為政變後還政於民的基礎。然而，這部新憲法的其中一個目的乃是意圖給予新政府更大的權力，以及擴大軍方的影響力[13]。

由於軍政府以通過新憲法為重新恢復選舉之前提施壓，表示新憲法是實現「全面和永續民主」的關鍵[14]，在投票之前，軍政府禁止討論公投議題或公開表達對公投的意見。在這段期間，超過 100 名民眾被捕，其原因為在社群網路或其他場合反對新憲法。同時，有許多民眾在不清楚公投內容就進行投票，許多人都被調查起訴。軍政府調動超過 20 萬警察維持投票秩序，並頒布規定禁止民眾公開杯葛或反對新憲草案，以壓制反對者的聲音，確保新憲法能夠通過[15]。

在這樣的背景下，新憲法於 2016 年 8 月 7 日泰國公投通過。2016 年的新憲法公投的總投票率是 58%，共有 2 個題目：第一個題目是「你是否同意憲法草案？」，以贊成票 61.4%、反對票 38.6% 通過。第二個題目是「是否同意參議院（上議院）應該和眾議院（下議院）共同推選總理？」以贊成票 58%、反對票 42% 通過。以上可見參加公投者

---

13 參閱孫國祥，〈2019 年泰國大選的預評估：選舉暴力與民主鞏固〉，頁 130-131。

14 參閱孫國祥，〈泰國「2016 憲法」政治學：軍君「權力與權威」結合？〉，頁 114。

15 端傳媒－國際評論：「泰國新憲法公投日，沉默大眾能否叫停軍方主政？」2016 年 8 月 7 日，取自 https://theinitium.com/article/20160807-international-thailand-constitution-referendum/ 。

反對新憲法之百分比皆超過 38%，有 42% 並未參與公投，以此換算實際支持者之百分比分別為 35.4% 與 33.6%，可見新憲法的支持度相對的薄弱。由於拉瑪九世蒲美逢國王駕崩無法簽署，公投通過的新憲法於 2017 年 4 月 6 日由泰國國王拉瑪十世簽署生效[16]（以下稱為泰國 2017 憲法）。

2017 憲法的爭議不少，其中的第 88 條、第 107 條、第 108 條、第 113 條、第 158 條、第 159 條、第 269 條與第 272 條與泰國總理的資格與產生方式有密切關係[17]。

要成為泰國的總理，泰國參議院的支持非常重要，泰國 2017 憲法第 107 條、108 條、第 113 條與第 269 條主要規範泰國參議院議員的產生方式。107 條與 108 條主要是規範參議院議員由任命而非選舉產生，第 108 條規範這些議員不能是下議院或地方議會的民選議員，也不能參加任何的政黨，除非是不具議員或政黨身分達 5 年以上。第 113 條規範參議員不得與任何政黨有結盟關係或服從任何政黨的制約，第 269 條則規範參議員之人數為 250 名，其中第 1 款規定成立一個推選參議員候選人的委員會（Senator Selection Committee）9 至 12 人，委員會之委員由軍方主導的國家和平與秩序委員會指定。參議員候選人推選委員會選定人選之後必須提交一份不多於 400 人的名單呈交給國家和平與秩序委員會，最後由國家和平與秩序委員會選出 194 人，並保留 6 個席位給國防部常務秘書（the Permanent Secretary of the Ministry of Defense）、泰國

16 參閱〈泰國新憲公投過關 用民主手段確認獨裁體質〉，《天下雜誌》，2016 年 8 月 8 日，取自 https://www.cw.com.tw/article/5077756。

17 參閱 Constitution of the Kingdom of Thailand (Published in the Government Gazette, Vol. 134, Part 40 a, Page 1, dated 6th April B.E. 2560), https://cdc.parliament.go.th/draftconstitution2/more_news.php?cid=128。

軍隊的總司令（the Supreme Commander）、泰國陸、海、空三軍各自的總司令以及泰國皇家警察部隊的總長（Commissioner-General）；共 200 名，再由泰國選舉委員會所推薦的 400 人中選出 50 人共 250 人。泰國 2017 憲法第 269 條第 3 款明定由國家和平與秩序委員會提呈 250 人的參議員名單給泰國國王批准。

關於泰國總理的產生方面，泰國 2017 憲法的第 88 條、第 158 條、159 條與第 272 條主要針對這部分的規範。

第 88 條規定在大選之前，任一政黨可提名 3 位總理候選人，第 158 條與第 159 條則規範第 88 條的總理提名人必須由在眾議院贏得不少於 5% 席次的政黨提名，並獲得不少於眾議院議員總數 10% 的同意，同時第 159 條也規範眾議院通過任命某人為總理的決議應由公開投票並由現有的眾議院成員總數超過一半的票數通過。以上規範的重點在於總理候選人不須具有議員身分，也不須具備政黨黨員身分，只要符合上述條件的政黨提名，即可成為總理候選人。泰國 2017 憲法第 159 條第 3 項雖然規定總理必須獲得眾議院過半議員的支持，然而第 272 條卻進一步規範總理必須獲得國會（包含眾議院與參議院）過半數議員的支持[18]。

分析以上各條文的內容，可以發現參議院的 250 席全由軍方指定委

---

18 "An approval of a person suitable to be appointed as the Prime Minister shall be done in accordance with section 159, except for the consideration and approval under section 159 paragraph one, which shall be done by a joint sitting of the National Assembly, and the resolution approving the appointment of any person as the Prime Minister under section 159 paragraph three must be made by the votes of more than one-half of the total number of existing members of both Houses." 參見 *Constitution of the Kingdom of Thailand* 第 159 條。

任，可以視為如果軍方推派總理人選，也不需參加選舉，只要獲得眾議院有 176 席的支持，軍方的代表即可擔任總理一職。其他的政黨如無法獲得參議院的支持，則須在眾議院贏得 376 席的支持，這幾乎是不可能的任務[19]，因此從泰國2017憲法的修訂，可發現這是巴育續任總理的前兆。後續發展也證實確是如此，以巴育為總理候選人的人民力量黨獲得 116 席，同時親軍方勢力的人民改革黨（People Reform Party）及泰國民力量黨（Action Coalition for Thailand Party）也支持巴育擔任泰國民選總理，最後巴育贏得 500 票順利擔任泰國第 29 任總理。

在國家和平與秩序委員會主導修憲的背景下，更進一步激化了泰國反對巴育者的情緒，擴大支持者與反對者的對立。根據泰國國家行政發展機構（National Institute of Development Administration, NIDA）於 2019 年 3 月 31 日公布的全國性民調，泰國民眾認為 2019 年泰國選舉非常公平者為 7.02%，認為公平者為 18.95，合計為 25.97%，認為非常不公平者為 18.44%，不公平者為 14.81%，合計為 33.25%，認為一般者為38.16%[20]。由此可見泰國民眾不滿意這場選舉的公平性已達三分之一，如這群人的不滿繼續深化對泰國的政治與社會的安定將是一項挑戰，因此研究者認為民眾對巴育的宣誓事件之所以有強烈的反應，正是

---

19 歷史上眾議院單獨一黨最多的席次為塔信領導的泰愛泰黨的 248 席，2019 年選舉為泰黨只贏得 137 席，未來前進黨贏得 80 席。兩大主要反對巴育的政黨席位加起來只有 217 席，在泰國 2017 憲法的規範下要獲得超過 316 票支持票仍非常的困難。

20 NIDA 於 2019 年 3 月 25 日至 26 日針對參與投票的民眾進行意見調查，對象遍及全泰國各地區、不同教育程度與職業，共有 1,182 人回答，民調題目為 “Opinions on the Fairness and Impartiality of the 2019 Election Management”，取自 https://nidapoll.nida.ac.th/data/survey/uploads/FILE-1597990799316.pdf 。

對當時泰國政治的時空背景下軍方與政府的不滿，為了社會的安定，須有緩和這種不滿情緒的管道。

（二）事件之過程與監察使公署之處理

2019 年 7 月 16 日總理巴育（Prayut Chan-o-cha）率領 35 位內閣成員，向泰國國王瑪哈瓦吉拉隆功（Maha Vajiralongkorn）宣誓就職的時候，被指漏讀誓詞的最後一句關於擁護和遵守憲法的誓詞。按照泰國現行憲法 161 條規定，內閣就職前需向國王宣誓，誓詞是「我宣誓，我對國王忠誠，為了國家和人民誠實地履行職務，同時維護、遵從泰王國憲法」。但是巴育帶領內閣成員向國王瑪哈瓦吉拉隆功宣誓時，誓詞中缺少了「維護、遵從泰王國憲法」這一部分，受到社會廣泛關注。按照泰國憲法第 161 條：「在就職之前，部長必須在國王面前宣誓下列文字內容」；另按照泰國憲法第 5 條：「憲法是國家最高的法律，任何違背憲法的法律條文皆為無效。」事情發生之後，巴育淡化處理，試圖將此事件視為不重要，並認為對事件的批評非常不理性，認為宣誓無效的批評更是不合比例原則。然而，部分民眾，尤其在政治上不支持巴育者更是反應激烈，這時一個可受理民眾投訴的機關便是泰國監察使公署，於是有泰國民眾認為巴育的就職宣誓有瑕疵，向泰國國家監察使公署投訴。國家監察使公署收到民眾投訴之後展開調查，在 8 月 27 日經過討論之後，認為巴育沒有完成就職宣誓程序違反泰國憲法第 161 條，會影響泰國政府部門的運作也會損害泰國人民的權益。然而，泰國國家監察使公署並沒有執行糾正與彈劾的權力，所以，依照行政程序，監察使公署代理投訴之民眾向憲法法院提出訴訟，讓憲法法院對此案件進行判決。9 月 11 日憲法法院認為，宣誓是內閣（即總理及其內閣部長）與國王之間的政治事務，宣誓行為不在憲法法院可審理的範圍之內。憲法法院法官一致同意，不予受理這起由一名民眾發起、泰國國家監察專員提交的訴訟，同時也不予受理另一起指控總理巴育未依憲法完整宣誓是企圖顛覆君主立憲制度的訴訟。

這個事件引起泰國社會的普遍關注，很多泰國人民透過在網路上針對國家監察使公署處理這件投訴事件留言發表看法，也對巴育的就職宣誓事件進行很多的討論，這些網路意見反映可以表現出泰國人民對監察使公署機構的態度及看法。

事件發生的過程與時間表如下：

1. 2019 年 7 月 16 日：泰國總理巴育和 35 位內閣部長在一個儀式上向國王瑪哈瓦吉拉隆功宣誓忠誠，但省略了關於維護和遵守憲法的最後一句。
2. 2019 年 8 月 5 日：2 名活動人士向監察使公署提出了針對宣誓內容不合憲法的投訴。
3. 2019 年 8 月 8 日：巴育表示他對省略負有全部責任並道歉。
4. 2019 年 8 月 20 日：一名蘭甘欣大學的學生向監察使公署投訴，稱不完整的宣誓影響了政府造福人民的能力，損害了人民的權益。
5. 2019 年 8 月 27 日：監察使公署所有三位監察使在曼谷開會，討論針對內閣宣誓事件的投訴，最後裁定巴育未能在他的宣誓誓言中朗讀關鍵句子是違憲的。監察使將此投訴成案之後提交給憲法法院，以裁定政府是否合法上任。
6. 2019 年 9 月 11 日：泰國憲法法院的法官一致認為：宣誓是內閣與國王之間的政治事務，宣誓行為不在憲法法院審理的範圍之內，因此撤銷對巴育的指控。

在泰國人民對監察使公署受理巴育宣誓事件的反應方面，研究者在

「由網路評論探討泰國人民對其監察制度之認知與態度：以巴育就職宣誓事件之仲裁為例」一文已有研究，在此引用該研究成果予以說明。

由研究者所撰寫的該文，主要研究問題為：「泰國人民對其監察制度之認知與態度」，研究方法主要採用文獻分析法及資料編碼，從泰國政府的官方文獻，確認監察使公署的功能跟編制，透過整理、分類、分析泰國主要網路論壇泰國網名發表的意見，瞭解泰國人民對監察使公署制度有信心或沒有信心的原因，透過從事件發生後 1 個月內超過 1,022 則以上的臉書留言[21]，分析出泰國人民對其監察制度之認知與態度，藉此預測未來泰國政局的發展，並對資料進行編碼與分析。

研究發現泰國人民大多認為巴育的宣誓違法，由於此事件是由反對黨提出，顯示人民對反對黨的信任大於對巴育領導的執政黨之信任，同時，泰國人民會因監察使公署的判決是否符合其想法而決定相信監察使公署是否公正。結果顯示監察使公署按照泰國的法律將巴育宣示事件的判決交付憲法法庭後，相信監察使公署公正性的留言筆數增加了 7.3% 。但「不相信」的比例仍然維持 36% 左右，沒有變動，顯示最後的結果並未改變原本就不信任監察使公署的人的看法。從留言分析，「不相信」的留言內容顯示人民想看到的是監察使公署能夠直接制裁違

---

21 參見註釋 1。在資料的蒐集方面，從泰國的主要報紙：บีบีซีไทย-BBC Thai、The Standard、Voice TV、Matichon 等報導進行比較及分析。選擇這幾家報紙的理由是：（1）這幾家報紙在泰國占有大閱讀人口，除了可以比較以獲得較接近真象的內容之外，也代表大部分有閱讀新聞的泰國人的訊息來源。（2）NationTV 和 TNews 的立場較親近巴育政府，其他的報紙 บีบีซีไทย-BBC Thai、The Standard、Voice TV、Matichon 報導的立場較親近「พรรคเพื่อไทย（PHEU THAI PARTY）」跟「พรรคอนาคตใหม่（Future Forward Party）」反對黨，比較與分析這幾家報紙的報導較能還原事情的真相。

法者（不管監察制度如何），認為交付給憲法法庭就等於讓違法者沒事是不符合人民期待的。另外，該研究也顯示，超過百分之九十的泰國人不相信其監察使公署的官員「個人」會公正處理巴育宣誓事件。

本文的文獻回顧雖然發現泰國的監察制度在學者的評比下有很高的分數，但在泰國的政治氛圍下，大部分的泰國人民不相信監察使公署裡的官員會公正的處理案件，然而值得注意的是，信任制度的人數百分比從監察使決定成案前的 2.2% 上升為 9.5%，提升了 7.3%，顯示人民對制度的信心因此政治事件提升了。

五、結語

從 1932 年開始，泰國政治史上軍人政變頻繁。無論軍人政府如何強調其政變是如何的為國為民，然畢竟這樣的政權並非由民意產生，而且行事作風強硬，在某種程度上亦控制言論，難免使得部分的人民心中仍有不平。監察制度正好可以提供泰國人民一定程度上的抒解管道，降低其心中的不滿情緒，維持國家運作的穩定。

從以上的分析，我們發現監察使公署在人民投訴巴育在宣誓過程中漏讀誓詞而疑似違憲，導致宣憲無效時，監察使公署在接到投訴者的投訴之後 7 天之內便開會討論並做出違憲的裁決，即使巴育在此之前已公開道歉並承認所有的責任，這一點可以肯定監察使權力的行使並未受到當權者的影響。然而也因為監察使不具有判決力，根據《設立行政法院和行政法院程序》第 43 節，B.E.2542（1999 年）號，監察署是以原告的身分代人民向憲法法院提出訴訟，然最終憲法法院的法官認定這是一起政治事件而撤銷對巴育的指控。我們認為，在整起事件的過程中，監察使公署是具有獨立性並依照其職權行使權力，在運作方面的表現也相當的快速，在 7 天內對這麼重大的事件（選舉後當選的新政府是否合法上任）做出決議並以原告的身分代理投訴者提出訴訟。

雖然從事件後的網路言論發現人民對監察使察制的信任度提高了 7.3%，仍然有 9 成以上的人民表示不信任，從內文的分析中，我們發現其中一個原因是因為監察使公署處理巴育宣誓事件的結果無法滿足人民的期待，與監察制度沒有直接的關係；另外的原因與本文「文獻回顧」中的滿意度研究有關，其原因可能是監察使公署宣傳不足，人民對監察使制度的法律不夠瞭解，以致當監察使公署向泰國憲法法院提出訴訟，及最後憲法法院判決巴育宣誓事件並不影響新政府上任的合法性之後，還是有超過 9 成的民眾不信任監察使制度。

泰國政變頻繁，軍方對泰國政治影響力強大，會造成人民不信任法制面對當權者時能夠公平地運作。當人民不再相信政府機關（監察使公署）能公正執法時，我們認為泰國將因此加深潛在的政治危機，人民對政府的不滿如果沒有辦法透過體制內的管道宣洩，而這方面的問題如果無法在體制內獲得改善，泰國的政治在未來還是會動盪不安；而運作良好的監察使制度，或許是維繫基本泰國民心，使之不會激化為巨大動亂的契機。由泰國監察使公署處理巴育宣誓事件之探討與分析，從監察使制度憲政角色的設定；監察使公署處理民眾投訴的過程；處理的效率以及最後人民對監察使制度信任度的提升，發現泰國的監察使制度還是能夠小幅度發揮降低人民對政府不滿的功能。

參考文獻

一、中文部分

宋鎮照、洪鼎倫主編。2017。《泰國政治經濟與發展治理：皇室軍權、區域經濟與社會族群視角》(國立成功大學當代政經發展研究系列叢書十)。臺北：五南。

宋鎮照、洪鼎倫、譚偉恩主編。2018。《泰國發展進行式：政治、經濟與社會文化整》。臺北：五南。

宋鎮照、陳珉瀚主編。2019。《翻開泰國新篇章・穩中求新、變中求創、順中求昇》。臺北：五南。

汪林玲。2019。〈歐洲及亞洲監察制度的獨立性分析〉。《臺灣民主季刊》，16(2)：1-64。

李淑貞。2018。〈泰國軍隊權力的結構性基礎〉。宋鎮照、陳珉瀚主編，《翻開泰國新篇章：穩中求新、變中求創、順中求昇》。臺北：五南，頁 217-266。

陳澤鑫、汪林玲。2016。〈歐洲國家監察制度獨立性的實證分析：兼論與民主品質的關係〉。《政治科學論叢》，70：45-84。

游美惠。2000。〈內容分析、文本分析與論述分析在社會研究的運用〉。《調查研究》。臺北市：中央研究院調查研究辦公室，頁 5-42。

彭錦珍。2005。〈從北歐監察使制度發展論我國監察權之獨立行使——以瑞典、芬蘭、丹麥三國為例之探討〉。《華岡社科學報》，19：61-92。

楊聰榮。2019。〈泰國皇室繼承問題研究：從拉瑪九世到拉瑪十世〉。宋鎮照、洪鼎倫主編，《泰國政治經濟與發展治理：皇室軍權、區域經濟與社會族群視角》。臺北：五南，頁 37-54。

孫國祥。2017。〈泰國「2016 憲法」政治學：軍君「權力與權威」結合？〉。宋鎮照、洪鼎倫主編，《泰國政治經濟與發展治理：皇室軍權、區域經濟與社會族群視角》。臺北：五南，頁 114-118。

——。2019。〈2019 年泰國大選的預評估：選舉暴力與民主鞏固〉。宋鎮照、洪鼎倫、譚偉恩主編，《泰國發展進行式：政治、經濟與社會文化整合》。臺北：五南。

陳佩修。2009。〈泰國的軍事政變與政治變遷〉。《東吳政治學報》，27(3)：68。

陳虹予。2017。〈泰式民主發展歷程〉。宋鎮照・洪鼎倫主編，《泰國政治經濟與發展治理：皇室軍權、區域經濟與社會族群視角》。臺北：五南，頁 127-128。

二、外文部分

Dhiyathad Prateeppornnarong. 2019. "The Independent Systems for Handing Police Complaints in Thailand: A Brief Assessment." *Thai Journal of Public Administration*, 17(1): 10-33.

Donald Holzman. 1954. Juan Chi and His Poetry. Ph.D. Dissertation, Yale University, Pp. 50-59.

Mongkol Bangprapa. 2019/08/27. "Ombudsman refers oath blunder to Constitutional Court." *Bangkok Post*, https://www.bangkokpost.com/thailand/politics/1737663/ombudsman-refers-oath-blunder-to-constitutional-court (Accessed on 2021/08/25).

Napichchaya Kansanoy. 2007. "The Legal Enforcement of the Ombudsman in Thailand." *Journal of Applied Security Research*, 3: 111-127.

Narumon Pocham. 2002. The Ombudsman Complaint investigation process.

Master Thesis, Faculty of Law Chulalongkorn University, Bangkok.

Orawan Kongthed. 2014. Conflicts Between Decisions of The Office of The Ombudsman and the Judgment of the Central Administrative Court: A Study of Disputes on the Issuance of Title Documents (Title Deeds) in Khok Kloi Subdistrict, Takua Thung District, Phang-Nga Province. Ph.D. Dissertation, Politics Ramkhamhaeng University, Bangkok.

Phirompron Compinta. 2003. The submission of constitutionality problem by the Ombudsman to the constitutional court or administrative court under section 198 of the constitution of the Kingdom of Thailand. Master Thesis, Chulalongkorn University, Bangkok.

Pongsuk Suksakorn. 2012. The Ombudsman and the investigation of organisations under the Constitution in Judicial process, in case of Thailand. Master Thesis, Chulalongkorn University, Bangkok.

Post Reporters. 2020/08/12. "New ministers take the oath of office." *Bangkok Post*, https://www.bangkokpost.com/thailand/politics/1967071/new-ministers-take- oath-of-office (Accessed on 2021/09/25).

——. 2020/08/13. "New ministers take the oath of office before HM King." *Bangkok Post*, https://www.bangkokpost.com/thailand/politics/1967211/new-ministers-take-oath-of-office-before-hm-king (Accessed on 2021/09/25).

Rathasit Koprayoon. 2014. People's Satisfaction on the Services of the Ombudsman Office. Master Thesis, Faculty of Social Administration Thammasat University, Bangkok.

Rosarin Tomorn. 2015. Opinions of Operation Officials of Office of The Ombudsman Thailand Towards Problems and Obstacles for the Receipt of Complaints from Reporters. Master Thesis, Faculty of Social Administration Thammasat University, Bangkok.

Siriya Promradyod. 2010. The problems of legal status and authority of Ombudsman under the Constitution of the Kingdom of Thailand. Master Thesis, Faculty of Law Thammasat University, Bangkok.

Unknown Author. 2022/05. "Thailand coup: A brief history of past military coups." *The Straits Times*, https://www.straitstimes.com/asia/se-asia/thailand-coup-a-brief-history-of-past-military-coups-0 (Accessed on 2023/04/05).

第二章

COVID-19 對越中邊境赫蒙人生計的影響

陳芳草 *

一、河江省苗旺縣的赫蒙人

在越南，赫蒙人（(H)mông），亦名貓人（Mèo）或蒙人（Mông）。據 2019 年統計，越南赫蒙人全部人口約 1,393,547 人（越南人口普查總局 2019: 160），占越南 54 個民族人口的第五位，他們主要生活在越中邊境各省，如河江（Hà Giang）、老街（Lào Cai）、奠邊（Điện Biên）、萊州（Lai Châu）、高鵬（Cao Bằng）或越寮邊界山區，如義安（Nghệ An）、清化（Thanh Hóa）以及之後一部分移居到越南中部高原地區（Pham Hông Hai 2019；TÂM T.T.NGÔ 2016；Thomas S.Vang 2008）。其中河江省為多，占全國赫蒙人的 20%（Vương Xuân Tình 2018），同時該省也被認為是赫蒙人的家，尤其是在邊境的苗旺（Mèo Vạc）縣，根據 2021 年的統計，赫蒙人有 71,487 人占全縣人口的 78.6%（Tông cuc thông kê Hà Giang/chi cuc thông kê Mèo Vac 2021）。赫蒙人有句歌謠：

* 國立暨南國際大學東南亞學系兼任講師。

「魚水中遊，鳥天上飛，咱則在高山。鳥有巢，咱赫蒙人亦有家鄉，咱家鄉就是苗旺」[1]（Vương Xuân Tình 2018: 495）。苗旺縣的蒙人主要是白蒙。

越南赫蒙人主要來自中國雲南省，約3個世紀以前，在1735、1795與1855年的三次戰亂，赫蒙人從中國貴州逃難到雲南，其後約在1870年間陸續移往南方並於北越定居下來（Thomas S. Vang 2008；Sơn 1996；Lương 2000），開始融入北越泰族人（người Thái）、岱依族人（người Tày）屬於土司制度的經濟社會中生活（Michaud 2020）。越南赫蒙人被政府前後規劃成六大主派，分別為白赫蒙（Hmông trắng 或 Hmông Đơ）、花赫蒙（Hmông hoa 或 Hmông Lềnh）、紅赫蒙（Hmông đo 或 Hmông Sí）、綠赫蒙（Hmông xanh）、黑赫蒙（Hmông đen 或 Hmông Đú）、那渺（Na Miêu）（Thông tân xã Viêt Nam 2011），不過那渺人（Na Miêu）並不承認自己是赫蒙人（Nguyên Văn Thắng 2007: 1）。然而，越南（民族學）學者則主要將赫蒙人分成四種：白赫蒙、花赫蒙、綠赫蒙與黑赫蒙（Vương Xuân Tình 2018）。赫蒙人遷移到北越主要定居在高山岩石地區、偏遠地區，因為土壤肥沃的山谷地區均被早期遷移過來的岱依人和泰人給占領。赫蒙人居住的地方一般在800到1,500或1,700公尺高的山脊區域，地形崎嶇、懸崖、峽谷（Vương Xuân Tình 2018: 494）。剛開始赫蒙人與岱依人分開生活，並維持一種適合他們遷徙性質的遊牧農耕方式（Nguyên Văn Thắng 2007: 82-97），然而經歷泰人、岱依人土司制度、法國殖民時期、集體經濟時期和改革開放時期的歷史演變，赫蒙人家庭經濟模型成為農業自給自足結合

---

1 越南文是：Cá ở dưới nước, Chim bay trên trời, Chúng ta sống ở vùng cao. Và con chim có tổ, Người Hmông ta cũng có quê, Quê ta là Mèo Vạc 。

經商的模型（Michaud 2020）。農業主要分為玉米與稻米的定耕和遊耕兩種，最早的經商形式是森林產品交換形式，如棺材木和藥材等；到了法國殖民時期，鴉片買賣潮流蓬勃發展。赫蒙人不像京人、華人、泰人扮演鴉片買賣的仲介身分，而是種植人的角色，將大量的鴉片提供給法國殖民者（Vương Xuân Tình 2018；Michaud 2020；Thomas S. Vang 2008；United Nations office on Drugs and Crime 2003）。

1976 年以後，越南政府將少數民族包括赫蒙人納入國家治理架構是政府最關切的目標，尤其在 1986 革新年之後，邊境自由經濟發展推動計畫，透過將邊境的部分市場和經濟特區重新整合、建設與遷移等措施已經推動少數民族人捲入經濟市場運作（Bonnin and Turner 2014；Turner 2016；Vương Xuân Tình 2018）。同時政府也實施定耕、定居，土地重新分配，將土地使用權從公共所有轉成私人所有並可以在市場上進行買賣；改變植物種植與牲畜養殖的結構，讓農業往市場方向發展；同時吸引國內外企業投資開發邊境的自然資源。從總體看來，邊境經濟發展問題始終與社會穩定、國家主權和領土完整並列，赫蒙人從此也捲入國家發展的趨勢之中。但赫蒙人以及越南的少數民族常被貼上落後、發展緩慢、尚未融入國家總體發展進程的標籤。這可能是因為少數民族經常被視為貧窮、懶惰、依賴或落後的社群（Duncan 2004；McElwee 2004；Scott 2009；Salemink 2011），而其中赫蒙人被認為是最貧窮、最落後的少數民族（Vương Xuân Tình 2019）。

苗旺（Mèo Vạc）縣位於河江省以北，距離河江市中心約 164 公里，從河江市中心搭車到苗旺鎮需要 6 到 7 個小時。苗旺縣地形主要是山丘與森林，海拔高達 1,150 至 1,900 米，坡度平均從 25 至 35 度，甚至有些地方可達 60 度。由於全縣都處在岩石高山區，所以農地面積較少。居住這裡主要是白赫蒙人，占全縣人口 78% 。

在經濟生計方面，苗旺縣的白蒙人主要以自給自足的農業為主加上非農業結合，具體來說，主要是在岩石高山種植玉米並結合季節性的勞動力遷移中尋找臨時工作。白蒙人社會基於在親屬關係基礎上建立，這種親屬關係調節了社會中的所有其他關係。白苗族的家族慣例法明確規定其成員的權利和責任，不分住所地區，政治界線或國家領土。基於親屬和家族慣例，白苗族擴展了他們的關係至其他活動，如經濟生計和文化，這是建立在文化和語言相似性的基礎上。

基於親屬以及家族關係的社會加上自由遷移習慣使蒙人成為最強大的跨國跨境民族之一。在社會組織上，他們維持著聚落居住的方式，通常一個聚落包括緊密相關的家庭或同一家族的約 5 到 20 個小家戶（Tran Huu Son 1996）。幾乎每個村都是親屬關係的家庭，這種關係在蒙人社會中非常重要。此外，他們也與其他族群，如洛洛族、瑤族和京族進行交流、買賣等活動。

由於蒙人有著跨國歷史來源，起源於中國，因此他們與中國境內的同胞保持著親密的聯繫。他們在文化和語言上與中國廣西壯族自治區的苗族有相似之處[2]。與中國內地的苗族的關係主要體現在以下方面：在邊境市場上的貿易往來、跨境婚姻關係（主要是越南蒙人婦女嫁到對岸）、跨境親屬關係和季節性的勞動力遷移。這些關係對苗旺縣蒙人的生活產生了深遠的影響。然而，在新冠疫情爆發後，中國在邊境設立了「邊界牆」，限制了兩地的交流，對苗旺縣蒙人的生活產生了巨大的衝擊。

2　范宏貴，1999，〈中越兩國的跨境民族概述〉，《民族研究》，第 6 期，頁 14-20。

二、2019 冠狀病毒病後的鋼絲刺籬邊界牆及其影響

（一）2019 冠狀病毒病後的鋼絲刺籬邊界牆政策

中越邊境長達 1,449.566 公里，越南的七個省份，包括奠邊、萊州、老街、河江、高平、涼山和廣寧省，與中國的雲南省和廣西的壯族自治區相鄰。中越邊境首次在 1887 年和 1895 年由法國和清朝簽署的兩個協定開始劃界[3]，邊界的確立在大約此後 100 年間持續進行。1896 年，清朝和法國當局成立了雙方邊境巡邏隊，然而，直到 20 世紀後半之前，邊界仍未有效執行[4]。法國於 Điện Biên Phủ 戰敗之後，中越邊界成為越南民主共和國和中華人民共和國兩個主權國家間的邊界，後來是越南社會主義共和國和中華人民共和國間的邊界。中越邊界經歷了許多變化，特別是 1979 年的中越邊界戰爭，疆界常被移動且不明確[5]。

1999 年，越南和中國簽署了邊界協議，越南和中國最終完成了陸地邊界的劃定。1999 年後，中越邊界基本上已形成如今的模樣。根據協議，河江省的邊界長度從標誌 172 到標誌 519 為 277.556 公里，位於苗旺縣，包括三個社區：Thượng Phùng、Xín Cái 和 Sơn Vĩ 。從國際法和兩國外交關係的角度來看，邊界被視為明確清晰的界限，但是，劃定過程經歷了不同的階段，有時和平，有時有爭議，有時連續，有時中

3　Bộ Ngoại giao, Uỷ ban biên giới Quốc gia（越南外交部國家邊界委員會）, 2010, "*Biên giới trên Đất liền Việt Nam- Trung Quốc*"（中越陸地邊界）, Nxb Hà Nội, p.7.

4　吳慤，1983，廣西邊疆沿革史，中國。

5　Bộ Ngoại giao, Uỷ ban biên giới Quốc gia（越南外交部國家邊界委員會）, 2010, "*Biên giới trên Đất liền Việt Nam- Trung Quốc*"（中越陸地邊界）, Nxb Hà Nội, p.14.

斷。然而，兩個邊界地區的居民，包括苗旺縣的蒙族，持續保持著與中國社區的聯繫，例如探親訪友、季節性的跨境工作、婚姻和貿易[6]。

2019年底COVID-19發生後，導致中國實行「零確診」（zero Covid）政策，動用大量資金建設了一道中越邊境的鋼絲刺籬，以限制非法移民流動並控制COVID-19疫情[7]。社交網絡群眾將這個圍籬稱為「南部萬里長城」，中國媒體則稱其為「防疫萬里長城」[8]。這道隔離牆長約1,000公里，而中緬邊境的隔離牆長則近2,000公里，除了配備了探照燈、監視鏡頭外，部分隔離牆還連接到高壓電網[9]。越南苗旺縣邊界周圍的居民稱之為「邊界牆」或「禁區牆」。河江省的所有邊界，長約277,556公里，主要道路都被鋼絲刺籬所包圍。這種嚴格的邊界管理對當地居民的生計產生了深遠影響，包括苗旺縣的蒙人。特別是自2019年以來，跨境勞工遷移到中國的趨勢持續減少，並轉向國內遷移。根據苗旺蒙人的說法，「đi Tàu」（去中國）意味著跨境工作，而「đi công ty」（去公司）意味著前往越南的城市和工業區工作。

---

6 范宏貴，1999，〈中越兩國的跨境民族概述〉，《民族研究》，第6期，頁14-20。

7 喬龍，2021/09/01，〈中共築電網埋地雷阻百姓外逃 越南警民拆邊境電網隔離牆〉，《自由亞洲電臺》，https://www.rfa.org/cantonese/news/wall-09172021061818.html。

8 作者不明，2022/02/03，〈中國「南方長城」圍堵邊界 鐵網流欄似監獄〉，《自由財經》，https://ec.ltn.com.tw/article/breakingnews/3819553。

9 喬龍，2021/09/01，〈中共築電網埋地雷阻百姓外逃 越南警民拆邊境電網隔離牆〉，《自由亞洲電臺》，https://www.rfa.org/cantonese/news/wall-09172021061818.html。

〈圖 1〉2018 年苗旺縣 THượng Phùng 社的中越邊界（作者拍攝）

〈圖 2〉2022 年苗旺縣 Thượng Phùng 社的中越邊界（作者拍攝）

（二）鋼絲刺籬邊界牆對苗旺縣蒙人生活的影響

鐵絲刺籬牆的建設對苗旺縣的蒙人生活產生了明顯且強烈的影響，尤其是在 COVID-19 疫情之後，這一影響變得更加明顯。具體來說，包括對農業生產結構的影響，缺乏工作薪資購買肥料、飼料，農業生產力下降和牲畜飼養的減少，這都意味著農業收入減少；因為禁止跨境勞工遷移無法賺取薪資，而在 COVID-19 前，這一活動是許多苗旺縣蒙人家庭主要的收入來源。

1. 對蒙人的農業生產之影響

> 邊界牆阻止了尋找購買玉米肥料的資金，造成了玉米產量的損失，不種玉米也不行，種玉米也不行。（VMS-CSP）[10]

自給農業生計仍是蒙人家庭的主要經濟方式，農業約占全縣內勞動力的 97%[11]，種玉米和養牛是蒙人農業經濟的兩項主要活動。然而，「邊界鐵絲刺籬牆」的設立使種植玉米變得更加困難。蒙人的農田地處高山峻嶺，地勢險峻，缺少山谷和平地，主要是高山土地，占據整個縣的農業土地面積約為 19,611.8 公頃，約占農林漁業用地的 45% [12]。但是，土

10　受訪者編碼方式：名字羅馬拼音以及居住地方縮寫。

11　UBND huyện Mèo Vạc, chi cục thống kê Mèo Vạc（苗旺縣委員會，苗旺縣統計分局）, 2022, *Niên giám thống kê huyện năm 2021*（2021 年全縣統計數據）, Mèo Vạc: chi cục thống kê huyện Mèo Vạc, p.34.

12　UBND huyện Mèo Vạc, chi cục thống kê Mèo Vạc（苗旺縣委員會，苗旺縣統計分局）, 2022, *Niên giám thống kê huyện năm 2021*（2021 年全縣統計數據）, Mèo Vạc: chi cục thống kê huyện Mèo Vạc, p.34.

地質量並不理想，而且苗旺縣的蒙人定居的地方高於其他族群，例如泰族、彝族、瑤族，因此他們的農地幾乎是縣內最差的，位於高山、陡坡和多岩石的地區。縣內許多地方的蒙人不得不將土壤從下面運送上來，填補每次收穫後被沖走的土壤，為下一季的種植做準備（Thomas S. Vang 2008: 128）。2004 年，越南農業部估計，一半以上的赫蒙人缺乏穩定生活和經濟生產所需的基礎設施，尤其是耕地問題。

玉米是蒙人主要糧食作物中，占 82.9% 的種植面積（請參考〈表 1〉）。稻田的種植面積僅占 15.2%，主要分布在低窪河谷地區，靠近河流，並屬於泰族、彝族和傣族等民族聚居地區。

〈表 1〉苗旺縣農業耕種土地面積與結構

<table>
<tr><th colspan="3">總額</th><th>面積（公頃）</th><th>占比（%）</th></tr>
<tr><td rowspan="10">一年生植物</td><td></td><td></td><td>19,018.5</td><td>100</td></tr>
<tr><td></td><td></td><td>8,570.8</td><td>45.07</td></tr>
<tr><td rowspan="3">糧食作物</td><td>稻谷</td><td>1,300.2</td><td>15.2</td></tr>
<tr><td>玉米</td><td>7,107.5</td><td>82.9</td></tr>
<tr><td>蕎麥</td><td>163.1</td><td>1,9</td></tr>
<tr><td>其他蔬菜</td><td></td><td>345.2</td><td>1.82</td></tr>
<tr><td>工業作物</td><td></td><td>1,659.8</td><td>8.73</td></tr>
<tr><td>豆類、果樹
和觀賞植物</td><td></td><td>2,428.3</td><td>12.77</td></tr>
<tr><td>其他年作物</td><td></td><td>6,024.4</td><td>31.58</td></tr>
<tr><td rowspan="4">多年生作物</td><td></td><td></td><td>583.3</td><td>100</td></tr>
<tr><td colspan="2">果樹</td><td>520.3</td><td>89.2</td></tr>
<tr><td colspan="2">茶</td><td>58.9</td><td>10.1</td></tr>
<tr><td colspan="2">其他</td><td>4.1</td><td>0.7</td></tr>
</table>

資料來源：Chi Cục thống kê huyện Mèo Vạc, 2020, Niên giám thống kê năm 2019, p.46。

蒙人歌謠有句：「赫蒙人只需要一把錘子、一把彎刀、和一臺打玉米的機器來維生」（Doan Thanh 1967: 76）。1990 年代之前，蒙人的生活主要以遊耕遊牧為多，移居到任何地方，只需要一把斧頭就可以過活了，他們在石頭上挖洞種玉米，靠森林度日。目前，在邊境山區三社，蒙人雖然已不再以遊耕遊牧的生活方式，但是他們依舊維持在石頭上挖洞來種玉米的習慣。他們主要的生計還是以務農與畜牧業為多，然而，由於邊界三社地區的氣候苛刻，地形險惡，農地枯燥，所以農業生產以一季為主[13]。這一季，蒙人主要種玉米、豆類和菜類。因此，很多家庭平日吃的主要糧食不是白飯而是蒙人傳統的菜：用玉米粉煮成的玉米糕（Mèn Mén）。雖然其他社鎮或 Mèo Vac 縣中心，60% 赫蒙人已用白米來代替玉米，尤其是年輕人，但是這三個山社的赫蒙人的主菜仍以玉米為主。據當地人的分享：「只要放進去，它自己會生長。」這三社的赫蒙人仍在祖先開墾的田地上耕種。對他們來說，雖然耕地少又不好，但也是擔保他們生計的珍貴財產。有關玉米種類而言，此三社的赫蒙人常種傳統且適應冷寒、多霧、苛刻的天氣條件的品種，然而，能適應當地天氣條件的品種，帶來的產量通常很低。

除了玉米外，蒙人通常會同時在種植玉米的土地上種植各種蔬菜，做為日常食物，如苗芥菜和南瓜。南瓜葉和果實湯通常用於日常主食，搭配蒙人特色的菜肴「mèn mén」。蒙人家庭的餐食非常簡單，主食是玉米糕，配以炒南瓜葉、葉菜湯、南瓜湯。這是苗族人的傳統食物，至今仍然保持著。蒙人在苗旺縣很少吃肉，每週只有 1-2 餐有肉。此外，

---

13 Unknown Author, 2016/06/07, “Sơn Vĩ bao giờ về đích nông thôn mới?.” Báo điện tử biên Phòng, http://www.bienphong.com.vn/son-vi-bao-gio-ve-dich-nong-thon-moi (Accessed on 2023/08/14).

用於製作衣物的亞麻也會與玉米交錯種植，幾乎每家每戶都會留出一些地方來種植亞麻以獲取纖維。編織亞麻和織布仍然是蒙人婦女在家中的主要工作，她們會在閒暇之餘進行。在接受訪問的 40 戶家庭中，有 34 戶家庭仍在從事這項工作。然而，隨著婦女更多地參與社區外工作的趨勢，這一工作也逐漸減少。

> 這裡的每戶家庭都有一個織布架，每家都必須自己織亞麻布，以便以後家裡有人過世就可以用。但是年輕人都去外面工作了，他們沒有時間做這個，這裡只有老人在家做，年輕人比較喜歡出去買衣服。如果有人去世，一定要有亞麻布來製作喪服。（GTM-MV）

種植玉米被認為是蒙人家庭的可持續和長期生計（Vuong Duy Quang 2016: 102）。從經濟角度來看，它不會帶來利潤，因為苗族不會將他們自己種植的玉米拿到市場上出售，它被視為確保家庭食物需求和生存的一種保障；同時，可以避免外部市場波動帶來的風險。受訪者分享：

> COVID-19 爆發，我不能去打工。中國封鎖了邊境，建造了隔離牆，不讓人過去，我就回家種玉米。有錢吃米飯，沒有錢吃玉米，沒錢但不怕餓死。（LMP-MV）

然而，中國關閉邊境對玉米的生產產生了嚴重影響，因為缺乏購買用於為玉米施肥的化肥資金，因此在 2021 年和 2022 年，接受訪問的家庭的玉米產量幾乎下降了 10-20%，甚至有家庭產量下降了一半。此外，化肥價格在這兩年急劇上漲，導致玉米種植成本上升，產量下降，家庭支出不得不縮減，養殖也減少了。這是蒙人農戶面臨的困難。受訪者分享：

> 前幾年，我經常去中國工作，每次都待幾個月再回來。我有一個妻子和三個孩子，還有一個被妻子拋棄的52歲的哥哥，我去工作賺錢養活他們。他們在家種玉米，照看田地，養牛、養豬，但自從中國禁止過境，建了一堵帶刺的牆，非常嚴格，無法越過，有些人越界後又被抓住，送回廣寧口岸，然後坐牢，最後被送回河內，才得以回家。在我們村，曾經有個人去年9月2日過境，被抓送回越南剛好是今年9月2日。這樣他就在監獄裡待了一年，什麼工作都沒有了。所以我也無法去工作，肥料、電費、水費，所有開支都不夠。像去年，肥料每袋50公斤僅50到70萬越南盾，幾個月前，已經漲到每袋90萬越南盾，近期更漲到將近1,000,000越南盾一袋，我們家必須使用10袋以上的肥料。據我估算，我父親那個時代已經必須使用肥料，當時我還很小，現在我快50歲了，那個時候，我父親的土地只需施肥6袋。現在，這塊土地分給了五個兄弟，每戶家庭都必須使用超過10袋肥料，一季施肥三次，種植玉米需要越來越多的肥料，要增加施肥才能獲得更多。無論是養牛還是其他，都需要玉米，如果不增加施肥，就無法滿足家裡需求。我今年的玉米不足夠的供應2頭牛、2頭豬和數隻雞的飼料，還有人吃的食物。肥料太貴了，我沒有錢買肥料，今年只能施肥近6袋，所以我們只能收穫60袋玉米，不敢養任何東西，連養雞和養豬也只能節省飼料，它們也都生病了。像之前我還能去中國時，偶爾買了一些肥料，雖然不多，但還能應對，現在已經封閉了。我們家的玉米不夠吃，就必須去外面買市場的玉米，或京族商人載過來賣。每袋60公斤，價格維持在630,000越南盾，但是如果養一頭牛和

一頭豬，它們在一週內就吃掉了一袋玉米。所以現在玉米種植情況不容樂觀，不種就不行，但種了也不行。（VSV-PV）

因此，中國的邊境牆已經影響到他們賺錢購買肥料的能力，再加上肥料價格上漲，對玉米產量造成了嚴重影響。種植玉米變得困難且收益有所下降，從而增加了蒙人對市場和現金需求的依賴。許多家庭縮小種植玉米的面積，或將種植玉米土地讓給他人種植，有的人乾脆不再種植玉米。此外，中國的邊境牆也對某些農藥或肥料的購買限制產生了強烈影響。

除了對玉米種植的產量和耕地結構產生影響外，邊境牆還對苗旺縣蒙人的牛隻養殖產生了巨大的影響。

近年來，牛市的情況不容樂觀，因為牛無法出口到中國，只能銷售給國內市場，牛隻的價格下跌，不養牛還有玉米吃，養牛就會虧損。（GMP-MV）

養牛是苗旺縣所有蒙人家庭的主要農業活動。牛是他們將玉米和勞動轉換為現金的主要中介工具，同時也是幫助農民種植玉米的主要工具。由於蒙人的耕地位於高山之上，夾在岩石之間，只能使用牛和人力來挖土耕種，大部分耕地無法使用拖拉機。在受訪者中，只有 3 家庭曾使用過拖拉機幫助耕作，但未在所有種植面積上使用。此外，牛糞也是所有苗族家庭用來製作土壤肥料的原材料，播種玉米時第一層肥料必須使用牛糞，無法用化肥替代。這也是提高自然土地肥沃度的方法之一。因此，蒙人經常建造高腳屋牛棚來儲存牛糞。有錢的人建造磚牛棚，並澆灌混凝土柱，而沒有錢的人使用拼接的木頭或石頭。野生植物的葉子切碎後與牛糞混合，可用於種植玉米的底層肥料。此外，牛隻也會被帶去與鄰居和熟人進行換工，如果在播種季節借用牛隻，這些交換通常是以同等的人力工作為代價。

> 由於土地有限，我們夫妻倆都去打工，現在疫情嚴重，回家沒事可做。這個季節，我們正在準備種玉米，但由於沒有牛，我們只能去與鄰居換工。那些有牛的人會將牛帶來為我們耕地，我們沒有牛就用人力來換工，一頭牛對應一個人。今天他們一人一牛來幫我耕種，明天我們夫妻去他們的田幫忙，如果只有我去，那我就給他們2天工作。我們也可以租用別人的牛，但很少有人租用，與別人交換工作更加方便。（LMP-SV）

此外，對於苗旺縣的蒙人來說，牛在精神層面上也有著特殊的意義。這一點體現在他們的葬禮習俗中。在葬禮中，白蒙人總是在家中懸掛一個大鼓，這個大鼓是用牛皮製成的，在上面放置了一塊牛脂肪。這塊牛脂肪是由死者家人選擇一頭健壯的牛犧牲、宰殺，然後取得的，用來塗抹這個大鼓的鼓皮。之所以有這樣的習俗，是因為據白蒙人的口頭傳說：

> 每個民族在遷徙時都必須攜帶一本書，紀錄他們的祖先、歷史和來源，供後代查閱以尋找他們的根源。但在遷徙的過程中，他們必須經過許多高山和深河，有一次渡過一條大河時，這本紀錄祖先的書掉進了河裡，由於蒙人不懂游泳，只能求助於神靈。按照神靈的指示，蒙人找到了一隻螃蟹幫助他們找回了祖先的紀錄。但由於紀錄書被浸濕，他們將其拿到草地上晾乾。可是，這本書被附近的牛吃

掉了，從那以後，蒙人失去了文字，無法再有書供祭祀家族祖先之用。對於蒙人來說，去世即是開始尋找他們祖先的旅程，因此他們想出了一種方法，用牛皮製成鼓，上面塗抹牛脂肪，這是為了讓敲擊這個鼓的聲音能夠傳遞給去世的人，讓他們在找到祖先的紀錄後，能夠回到祖先之處。（LMC- SC）

因此，在葬禮時，逝者家人必須準備一頭牛來宰殺。由於死亡來臨時無法預知，所以蒙人的家中總是要飼養一頭牛，以備不時之需。除了逝者家人要準備牛外，親戚、女婿、朋友將根據親屬關係而帶牛來參加葬禮。通常，兒子會帶來牛參加父母與其兄弟的葬禮，而女婿則會帶來牛參加岳父岳母與其兄弟的葬禮。這就是蒙人的葬禮習俗，被稱為「帶牛俗」（tục dắt bò đám tang）。然而，目前縣政府積極宣傳和禁止這種習俗，因為他們認為這樣的做法浪費資源，甚至導致居民的生計困難，因為該風俗許多家庭陷入債務困境[14]。

當帶牛者到逝者家門前時，祭司會將一條白色的亞麻線綁在牛角，另一邊則綁在逝者手上。祭司對參加葬禮的所有人朗誦關於帶牛者和逝者之間的關係，同時，請來的樂手吹蒙人的蘆笙用來表達送別之情，觀禮者通常包括親友、鄰居和參加葬禮的其他人。如果女婿帶著牛參加岳父母的葬禮，他們通常會另外邀請 2 到 4 名吹蒙人蘆笙的樂手隨行，他們在路上和葬禮現場吹蘆笙，並跟喪家蘆笙隊進行對答演奏，以確定哪一方的音樂更感人。在形式上，帶牛的儀式表現出對逝者和其家庭的尊

---

14 Giang Châu, 2022/02/17, “Xoá bỏ hủ tục tang ma vùng dân tộc thiểu số.”（刪除少數民族地區的喪禮落後習俗）. vtv.vn, https://vtv.vn/doi-song/xoa-bo-hu-tuc-lac-hau-trong-tang-ma-cua-nguoi-dan-toc-thieu-so-20220217125700071.htm (Accessed on 2023/08/30).

重和哀悼。但是在這層意義之下，還隱含著其他用意，例如：鞏固親屬的關係；將一部分物質寄存，以便將來當自己需要幫助時，親屬會帶牛來，就像一種互助協議以應對不確定的風險；表達自己對逝者的重要性，以及逝者對自己的重要性；最後是建立聲譽和信譽，讓村里的人們看到聽到並得到肯定。對於蒙人來說，最後一點對他們的生活非常重要：

> 如果逝者是親屬，你不帶牛，就被視為未能履行義務。生活缺乏情感和責任，將沒有人願意和他一起換工和來往，加上帶牛是一代一代傳下來的債，你必須要還才行。（VVS-PV）

當牛被帶來時，逝者家人必須按順序宰殺所有的牛。如果不這樣做，他們將被指責為不懂得尊重別人、貪婪、缺乏情感。當宰殺到某家的牛時，逝者家人會將有尾巴的半隻交還給帶牛者，以示尊重和感謝。根據蒙人的說法，這有尾巴的部分是牛肉中最美味的部分，因此他們將這部分留給了帶牛的人。牛的其餘部分將分給 5 名吹蘆笙的樂手、擊鼓人以及邀請參加葬禮的賓客。葬禮通常持續約一個星期，一個喪禮如果有很多人帶牛表示她／他的重要性以及高社會地位。

牛對蒙人除了心靈意義之外，牛還被視為評估每個家庭的階級和財富的標準。擁有 3 頭牛以上的家庭被視為相對富裕，2 頭牛的家庭則被視為小康，1 頭牛的家庭不算貧窮，但如果沒有牛，那麼肯定是窮人的。這一觀念類似於老街省沙壩縣蒙族對水牛的看法（Christine Bonnin 2011: 434）。然而，苗旺縣的蒙人對於賣牛行為跟沙壩蒙人持有不同看法，京族人或沙壩蒙人通常不會賣掉幫助他們耕田的那隻水牛，除非那隻牛生病、老了，或家裡太需要現金時。但，對苗旺縣的苗族人，養牛並賣掉以積累資金，以及定期更換耕牛，被視為是增加家庭財務資本的方式，這可以被視為是將玉米和勞動力轉化為現金的最有效方式。

根據上述意義，牛被視為是家產的一部分，代表著苗旺縣蒙人家庭的財產，同時也具有重要的文化和精神意義。因此，他們養牛有三個主要目的：提供勞動力、用於農耕、出售為轉換現金和為葬禮服務。其中農耕和出售是先計劃好的目標。通常，每 2 年更換 3 次牛，以獲得耕作所需的力量，同時也獲得財源。5-7 個月將家裡的牛帶去賣再買小牛回來耕作，同時養肥後再進行交易，每次牛隻交易後剩餘的錢將用於家庭開支。可以說，牛和玉米是蒙人小農家庭農業運作的兩個重要要素，對於蒙人家庭來說，牛代表了長期和中期的資產儲備和財務安全。

〈圖 3〉苗旺縣赫蒙人牛交易網絡

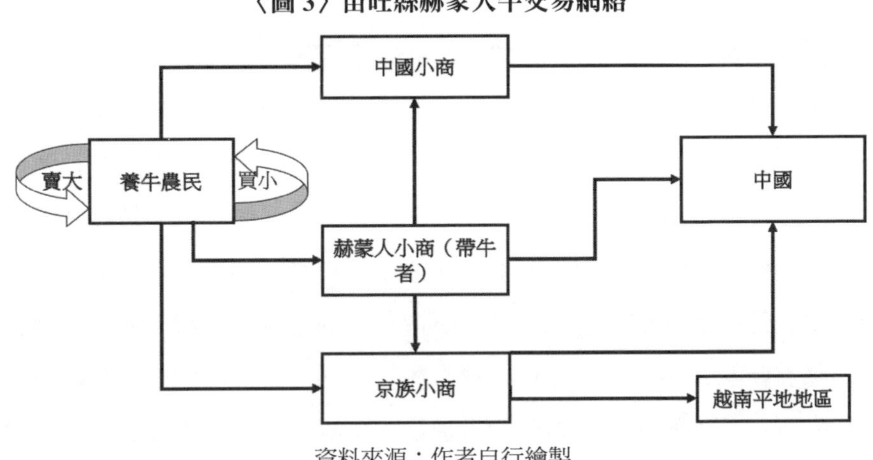

資料來源：作者自行繪製

蒙人的牛主要出售給越南或中國的貿易商，大部分的牛都會被集中起來出口到中國。當地的蒙人也參與這個網絡，但通常是以帶牛（蒙人講法「dắt bò」）的角色參與。他們會前往偏遠的村落，詢問、購買、集結，星期六晚上再前往苗旺縣的牛市（chợ bò Mèo Vạc），準備在隔天的牛市上出售。他們將牛出售給越南京族或中國的貿易商，以獲得價差的利潤。也有一些中國的貿易商直接前往苗旺縣的牛市購買當地居民的牛。如果居民不願意在家中出售給帶牛人，他們會聯繫運送牛隻的車輛，花費 100,000 越南盾（約合 140 臺幣）將牛隻從社區運輸到縣市場，牛主人則自己騎摩托車前往市場出售牛隻。苗旺縣的牛市有著悠久的歷史，但在 2000 年左右開始得到了大規模的投資和發展，反映了政府推動了農業商業化的發展方向[15]。牛市通常在每週日的早上 3 點至上午 11 點之間舉行，這裡不僅是繁忙的黃牛隻貿易場所，還有水牛、豬、雞、山羊、狗和其他家畜家禽的買賣交易。前來賣牛的人大多來自該縣的 18 個社區，其中蒙人占了絕大多數，約占 80% 以上。購買牛者包括中國和越南商人以及當地人，中國商人是來自中國邊境地區的蒙人、漢人，越南商人主要來自宣光、永福、福壽省份的京族人，當地人則是買牛也同時是賣牛的人。（參考〈圖 3〉苗旺縣赫蒙人牛交易網絡）

為了估算自己的牛的售價，蒙人為訂定售價通常會在牛隻出售前到市場 2-3 次參考售價。當交易進行時，他們會提出價差約 1 到 2 百萬越南盾，以便買家有議價的空間。如果他們覺得自己的牛未能按預期的售價交易，他們會將牛帶回，待下一次市場再交易。他們通常不會對親戚或兄弟姐妹提供折扣價格，並且也不會有特別優惠的價格，買家也不會覺得購買親戚的牛價格較便宜。賣方和買方都參考市場價格並根據市場價格進行交易。與同姓或同族的人進行的牛隻交易，賣方和買方都基於信任來進行，而不是利用關係來謀取利益，他們都相信賣者不會以高價

---

15 Unkonwn Author, 2011/04/18, "chợ bò Mèo Vạc." (苗旺縣牛市場). Hagiang.gov.vn, https://hagiang.gov.vn/esinfo/pages/economicsnews.aspx?ItemID=246 (Accessed on 2023/08/19).

出售、買者也不會提交低價收買。所以跟家屬或同族人交易，不用花多時間討價還價。這表明他們非常重視在社區內保持自己的聲譽，特別是在交易方面。

由於牛是家庭的重要資產，在購買新牛之後的資金餘額承擔了家庭大部分的財政支出，因此出售牛的責任通常由男性或戶主負責。他們可以決定售價，如果他們以低價出售也不必承受其他家庭成員的譴責。如果將牛交給非戶主的家庭成員出售，家庭成員則會在參考之前的市場價格後，再進行討論和協商牛價。帶牛去市場時，除了支付運輸費用外，賣方必須支付每頭牛 50,000 越南盾的牛買賣稅。住在牛市場附近的人通常會提早將牛帶到市場，並在市場入口處出售，以避免被市場管理人員收取市場稅。通常，蒙族人會出售成牛，然後購買小牛進行替換，小牛再被租車運回家。他們不會讓家中的牛舍空閒一段時間。因為牛棚沒有牛表示家庭情況不好，所以他們避忌牛棚空閒。

從赫人販賣牛隻的網絡圖表可看出，大多數的肉牛都被售往中國。中國的商人通常會提出比京族商人更高的價格。同時，這些中國商人也是為許多苗旺縣人民提供就業機會的仲介。中國商人來到苗旺縣做牛隻交易通常當天來回。除了主要的牛隻銷售外，他們還購買了一些當地居民的產品，如竹編的籃子、刀具、鋤頭等回中國銷售，並從中國帶來一些蔬菜種子和藥物在牛市出售。因此，中國商人與飼養牛隻的蒙人之間建立了互惠的商業關係，其中有人因為在牛市場認識中國商人而將女兒嫁給他。對來買牛隻中國商人，當地居民對這些商人表示歡迎：

> 之前，每次中國商人來牛市，市場都非常繁忙，他們不僅到邊界的 Săm Phun, Thượng Phùng 市場，也直接前往鎮上的牛市場，甚至開了好幾輛卡車來。他們支付的價格總是比越南的商人高出一倍多，

> 有時候，我把牛賣給他們後，他們會約我下次把牛帶到邊界給他們，他們還給了我聯絡的電話號碼。他們幾乎都是蒙人所以我們可以溝通，有些人不是，但我也能理解他們語言，他們也會講蒙語。這裡去中國的人很多，至少懂一點點中文，我從小就經常來回兩邊所以我也能說一點。然後，他偶爾會打電話問我是否有牛，或者是否需要去打工？他們來這裡，村民還能賣出更多的東西，有時候中國來的商人會買幾十個鋤，將竹籃背簍帶回中國。有時，我在這裡買不到植物的種子，也打電話叫他們下次來幫我買。隔我家兩戶，他家女兒嫁給中國商人。在中國他們家也種田，會接妹妹過去割草，幫忙種田，後來兩位妹妹也嫁到那邊了。但近年來，其實在疫情之前，中國人來的次數也變少了，中國那邊的控制更嚴格了，疫情爆發後，他們被禁止了，中國商人不再來這邊，牲畜市場完全荒廢了，價格下跌了一半多。只能賣給京族商人，國內消費，所以並不賺錢。京族人很會壓價，他們會查看我們的牛有什麼缺陷，然後將價格壓低，直到午市時才會購買。很多蒙人放棄帶牛工作，家裡養的牛變少很多，如果一家養了兩頭牛，那麼他們就會虧本。養牛為了出售一定虧本。（GMP-MV）

中國建立了邊境牆後，中國商人不再直接跨境購買牛，同時，牛肉也無法出口中國，牛價下跌了近一半。大多數家庭不再養 3-4 頭牛，他們只養 1-2 頭來維持農業生產，利用牛糞施肥，以及防備家中有亡靈出現。在疫情爆發之前，人們養了 5-7 個月，同時已經用來耕種一季的一頭牛以大約以 2,500 萬至 3,000 萬越南盾的價格出售，等於農民每 5-7 個月可以賺取 5-6 百萬盾的利潤。但 2021 年以來，價格下降到約 1,700 萬至 1,800 萬越南盾一隻，這意味著價格已下降約 40% 。這使許多農戶虧損，甚至有人養了 5 個月就損失 5 百萬越南盾，這還不包括人力和牛吃的玉米的花費。不僅牛價下跌，連豬、雞和其他家畜也陷入類似的困境。許多家庭因為不再養牛，所以他們將耕地一部分出租給別人，或者不再種牧草，轉而去工廠工作。受訪者的 40 人中有 3 人放棄土地，這也反映了中國邊境牆對苗旺縣蒙人生計的嚴重影響。

因此，中國嚴格管理跨境貿易和建立邊境圍欄鐵牆，已經直接影響了蒙人市場上的牛隻價格，從而影響了他們牛耕和牛肉結合的養殖方式，使得養殖牛數量減少了一半。這導致從養牛中獲得的收入大幅減少，使人們的生活變得困難。因此，也有更多的人加入了勞動市場，婦女也因此更多地參與勞動市場。

2. 從跨境打工「去中國」（Đi Tàu）轉向到越南都市與工業區「去公司」（Đi công ty）趨勢

（1）COVID-19 前的勞工跨境遷徙

I　中國西南區域經濟發展吸引大量苗旺縣蒙人跨境打工

從 2000 年到 2019 年，跨越中國邊境打工成為了苗旺縣的族人普遍的生計方式。自從 1979 年以來，中國西南邊境地區的經濟狀況得到了明顯改善，始於 1976 年後的一系列經濟重建政策。整個中國的西南部變成缺乏勞動的大工廠，尤其廉價勞動。

越南河江省苗旺與中國雲南省文山州富寧區相連。此處也是中國少數民族定居的地方，33% 人口不是漢人[16]。1976 年之前，毛澤東在此區

16 Sarah Turner, 2015, *frontier livelihoods: Hmong in the Sino-Vietnamese Borderlands*. USA: University of Washington Press, p.25.

域曾實施一種農業「合作社」的經濟模式。到 1984 年鄧小平時代，中國通過家庭聯產承包責任制（簡稱 HRS），目的是將土地使用權分給農民。該計畫對中國增加農作物產量、引導農民跟上市場經濟的目標來說十分成功。在這段時間內，由於中國國內移動政策鬆綁，此計畫在中國鄉村已產生出強大的鄉鎮企業[17]。此事證明在越南開始引導導農民加入市場經濟活動時，中國鄉村地區在越南市場經濟活動早已占有一席之地。

中國西南部地區（含雲南省）的經濟發展政策主要由毛澤東先推動，並於 1990 年代初期大力展開與落實。尤其在 2001 年提出的「西部大開放政策」，以 50 年為限，分別為三個階段實施，即奠定基礎階段（2001 至 2010 年）；加速發展階段（2011 至 2030 年）；全面推進現代化階段（2031 至 2050 年）。[18] 在計畫的第一階段內，中國已達到基本的成效，吸引了大量的外資。2001 年中國政府更決定投資 45.5 億美元來發展西南區域。其結果發展速度驚人，2009 年 6 月時，西部地區已有 52 家新型農村金融機構正式開業[19]。至今，中國政府已達成一系列的目標，如能源、建築、西區外資工業區等[20]。到目前為止，該計畫仍進行中，因此對於人力需求更為緊迫，尤其是中國西南區域如雲南省或越

---

17 Han Ruibo and Wang Linna, 2013, "Challenges and Opportunities Facing China's Urban Development in the New Era." *China Perspective*, 2, p.17.

18 作者不明，〈西部大發〉，《通識現代中國》，https://ls.chiculture.org.hk/tc/idea-aspect/81（2019 年 5 月 30 日瀏覽）。

19 白潔純、劉詩平，〈6 月末西部地區已有 52 家新型農村金融機構正式開業〉，《贛州金融網》，http://www.gzjrw.cn/Item/23368.aspx（2009 年 11 月 30 日瀏覽）。

20 人民網，〈西部大開發 10 年成就回顧：開局良好 基礎堅實〉，《人民網》，http://politics.people.com.cn/GB/1026/12066494.html（2010 年 7 月 6 日瀏覽）。

南河江省苗旺縣邊境三個山社的廉價勞動更被視為重要人力來源。

雲南是中國 2001 年以後經濟發展速度最快的省市之一。省內存在很多屬於中國經濟發展戰略的政策，如西部大發展、一帶一路、張江經濟帶、大湄公河次區域經濟合作等。其中，該省政府特別發展觀光服務業和工業。近年來，雲南大量推動工業區的建設發展。2005 年時雲南的觀光客是西區比例最高的，到 2015 年，觀光服務業的收入總額比 2000 年增加 15.6 倍，平均每年增加高達 260% [21]。從事服務業者（勞動）因此增加了很多，除了推動觀光業發展以外，雲南省政府也加強推動工業的發展。2015 年，省內大規模的工業區增加，占全省工業比例的 81% [22]。近幾年來，為了省內工業區的長久發展，雲南政府正在實施新的政策「雲南省工業園區產業佈局規劃（2016-2025 年）」。其目標是到 2025 年打造出 10 個「千億園區」[23]。再者，由於中國在 2000 年之前推動東部發展政策，加上自由移動權的鬆綁，大量西部的勞動者移往東區，導致西部工業區缺乏人力，尤其以青少年者為甚。因此，中國西部推動經濟發展的政策陸續落實，已吸引很多年輕的業者進入投資，西部當地的工廠因此取得發展的機會。據富寧縣政府的統計，全省目前有 1,650 家工廠，每年人力需求達一萬人，主要從事的工作如種菜、割草、種

21 李振南、敖姣莉，〈雲南旅遊業發展現狀，問題與對策〉，《行知部落》，https://www.xzbu.com/3/view-7862250.htm（2019 年 5 月 30 日瀏覽）。

22 雲南省人民政府，〈雲南省工業與資訊化委，解讀《雲南省工業區產業佈局規劃（2016-2025 年）》〉，《雲南省人民政府》，http://www.yn.gov.cn/jd_1/jdwz/201612/t20161215_27834.html（2016 年 12 月 16 日瀏覽）。

23 云南网，〈解讀雲南工業園區「三步驟」2025 年打造 10 個「千億園區重大決策」〉，《雲南省人民政府》，http://www.yn.gov.cn/jd_1/ynw/201701/t20170104_28058.html（2017 年 1 月 4 日瀏覽）。

樹、紅木加工等。

總體而言，中國西部地區的經濟發展政策鼓勵家戶發展市場經濟，催生了一系列三七農場、桉木林場以及工業區（例如，玩偶、科技產品、耳機工廠等）的發展。蒙人正符合這些農、林、工廠所需要的勞動力條件，即廉價勞動力。這些就業機會吸引了大量閒暇時期的苗旺居民越過邊境工作。

II 跨境打工特點

越境進入中國打工，這種移民浪潮在 2000 年代興起，取代了之前流行的前往越南中部高原尋找耕地的趨勢。工作機會加上地理上的親近和文化上的相似性吸引了蒙人勞工進入一個相似的社會體系（Nguyễn Văn Chính 2021: 330），因此，他們可以輕易地以跨境工作來維持家庭生計。根據苗旺縣社會榮軍勞動局的報告，非法越境人數從 2005 年開始迅速增加，又根據河江省關口局的統計數據，自 2012 年至 2015 年，省內非法越境到中國工作的少數民族人數翻了一番，從 11,652 人增加到 23,460 人，其中 94% 的人通過山路越境，到中國從事種植甘蔗、運貨、開礦、水泥工、工廠等工作[24]。根據社會榮軍勞動局的報告，在 2016 年，苗旺縣有 3,563 人前往中國工作，其中 897 人在政府監督下註冊，其他 2,666 人則是非法越境。與 2015 年相比，2016 年前往中國工作的人數增加了 27.48%，主要在雲南富寧的工廠工作。前往中國工作的人數不斷增加，主要來自邊境附近的社鎮居民。根據該統計數字，有

24 Hoàng Phương- Đức Hoàng, 2017/11/12, "Cuộc vượt biên của những đứa trẻ bỏ trường." (放棄學校跨境打工的小孩). vnexpress.net, https://vnexpress.net/longform/cuoc-vuot-bien-cua-nhung-dua-tre-bo-truong-3672610.html (Accessed on 2023/08/20).

80% 前往中國工作的人都是非法越境者[25]。

大部分跨境前往中國工作的人都是男性，占約 80% 以上，女性如果越境通常是與丈夫或兒子一同前往，很少有單獨。年齡方面，多數是在 13 至 55 歲範圍內，最高的比例為 14 至 40 歲的年輕人。年齡較大的人，即 40 歲以上，通常從事農業工作，種植作物、割草、砍樹、挖坑和放肥等工作，但這些人數量逐漸減少。近年來，前往中國工廠工作的人數有所增加，主要為 15 到 35 歲，男生女生都有。他們通常在生產耳機、手機鏡頭、玩具、機器人、玩偶、塑料製品等工廠工作。

單獨前往的人數較多，約占被訪問者中的 32 人中的 80%，其餘 20% 則是選擇與配偶一同前往。對於全家一同前往的人來說，通常是年輕夫妻，他們擁有較少的土地，約為2-3公斤種子[26]，通常也是剛剛獨立家庭，他們將土地留給父母或親人種植。也有年輕夫妻帶著孩子前往中國，但這種情況只占受訪者中的 1/40。其他人之所以單獨前往，是因為擔心跨境行程對女性有危險或需要有人留在家照顧家務，所以選擇獨自前往。家中有丈夫前往工作的女性，特別是 35 歲以下的女性，大都希望能與丈夫一同前往，但也擔心自己是否能夠適任。

他們前往工作最多的地方是雲南和廣東。通常，在雲南省或普寧州地區，他們主要從事農業和林業相關的工作，如養鴨、種植三七和桉樹等。前往廣東地區，他們通常在私營工廠或建築項目中工作。前往廣東需要更多時間，通常需要 1 天 2 夜（通常在夜間出發），但工資稍高一

---

25 Duy Tuấn, 2017/01/01, "Ghi nhận ở địa phương đầu tiên xuất khẩu lao động sang Trung Quốc làm việc." (第一個地方政府出口勞動到中國的紀錄). baohagiang.vn, http://www.baohagiang.vn/xa-hoi/201701/ghi-nhan-o-dia-phuong-dau-tien-xuat-khau-lao-dong-sang-trung-quoc-lam-viec-692818/.

26 苗旺縣蒙人習慣用多少／幾公斤玉米種子種植來衡量他們耕種土地面積。

些，工作也更多。一般來說，前往廣東地區的工廠工作的平均月薪是人民幣 100 元（2017 年），相當於 300,000 多越南盾／天（約為 500 臺幣），食宿免費。這比在當地的公共建設的工資高 2-3 倍。近年來，中國支付給越南工人的工資也增高，從每小時人民幣 6 元（2013 年）增加到 12.5 元（2022 年）。蒙人通常從事的是季節性需求工作，工作期間約為 1 個月至 1 年，主要在農閒時節，如過了農曆新年、種完玉米之後的 3 月份出發，然後在 7-8 月份回來收割玉米，9-10 月份再次前往，直到農曆新年回越南。

前往中國的最大困難是來回的路途，及非法身分，這些對他們造成了最大的風險。因此，他們被迫依賴帶路人／仲介的協助，並為此支付費用。此外，非法和缺乏合約的情況使工人面臨低工資、被警方拘留和工資被沒收以及人力仲介的剝削等風險。許多人因為這個危險而回不到家、失聯、賺不到錢。不是每次跨境打工都是成功的，受訪者中平均去 3 次會有一次損失，其他 2 次是賺夠吃或相對成功。然而，平均來說，「去中國」對苗旺縣蒙人家庭的收入和生活水平做出了巨大貢獻，占家庭收入的 30-60% 。他們在中國賺到的錢用於建房、購車、農業生產（購買牛、購買肥料）以及生活費用。

社會網絡和仲介在跨境打工中扮演著極其重要的角色。仲介通常有親屬關係、族群關係與利益關係的交錯。跨境的族群關係，特別是嫁給中國丈夫的婦女們對跨境打工者發揮著非常重要的作用，她們是連接點，提供出行方式、工作訊息和中途停留站。這一點文章中最後會仔細討論。去中國打工的原因和過程可以參考下面受訪者的故事：

> 最近，我回家鄉收玉米。我剛從永福省回來，由於妻子懷孕，我打算回家一段時間，等她生完孩子再出去打工。因為在家裡，只有奶

奶和妻子，我必須回家。此外，現在是收割玉米季節，必須回家協助家庭。以前，我們總是種完玉米時，跟兄弟們一起去中國工作。在 2019 年之前，我一直都這樣做。我從 14 歲開始去中國打工。今年我 26 歲了。之前，我的父親也經常去中國，我父親的那個時代，他只是去很短時間，甚至當天來回，他們主要去那裡割草、種樹，後來他生病不去了。我 8 或 9 歲時父親過世，1 年後我母親把我和哥哥留給奶奶，跑去跟中國人結婚，奶奶養大了我們兄弟。當我哥哥 15 歲的時候，他也開始前往中國工作，他和村子的幾個朋友一起去，經常每年去兩次，有時候更多。當我哥 17 歲的時候，他在城鎮春遊時遇到了 May，May 住在 San To 社區，離城鎮約 5-6 公里，我哥哥拉 May 帶回家當妻子。一開始，May 不同意，她回到母親家 3 天後回來就同意了。我聽說 May 的媽媽勸她選擇我們家，因為我們家離城鎮很近，會比 San To 好，於是 May 成為了我們家的媳婦。那時，奶奶叫叔叔過來，幫我哥哥倆分家，為我和他分地。叔叔們討論後，為了兄弟倆的公平，我們把大片土地劃分為兩半，如果土地太小，就不劃分了。奶奶總共有 20 多塊地，有的遠遠的，需要騎摩托車一個小時，有的在附近，大的地塊收穫 30 袋玉米，小的則 1-2 袋玉米（一袋大約 30 公斤），平均 5-6 袋玉米。因為我是老么所以會跟奶奶住在一起，他們決定給我多一點。我總共有大約有 13-14 片地，具體的面積我不知道，只有記錄在土紅書上，或者戶主才知道。我只知道有 13-14 片土地，可收大約一百多袋玉米。種滿 5-6 公斤玉米種子就沒有土地了。當時我還小，所以奶奶是我家的戶主。奶奶說我們種什麼就種什麼，我只知道去工作然後種玉米。我哥哥分戶後，在我們家旁邊建了一座房子。我 15 歲的時候就結婚，我的妻子是奶奶找的。結婚後，我開始要照顧家庭，照顧妻子，但我沒有錢，家裡非常困難，所以哥哥問我是否想去中國賺錢？我就跟他與村裡朋友去。從那時起到現在，我去了很多次。每次都去不同的地方，打不同的工作，最遠的是去廣東的一家公司。一開始，我去比較近的地方，在福寧跟著哥哥為別人拌混凝土，後來去工廠工作，製作玩具：娃娃和汽車。我經常從同文 Má Lé 或苗旺縣 Xin Cai 小徑過去。從哪裡，中國那邊帶路人會提前約好，帶路人在邊界等我們。他先帶著我們步行穿過邊界，我們要付代路費，通常 500 人民幣一個人，加上車費，車費不一定，通常 300-500 人民幣。最危險是從邊界到福寧州的那段路，他先帶我們走深林，高山小徑，越難走越安全。有時候要穿過下水道，因為路很暗，他只用手機的微光照亮。通常要走山路 4-5 公里，到比較安全的地方會有小車輛接我們，可以坐 7-9 個人，但他會塞超過 20 個人，前面的人坐在後面人的腿上，一直擠在一起，走一段路又要下車，因為有警察。我們下車再跟著他走路，他躺著我們也躺著，彎腰、俯臥、爬行和蠕動，看他怎麼做我們就怎麼做。有 2-3 次上下小車輛，就會到福寧州，那邊就可以上客運，順便的話就可以到打工地點。砍樹、割草的工作比較近，6-7 小時或一夜就到，到工廠工作，要走比較久，有時候要走兩夜。吃的話，他們給了我們麵包和水。在車上，不是每個人都認識。到打工地方會有人帶我們進去見雇主，再分配我們工作。去中國工資高，他們提供吃住，工作沒有休息日，只要太累了，就請假，一般工作時間從早上 8 點到晚上 6 點，會獲得人民幣 100 元的工資，如果加班到晚上 9 點或 11 點，會獲得 130-140 元。通常不會經常加班。發工資時，他們會扣除 10 天的工資。我第一次去工作時，老板通過仲介支付工資，之後每次都由老板直接給我。我在外面做混凝土攪拌工，按車輛和混凝土塊計算工資，誰做得快，就能獲得更多工資。平均每天也能拿到 150 元工資。但是非常辛苦，不能做太多。剛開始去中國工作時，我剛結婚，妻子留在家裡。後來也跟著其他男人走了。我聽到家人說，於是我回家了，結果她走了。我在家一段時間，又結婚了，妻子懷孕，那時生活也很困難，我又去中國工作。那時家裡孩子生病，我回來時，孩子去世了。第二個妻子也跟著另個住同文縣的男生走了。現在是第三個妻子。以前，我去中國工作，每次回來至少能帶回 7,000 人民幣回來，最多能有 3 萬元。我拿回來一些錢給奶奶買牛、買車。現在中國關閉了邊境，大家都湧向公司，去北江省、海陽省、北寧省工作，有人甚至去了平陽省。不能去中國我也跟著朋友去公司。我們通常是朋友介紹工作的，我在 zalo 上看到他們發布了工作招聘信息也有，我就按照地址去那邊找工作。在越南工作，工資也能有 700-1,000 萬越南盾一個月，但是得自己支付吃住費用，所以一個月只能存下 300-400 萬越盾算多。雖然不多，但比在家裡好，因為在家沒什麼可做，除了收割玉米這樣的季節，只能剪草牛，收集柴火或跑去喝酒。（VMC-MV）

（2）轉向越南都市和工業區打工

現在，年輕人都去公司。要去公司，就必須懂京語，收入低於去中國，也必須自己負責吃住，像負責一個新家庭一樣，但這還是比待在家裡好。（GTM-NS）

中國封鎖邊界後，前往中國工作變得困難，幾乎不可能。以前去中國工作的人轉向移動到越南的工業區和都市地區找工作。據 2019 年到 2021 年苗旺縣社會榮軍勞動局官方統計，該縣合法前往中國工作的勞工數量，自 594 人減少到 1 人，減少了近 100% 。在過去的 3 年中，前往越南都市和工業區工作的人數則大幅增加，自 643 人增加到 4,543 人，增加了 7 倍，特別是從 2020 年到 2021 年增加迅速。（參考〈表 2〉）

〈表 2〉　苗旺縣出去工作人數統計（單位：人）

年	2019	2020	2021
國外出口勞動	594	59	1
國內的都市及工業區	643	1,395	4,543

資料來源：Chi cục thống kê huyện Mèo Vạc, 2021, niên giám thống kê Mèo Vạc năm 2020, p.33.

這些是縣勞工局和各公司登記在案的合法出國打工人數的官方統計數據。此外，還有大量人以偷越邊境去打工，這些人占了大多數。儘管在 COVID-19 期間仍有人試圖非法越境前往中國打工，但其數量相對較少，尤其是從 2021 年到 2022 年。

（3）赫蒙人到國內都市與工業區的目的地和工作內容特點

I　前往的目的地

他們主要前往北江、北寧、海陽、海防和平陽的工業區與都市區，其中到平陽的人占了 70% 以上。儘管從苗旺縣到達平陽需要長途跋涉，坐長途巴士需要 4 天，費用約 150 萬越南盾，也有些人選擇搭乘飛機，費用為 300-400 萬越南盾。但做為回報，他們可以賺更多錢，而且工作更像在中國工作，如製造木製品、塑料製品，公司還提供兩餐。在移出地區的分布上，苗旺鎮居民去平陽工作的約占 80%，而 Cán Su Phìn、Xín Cái、Niêm Sơn、Thượng Phùng 和 Sơn Vỹ 等比較偏僻社區的人則更多是往北部省份。移動的地點，通常是和社會網絡有關，移工多數是經由親戚或同村地緣的管道取得工作機會，最初前往的人是依據縣勞動局與公司合作的就業管道找到工作。在工作一段時間後，他們即介紹、呼叫朋友前來工作，並互相指導如何自行搭車前往和尋找工作。前往平陽的過程也迫使他們學習更多新技能，例如：訂票、與購票人協商、聯繫租房等。對於那些生活在偏遠地區、少接觸外界社會的人來說，這仍是個巨大障礙，而住在苗旺鎮的人因為接觸外面較多，所以學習這些技能相對容易一些。

II　前往國內移民打工者的年齡和性別

國內移工的年齡和性別與跨境移工相比，是有差異。國內移工通常年齡在 17 到 40 歲之間，其中 20 到 35 歲年齡組占了 70% 左右，女性比例也較高，約占總數的 30%，其中包括與丈夫一同以及單獨前往工作的女性。中國關閉邊界後，年齡在 40 歲以上的人通常決定留在家中，不參加國內移民打工，原因是找不到合適的工作、必須懂京語、需要辦理文件、不習慣在「越南」生活等。他們會留在家裡照顧家庭，從事農業、養牛，而讓媳婦陪著兒子外出打工，因而替代公公出來打工的女生人數相當多。年齡在 35 歲以上的移工通常是男性，約占總數的 10% 左右，有一小部分女性與家人一起前往海防、海陽等工業區，但數量很少，主要集中在 Pavi 和苗旺鎮附近。年齡在 17 到 20 歲之間的年輕人約占總數的 20%，其中大多數也是男性。在這個年齡組中，也有女性獨自前往或與丈夫一起前往，對於這個年齡組來說，有識字和社交經驗的女性比例較高，例如曾經在鎮上小吃店打工、在苗旺市場上賣貨物，國中教育程度，會說京語等。總的來說，女性移動外出打工的比例仍然不高，因為對於苗旺的赫蒙人家庭來說，性別關係仍然相對傳統，雖然有一些變化，但整體來看，女性的地位仍然很低，並且相當依賴家庭中的男性。

III 赫蒙人進入越南城市和工業區的工作內容與趨勢

赫蒙人會優先考慮與他們在中國的工作內容相似的工作。這些工作可以分為兩組：(1) 非固定工作者：這一組人主要是在非正式的勞工市場中工作，如建築業、農場養殖、洗碗和臨時工作。(2) 工業區工作：固定工廠的工人，但以季節性打工為主。

在第一組中，主要在海陽、北寧、海防、河內工作，工作是在建築工地工作，根據勞動承包商的安排。承包商會招募勞工，提供食宿，當承接到工程時便帶工人前往工作。這種工作在工作量、地點、時間和頻率上都是不穩定的。當他們到達工作的地點時，承包商會先搭建帳篷給工人住宿，食宿條件通常比較簡陋，承包商會指派一人負責煮飯，也有一些承包商會給予工人食物津貼，讓工人自行解決，待工作完成後再將工人運送到其他工作地點。此外，也有一些人參與農場工作，如種植蔬菜和養雞、豬，主要集中在河西地區。這一組工人大多數已經成家，年齡在 18 至 38 歲之間，學歷大多在小學 1 年級至 5 年級之間。他們不太會讓妻子一同前來，因為工作性質不穩定，也需要她們留在家中負責家務和生產，如養雞、豬、牛。他們之所以選擇這種不固定的工作，有很多原因，其中有幾個被認為是重要，一是為了自主性，想回家就可以回家，因為他們還要照顧家庭；也不必擔心租房和烹飪，因為通常由業主提供臨時住處；又或者在農場的不需要技術。工人通常按天或按月計酬，薪酬水平根據技能和工作量分類，約為 200,000 至 250,000 越南盾／天，相當於 70 人民幣，如果技能高超並擅長全面性的工作，則每天的工資可能達到 300,000，甚至 500,000 越南盾，相當於 100 至 150 元人民幣；但要達到這種薪資水平，勞工必須連續工作 9 至 11 小時，並為承包商連續工作 4 至 6 個月。大多數受訪者表示，他們無法滿足這種工作需求，因為他們最多工作 3 至 4 個月就必須回家，只有 30 名受訪者中有 3 名回答曾經獲得過上述薪資水平，但非常辛苦。

由於缺乏任何約束性契約，因此這一組人面臨著許多風險，如被雇主扣留工資、扣留個人資料文件、剝削、提供劣質食物。他們也受到承包商嚴格的管理和控制，包括對進食、休息和交通的時間限制，住處通常靠近工作地點，生活條件非常簡陋。工人也無法長期在固定地點工作，在工作一段時間後便會結束或更換工作地點。當被問及在越南和中國工作的比較時，80% 的受訪者表示他們更喜歡在中國工作，因為那裡的工資較高，中國雇主對待他們的控制更加寬鬆。

第二組人選擇在工廠工作，主要前往平陽省、北寧省、北江省、海洋省以及海防省的工業區域，其中前往平陽省的人數最多，其次為北寧省。主要的工作範疇包括食品、糖果、紡織、鞋類和電子設備、耳機製造工廠。他們通常處理一些較低技術要求的工作階段，例如包裝、製鞋底、以及將零部件裝配至盒中等工作。此組人群的年齡通常介於 16 至 30 歲之間，男性占約 70%，女性占 30% 。有些女性單獨前來工作，而另一些與丈夫同行。主要因季節性工作的原因包括：不符合正式工人的標準、需要照顧家庭因此無法長期在該地工作、在外工作提供學習手藝的機會、未來能夠獨立在外工作、工廠工作通常單調且束縛、缺乏自由……。總之，他們提到的主要原因在於對自由的偏好以及需要應對家庭問題。因此，他們通常每週領取一次薪水，每天工資介於 200,000

到 250,000 越南盾之間，週六和週日休息，加班情況較為罕見，每天工作 8 小時。平均每月收入為 4,000,000 到 7,000,000 越南盾。在平陽省工作的人，尤其是在塑料和木工廠工作的人，薪水通常較高，大致介於 7,000,000 到 10,000,000 越南盾／月之間。然而，他們缺乏年資、病假和保險等福利制度。此外，他們需要自行租房並提供早晚兩餐。如果一對夫妻一起居住，食宿費用通常約為 3,000,000 到 4,000,000 越南盾／月。他們通常選擇與朋友合租，並輪流負責烹飪。住宿地點通常是透過朋友和親戚介紹獲得的。

（4）社會網絡、就業博覽會與就業機會

對於赫蒙人來說，社會網絡和就業博覽會在他們找工作的過程中發揮著重要作用，在中國工作時找工作主要是依賴社會網絡和人力仲介，轉回到越南的都市與工業區找工作時，社會網絡仍然扮演著關鍵角色，但已經從親屬、家族、同族與同村的關係擴大到同一個大的區域「高地人」（越南語：người vùng cao）、或同一個身分「民族人」（越南語：người dân tộc，意思是少數族群的人）的人際關係，社會網絡的擴大或內閉與他們工作的環境密切相關。在中國或越南工作時，他們所面臨的困難有所不同：在中國，他們的身分是非法的，面臨更多的危險，例如，被捕、不自由、行動受到限制，這使得他們更趨向於謹慎，社交網絡也變得更加封閉。為了安全問題他們更傾向於依賴親密的人際關係，家庭、鄉里、村莊、蒙族人之間的強連帶（strong ties）。而在越南，當他們進入城市地區時，他們的困難主要是語言和融入陌生社會環境所帶來的摩擦而非安全性的問題，他們的社會網絡會擴大到與相似身分「民族人、少數族群」的人或同「高山地區」的人的弱連帶（weak ties）。他們經常使用「民族人」或「高地人」來指代自己，區別於「平地人」

（越南語：người miền xuôi）或「京人」。因此，社交網絡從強連帶轉變成弱連帶，是基於工人的安全感以及身分認同。當對環境的安全感增加時，依賴弱連帶的社交網絡變得更加容易，加上像 Facebook、Zalo 這樣的社交網絡的發展為赫蒙人提供了更多就業機會。以 Facebook、Viber 等社交媒體平台建立聯繫，來尋求工作的模式已經成為苗旺縣許多年輕蒙族人的習慣。

此外，在赫蒙人去公司工作過程中，政府也扮演另一個關鍵因素。許多人尋找工作時會參加由招聘公司與何江省人民委員會以及勞動局合作舉辦的就業博覽會。截至 2023 年 3 月，苗旺縣已經舉辦了 3 次就業博覽會，平均每次招聘會都有 12 到 24 個公司參加。2021 年，全縣有 4,544 名勞工參加了招聘會[27]。參加這個計畫的人通常是生活在苗旺鎮區或就學的年輕赫蒙人，工作之後，他們再介紹、聯繫和指導親朋好友直接去公司應聘。這些政府訊息往往會在同族、同鄉和同地區與同身分的社交網絡中傳遞，提供就業資訊。

最後，Zalo、Facebook、WeChat、TikTok 為封閉的赫蒙人社群網絡提供了重要的就業訊息。從這個管道獲得訊息的年齡大約 15 歲到 28 歲，每個年輕的赫蒙人在社交網路平台總會有兩個帳號，一個通常是用越南語的名字，主要跟越南人、其他的族群互動聯絡，另外一個是用蒙語名字的帳號，用蒙語來跟赫蒙人好友互動聯絡，上傳的影片全都是赫蒙人主角，歌曲等等，這是大多數年輕人用來獲取工作訊息的渠道。約 70% 的受訪者直接或間接地通過這種途徑獲取了關於在城市和工業

27 Minh Đức, 2022/02/13, "Mèo Vạc làm tốt công tác định hướng, giới thiệu việc làm cho người lao động."（苗旺縣舉辦就業博覽會的效果）. baohagiang.vn, https://baohagiang.vn/xa-hoi/202202/meo-vac-lam-tot-cong-tac-dinh-huong-gioi-thieu-viec-lam-cho-nguoi-lao-dong-5ed6a91/ (Accessed on 2023/08/30).

區工作的訊息。有時候，工廠雇主會請赫蒙人工人招聘工人，赫蒙人工人也會通過自己的社交媒體群組來招聘；當招募到一個人，他們會得到250,000 越南盾的佣金。然而，很少人願意接受這份任務，但是如果他們認為一家公司不錯，他們會主動向朋友和熟人推薦。

（5）困境與優勢：移民打工者的體驗

赫蒙人在越南的都市和工業區工作時，除了面臨與工作相關的困難外，他們還面臨著融入新生活環境的困難，這意味著他們必須學習新技能。

I　與工作相關的困難

與跨境勞工不同，越南公司在招聘勞工時，無論是季節性還是正式工作，都需要提交資料文件，包括：健康檢查報告，這些報告需要在城鎮的醫療中心完成，學歷證書和國中畢業證書（正式工作的話），以及身分證、戶口本副本、出生證明和求職申請表。赫蒙人不習慣保留文件，這使他們感到非常困難和煩惱。因此，許多人選擇非正式工作，無需提交文件。在應聘工廠和企業的工作中，學歷證書和國中畢業證書是最難達到的標準，2021 年苗旺縣總人口是 90,924 人，其中白赫蒙人有 71,487 人，占總人口的 78.6%，全區的勞動年齡人口有 51,554 人，占 56.7% 。在這個年齡組中，具備國中學歷和可能取得國中畢業證書的比例僅為 13.7%，具備高中學歷和可能取得高中畢業證書的比例僅占勞動年齡人口總數 1.34% [28]。而赫蒙人的教育程度通常較低，因此他們的教育程度數據應該比上面的數據低，符合正式工作招聘標準的人數並

28 Chi cục thống kê huyện Mèo Vạc, 2022, *Niên giám thống kê Mèo Vạc năm 2021*. Mèo Vạc: Chi cục thống kê huyện Mèo Vạc, Pp.27, 111.

不多。

其次，工作技術和專業水平在越南要求比中國更高。在中國的工廠工作不需要高產出要求，主要生產的是技術要求較低的商品，如玩具製造、耳機包裝、塑料消費品等……這不需要工人花費太多時間學習技術，只需要熟練操作即可。甚至工人還會進行比較：

> 在中國，仲介帶我進去工廠見老闆，第二天就安排工作，不需要理解、學習這個是什麼，他怎麼做，我就模仿怎麼做。他會給我一個產量目標，我只需按照要求完成，做錯了就罰款，他不管我頭腦在想什麼、我講什麼語言、我耳朵在聽什麼、我眼睛在看什麼，只要我的雙手正在為他工作。甚至有一次我為我的妻子找到了一家生產耳機的工廠，她一邊工作一邊看 YouTube，工廠管理根本不理會，只要工作做對且迅速，就行。而在越南，進入公司後，管理對我說一大堆，很難懂，我根本不懂，再加上培訓不進行模擬，他說的太多了。我聽不懂就只能忍受。此外，在越南的生產線要求速度非常快，跟不上的話就會被責罵和開除。管理偶爾會說要專心，要看著，我除了兩隻手在工作，頭腦、耳朵、眼睛都要專心，全身緊縮，壓力大，很累。加上京人一聽到我的口音就知道我是來自高地的人，他們不喜歡和高地人打交道，尤其是不懂京語人。因此，許多人都選擇離開了。（VMM-SC）

中國廣東和廣西等地大多是大規模的低技術消費品生產的家庭企業，而越南工業區主要是外資企業，如中國、新加坡、臺灣、韓國和日本等國家的外資。因此，工作技術有著較高要求，這使赫蒙人感到學習和適應困難，而且在生產線工作和專業分工上也對他們造成了很大的挑戰。因此，他們在這些公司找到工作的機會變得更加有限。

II 融入新社會環境的困難

脫離熟悉和傳統習俗的社區生活，融入繁忙、不同的生活環境，對赫蒙人來說是一個巨大的挑戰。在中國，赫蒙人工人主要在邊區的家庭企業和農場工作，這些地區有許多中國的苗族人，跟他們語言、文化、習俗有類似之處，赫蒙人可以進行交流，或者不需要懂普通話也可以溝通。甚至，許多越南的赫蒙人分享說：

> 如果不自認為越南人，沒有人會知道我們不是中國人。在中國有很多不會普通話的中國人。（VMT-CSP）

但越南工業區都在大城市附近，大多數人是越南人，懂越南語是非常必要的，不僅是工作要求，還需要和外界溝通，這讓蒙族人很難適應，感到孤立無援：「孤單」、「想家」、「無聊」是他們常用來描述自己在都市與工業區的感覺。也有人分享：「赫蒙人整天都在這裡走路，我一個人走到市場要 4 個小時，都沒感到無聊，但在公司那邊走兩公里我就感到很難過、無聊，很遠。」（TMP-MV）購物、烹飪、租房子、計算水電費也是在越南都市與工業區移工中面臨的困難。因此，許多赫蒙人決定攜帶妻子一起去工作。

（6）蒙族婦女在跨境打工和國內都市與工業區工作的角色

赫蒙族婦女在跨境打工和前往國內都市與工業區工作過程有兩個角色，首先是直接參與打工，其二是跨境依賴的社群網路中的重要環節。

首先，她們直接參與打工角色。在跨境打工中，通常有婦女與丈夫或兒子一同前往，占約 20% 受訪者。她們不僅直接賺取收入，還在管理丈夫在中國的收入和開支方面發揮著重要作用。因此，大多數成功賺錢、回來蓋大房子，為家庭物質生活改善做出貢獻的跨境打工的人都是那些以夫妻同行形式的人。她們不僅在物質方面有貢獻，還在精神上支持丈夫在遠方工作，如勸導、討論，幫助減少思鄉和陌生之感。有 85% 的帶著妻子一同移民的人，在經歷了一起的移民經歷後，對妻子的態度、評價和看法都變得更加正面。然而，由於跨境的道路困難且危險，有時妻子被認為是丈夫在過程中的阻礙，這也是許多丈夫不希望妻子隨行的原因。

> 我和我太太曾一起跨境打工過三次，因為我家土地不多，當時我們結婚時一無所有，我先去工作，然後我的妻子生孩子，所以我得回來照顧她，因為家裡只有一個年紀已經超過 80 歲的奶奶。我工作了四個月，帶回家的錢只有 2,000 萬越南盾，孩子 3 歲的時候，那時房子已經很破舊，家裡也沒有其他收入來源，養豬、養牛也不夠。我想再去工作但又非常想念家，所以決定讓妻子一起去。我們夫妻一起去廣東的工廠打工，從事鏡頭組件的工作。我們都負責將鏡頭的眼睛組裝到孔裡。在這項工作中，我的妻子的工資比我還高，因為做為赫蒙人男生，習慣從事重體力工作，我的手指比較粗，不習慣將小零件精確地組裝在一起，而且需要速度快，而我妻子的手較小，更適合這項工作。每個組裝完成的鏡頭算 2.5 元 / 組，如果壞了一組，就被罰款 5 元 / 組，所以我經常被罰款，而我妻子每個月能賺到 4,000 人民幣，而我只有 2,500 人民幣。那段時間，多虧了我妻子，才有了錢來修理房子。（HMS-CSP）

在國內的都市和工業區，這一角色更加強化。與中國不同，越南的大多數勞工都需要自行負責住房和飲食，除了午餐外，只有少數人享受兩餐飯。因此，幾乎所有家務事情，如購物、烹飪等都由婦女負責，而且她們做得比男性好。一些妻子一起跟隨丈夫工作，負責烹飪和購物，甚至為住在同一居所的人做這些事情。因此，帶妻子一起去工作的趨勢大幅增加，占比超過 30%，單身女性自行前往工作的趨勢也上升。這些女性主要是年齡在 16 至 22 歲之間的年輕人，大多數已經接受過至少國二的教育。村裡的許多老人評價當今的蒙族女性如下：

> 這裡的蒙族女孩現在很聰明，不像以前那樣，不懂京語，只是在家裡養豬養雞，但現在她們外出工作賺錢，有時比丈夫還多。現在女人走得多，許多媳婦也要求跟著其丈夫一起去。（TTC-GSP）

對家庭經濟貢獻方面，單身女性去打工通常做出更大的貢獻。在有兒子和女兒外出工作的家庭中，大多數女兒每月至少寄回家 2 百萬越南盾，最多可達 6 百萬越南盾。女兒寄錢回家的比例占 86% 。而兒子寄錢回家的比例只有 40%，而且不定期寄錢，平均每月寄出 3 到 5 百萬越南盾。受訪的年輕男性通常回答說：「還年輕，自己掙夠吃就行了，偶爾有錢就寄給父母，工作結束後會和朋友出去玩，有時會喝酒，然後請女友吃飯。」許多單身女性在經濟貢獻之外，還照顧到家庭的精神生活，如接待父母前來參觀、購買新衣服、家居等。

第二，做為季節性勞工移民環節的角色。這一角色在跨境移民方面表現得尤為突出，尤其是那些嫁給中國人的女性。他們是跨境打工依賴社交網絡中的重要一環，對跨境打工決策和成功起到了關鍵作用。他們扮演著多種不同的角色：提供可信的工作機會介紹、提供住所、管理和寄送金錢、減少風險、減低開支，為跨境打工過程的成功做出了重要貢獻，並確保在回越南時有足夠的安全金錢。超過 70% 的受訪者在中國工作與跟中國人結婚的婦女有關。超過 40% 的勞工曾經獲得了他們的物質支持和在中國遇到風險時的幫助：借錢、提供食物、提供臨時住所、躲避警察、等待交通工具等方式。特別是在 COVID-19 大流行期間，這些年輕的赫蒙人新娘通過快手、QQ 等社交媒體為年輕的赫蒙人男性提供了工作訊息和出行方式，幫助他們尋找工作。這一角色在前往國內都市與工業區打工的情況中，尚未在受訪對象中出現。

（7）外出打工對赫蒙人產生的影響

外出打工對赫蒙人產生了顯著影響，包括經濟、文化和自我認同等各個方面。以下簡要概述這些影響：

第一，經濟方面：提高家庭收入尤其是跨境打工。雖然有些人在工作時沒有賺到錢，可能會遭遇詐騙、損失金錢或被抓。這些情況還是約占 30% 。受訪者中每個人平均至少出去工作 3 次，最多工作超過 10 次。這意味著他們工作 3 次可能會有 1 次沒賺到錢。其餘 60-70% 的家庭中有人出去打工每年的收入增加大約 100-400 萬越南盾。前往國內都市與工業區打工收入降低 3 分之一。跨境打工一個月平均 3,000 人民幣等於越盾 1,000 萬越南盾。國內打工一個月平均 300-400 萬越南盾。在研究範圍內的家庭平均年收入為 4,000 萬到 2 億越南盾，每個外出工作的人每年為家庭賺取 100-250 萬越南盾。來自打工的工資占家庭現金收入的 56-70% 。其餘的收入來自養牛及其他。在中國建了鐵絲籬牆後，養牛的收入在過去的兩年中有所下降。來自外出工作的工資主要用於支持農業活動，用出去打工的錢來賣牛占參與打工的家庭數 30%，購買肥料約占參與打工的家庭數的 100%，或者購買玉米和養殖食品，購買摩托車和手機等。其餘的用於家庭生活，購買食物和飲料。移民打工的最大貢獻之一是能蓋牢固的房子，約占受訪者中的12.5%（40人中有5人）。其中有一個例子是蓋了一個三層樓的房子。從經濟角度來看，除了增加家庭收入外，它還影響了農業生產方式，從轉變工作到租用工作，購買了一些機器，如割草機、牛草切割機，減輕了家中養牛工作的壓力。

第二，文化層面的影響可以從社區和家庭層面來看。在社區層面，許多人出去工作減少了能夠定期在田地上工作的人數，也逐漸減少了換工。過去，赫蒙人的農耕和收穫工作都依賴於社區，沒有租工事情因此社區對每個家庭的評價非常重要，特別是對於「懶惰」的標籤，直接影響了赫蒙人的農事工作，沒有人願意和懶惰的人互換工作。村民通常通過以下標準來評估一個家庭是否「懶惰」：經常不在田地上、是否按時種植、玉米收穫產量與品質好壞、是否參加家族的所有儀式等。但由於大多數年輕人已經外出工作，所以這種評估也逐漸淡化：

> 現在年輕人都外出工作了，怎麼知道哪個家庭是勤勞哪個是懶惰，現在他不在田地不等於是在家睡覺、喝酒或出去玩，有可能他外出工作了。有錢的話，你喜歡你可以直接租工，租完工之後再去做其他工作，換工的話要換好久，換整個月才能換完。像我家的玉米是有20公斤種子的田地，租工一天/一個人要花12萬越南盾，我請了10個人做了3-4天就收完。總共花了500萬越南盾，就是他們幫我收完載回家。換工的話轉一圈要一個月才完成。（GMP-TĐ）

然而，這個比例不多，大約不到10%受訪者家庭使用租工。

在家庭層面，對家庭成員之間的關係影響最大。首先是父子關係。對於赫蒙人來說，戶主的地位非常重要。戶主負責管理生產資源（主要是農地所有權），決定資源分配，為家庭成員分配工作。同時，戶主也負責家庭開支，提供食物給所有家庭成員，保證成員吃飽；戶主也負責家庭參加家族和社會的活動，如親屬喪禮、社區開會等活動。對於赫蒙人來說，戶主通常是年長的男性，但仍在勞動年齡，這意味著他們有能力照顧其他成員。在外出工作的盛行之前，農業自給自足是唯一經濟活動，戶主主要在土地管理、種植玉米、飼養牛隻和分發玉米等方面感到較容易。然而，隨著大多數家庭成員的收入不均衡，這影響了戶主決定工作分配和開支的難度：

> 現在沒有人可以指使任何人，現在他們賺了錢，我無法說服他們應該把所有錢都交給戶主，給他們錢的不是我、給他們工作的也不是我。他們也需要開銷，以前只有在家種植玉米，到了種植或收穫全家去工作，收回來一起吃。現在戶主無法從收入中獲得所有費用，也無法控制其他人，當困難時，戶主仍然是負擔者，還是必須承擔所有費用。(VTT-GSP)

這導致赫蒙人的分家比以前早。在過去，赫蒙人必須在結婚後才分家，但現在許多年輕人在結婚之前就已經分家。在受訪對象中，有 70% 的年輕人在未婚的情況下分家。分家增加了勞工的自主權，但減少了相互依賴和照顧，特別是對於年長的家庭成員來說：

> 當我的哥哥要求分家時，爸爸不同意，爸爸傷心極了。爸爸說這是哥哥不顧爸爸，不聽爸爸的話。但是哥哥想要分開來自己決定種地自己工作。後來爸爸說，於是大家一起分家，我的二哥還沒結婚，爸爸也分開了，把地也分了。而我是家裡最小的孩子，所以會和爸爸媽媽住在一起。（GML-NS）

有的受訪者分享相反的情況：

> 我還沒結婚，但爸爸要給我分家，因為他說我都外面工作，不在家給他工作，也沒有錢給他，所以要我趕快分家；或者我爸爸沒把土地給我是因為我都不在家，後來我才知道有京族人想要買他的土地，很多錢。他說我們可以賺錢了，不要給我們錢。還有赫蒙人要有土地傳承給兒子，但沒人規定一定要把錢留給兒子，所以賣掉土地，錢是他自己的。我就沒話說就分家。（VML-TH）

第二個影響是夫妻關係的破裂。對於夫妻同行外出打工的人來說，夫妻關係受到這個影響較小。但對於工作的丈夫和留在家中的妻子來說，外出工作通常會對夫妻關係產生很大的影響。許多妻子感到厭倦，因為丈夫長時間工作遠離家鄉。已婚年輕人多次結婚的比例相對較高，因為「妻子跟別的男生跑掉」。這也是許多年輕人決定在外出工作時帶上妻子原因之一。

總而言之，跨境打工（đi tàu）或到越南都市與工業區打工（đi công ty）對於赫蒙人來說都是重要的生計方式。每種都有其各自的困難和便利之處，但共同之處是它們為家庭帶來更高的收入。社會網絡在這些移民過程中起著重要的作用。

3. 中國邊境牆對赫蒙人商業和買賣交流的影響

首先，必須提到的是，對於蒙族、瑤族和彝族人等來說，他們從中國購買商品的侷限變得更加明顯。除了種植玉米、養豬和牛之外，一些赫蒙人還參與了在苗旺縣市場以及一些邊境市場做小生意。參與這些活動的人主要是婦女。大多數年齡在 27 歲以上，居住在苗旺鎮或邊境市場附近。他們參與了各種商品的買賣，包括：（1）食品：草藥、香料、蔬菜、水果、豬肉、酒、早餐；（2）日常消費品：電鍋、收音機、瓷器、衣物、梳鏡、化妝品、某些藥品（感冒藥、喉糖、高油）；（3）農業用品，如種子、某些植物保護藥物、獸醫藥物、促進植物生長的植物等。赫蒙人通常不經營機械設備，如玉米刨片機、玉米磨機和蔬菜切割機。其中，受到中國邊境封鎖政策的影響最大是日常消費品和農業用品的買賣。

中國的消費品已經在高山地區存在，不僅在 1990 年正常化關係時期後，而且在開放前，苗旺人使用日常的消費品主要就是來自中國。甚至在那個時期，越南平原地區缺乏商品，苗旺縣成為提供各種中國商品的供應地，例如棉被、瓷器、樹膠盆子、收音機。赫蒙人經常越過國界運送走私貨物並賣給平原地區。在整個開放前的時期，苗旺的居民主要使用中國的消費品，而在越南國營的商店只有鹽、米、油和稀少的東西。因此，中國商品的交流和銷售活動已經存在了很長時間，一直保持至今。他們經營的大多數商品都是通過小規模貿易路線進入越南。他們主要進入中國邊境市場以購買商品，並將其帶回越南銷售。然而，自從中國建立了鐵絲網後，交通變得困難，不能以小徑進入中國購買東西，除非要到高平省，因為那裡仍然有一些可以通行的地方，但不是公開的，或者商品必須經過一些大型市場進口，價格更高，只適合有較多資金的人。這直接影響了商品的價格和多樣性貨品，也增加了商人被捕或無法回國所面臨的風險。

> 在中國，我以前常常去，那邊的市場很大，有很多攤位出售各種物品，如雨靴、鋤頭、塑膠背簍等。我會去看看然後購買，再把物品帶回來。因為我的商品都比較小，所以很容易取得，不像衣服或鞋

子，他們通常要去靠近高平那邊邊界市場購買。但現在我不能去那邊了，不能取貨，想要取貨必須去高平，然後找到進入的地方，那邊有一些地方可以進入。但我怕去了會被抓住，所以我得找到一些比較大的代理商，他們可以找到貨源，但價格比以前高，一盒藥膏或一包蔬菜種子比以前貴 5-10 千越南盾。無法大量銷售。（VTM-MV）

〈圖 4〉赫蒙人在邊境市場進行商品買賣交易（作者拍攝）

許多赫蒙人在高山地區的村莊開雜貨店，從購買中國商品轉向在河江市購買商品，這種轉變有一些好處，其中之一是建立信任和發展國內產品的機會，儘管人們消費的商品如餅乾、肥皂、洗碗液等數量不多。但店主表示，如果從河江市購貨，他們需要走更遠的路程，因為這裡沒有大車可行的路，所以不太豐富的商品，價格又比中國的要高一點。一些難以替代的物品，如電飯鍋、磁帶、電視螢幕，已經在邊境市場上消失並且縮小很多。同樣因為中國商品無法進入，所以買植物種子也變得更加困難了：

以前，我每週去中國市場一兩次，只是去那裡逛逛，偶爾買些水果、生活用品，還有蔬菜種子、或者給鴨子、雞治病的藥。但現在它關閉了，我不能去了，想買東西只能去附近的市場。（GMD-SC）

邊境封閉對赫蒙人出售酒類至中國也產生了很大的影響。赫蒙人按照自己用一種特別的葉子發酵法來釀製玉米酒，除了在縣市的市場上銷售、給京族餐館零售之外，還大量前往邊境市場的地方出售給中國。中國建邊境圍牆後，酒價下降了三分之一，消費量減少了一半。根據一名專業酒釀的赫蒙人分享的經驗：

平時我一週釀造 4 袋玉米，當中國還在購買酒時，我曾經一週釀造 6 袋玉米，大約 300 公斤玉米，一週可以賣出 30-40 罐 20 公升的酒到中國。當時價格為 70-80 萬越盾一罐，也可以賺取 200-250 萬越南盾，減去玉米和木材的費用，我每週也可以賺取 300-500 萬越南盾，而我的利潤在於為雞、豬和牛提供酒粕。但現在酒不能運到中國了，主要銷售到縣市，去國內的城市，收入大大減少，一罐現在價格是 50 萬越南盾，一周賣不到 10 罐是很正常的事。（VMP-GSP）

總之，邊界牆直接停止赫蒙人到中國邊境市場購買日常用品的習慣，或去中國市場玩（chơi chợ bên Tàu）的習慣，也直接影響到經營日常消費貨品的赫蒙人小攤，減少貨品種類、提高價格以及進貨的危機。

三、結論

首先，COVID-19 發生，中國在越中邊界建設「抗疫的萬里長城」對苗旺縣的赫蒙人居民的經濟產生了強烈的影響，特別是在農業、勞動和貿易方面。在農業方面，導致了玉米產量下降、土地使用結構變化、降低了牛價和牛數，這些都對赫蒙人的農業產生了負面影響。至於季節性勞工遷徙，邊界牆已經阻止了勞工流向中國（儘管仍有一些人試圖穿越），這導致勞工遷徙轉向國內的都市和工業區。在貿易方面，兩岸居民之間的小規模貨物交流，特別是農產品和酒減少了。這直接影響了從事貿易的蒙族人的生計。

其次，關於跨境勞工遷徙轉向國內勞工遷徙的問題來說，第二種方式是做為 COVID-19 後第一種方式的替代選擇。當轉向國內都市和工業區時，他們面臨著其他不同困難，如語言和文憑證書要求、薪資較低。高薪資和低成本是赫蒙人選擇工作的主要標準，並且婦女更多地隨丈夫一同遷移，這有助於增加收入並減少成本策略。尋找類似中國工作的趨勢也反映了根據習慣選擇工作的現象。對於赫蒙人的這兩種外出工作形式，社會網絡扮演著非常重要的作用。總的來說，他們通常依賴四「同」的社會關係：同家族、同族群、同鄉和同身分。

參考文獻

一、英文部分

Bonnin, Christine. 2011. Markets in the mountains: Upland trade-scapes, trader Livelihoods, and State Deverlopment agendas in Northern Vietnam. PhD. Dissertation, McGill University, Montréal.

Han Ruibo and Wang Linna. 2013. "Challenges and Opportunities Facing China's Urban Development in the New Era." *China Perspective*, 2: 15-27.

Turner, Sarah. 2015. *Frontier livelihoods: Hmong in the Sino-Vietnamese Borderlands*. USA: University of Washington Press

Vương Xuân Tình. 2002. "Looking for food: the difficult journey of the Hmong in Vietnam." Paper presented at the Anthropological Perspectives on Food Security conference, Madison, Wisconsin.

——. 2016. "Overview of Ethnic Minority Policies in Vietnam from 1980 to Date." *Journal of Vietnam Academy of Social Sciences*, 1 (171): 72-86.

二、中文部分

白潔純、劉詩平。2009/11/30。〈6 月末西部地區已有 52 家新型農村金融機構正式開業〉。《贛州金融網》，http://www.gzjrw.cn/Item/23368.aspx 。

作者不明。2016/12/16。〈雲南省工業與資訊化委，解讀《雲南省工業區產業佈局規劃（2016-2025 年）。《雲南省人民政府》，http://www.yn.gov.cn/jd_1/jdwz/201612/t20161215_27834.html 。

作者不明。2017/01/04。〈解讀雲南工業園區「三步驟」2025 年打造 10

個「千億園區重大決策」〉。《雲南省人民政府》，http://www.yn.gov.cn/jd_1/ynw/201701/t20170104_28058.html 。

作者不明。2010/07/06。〈西部大開發 10 年成就回顧：開局良好 基礎堅實〉。《人民網》，http://politics.people.com.cn/GB/1026/12066494.html 。

作者不明。2019/05/30。〈西部大發〉。《通識・現代中國》，https://ls.chiculture.org.hk/tc/idea-aspect/81 。

作者不明。2022/02/03。〈瀏覽中國「南方長城」圍堵邊界 鐵網流欄似監獄〉。《自由時報》，https://ec.ltn.com.tw/article/breakingnews/3819553 。

李振南，敖姣莉。2019/05/30。〈雲南旅遊業發展現狀，問題與對策〉。《行知部落》，https://www.xzbu.com/3/view-7862250.htm 。

范宏貴。1999。〈中越兩國的跨境民族概述〉。《民族研究》6：14-20。

喬龍。2021/09/17。〈中共築電網埋地雷阻百姓外逃 越南警民拆邊境電網隔離牆〉。《自由亞洲電臺》，https://www.rfa.org/cantonese/news/wall-09172021061818.html 。

顏恩原。1993。《雲南苗族傳統文化的變遷》。昆明：雲南人民出版社。

三、越文部分

Bộ Ngoại giao, Uỷ ban biên giới Quốc gia (越南外交部國家邊界委員會), 2010. Biên giới trên Đất liền Việt Nam- Trung Quốc (中越陸地邊界). Hà Nội: Nxb Hà Nội.

Chi cục thống kê Mèo Vạc. 2022. Niên giám thống kê Mèo Vạc năm 2021. Mèo Vạc: Chi cục thống kê Mèo Vạc.

Duy Tuấn. 2017/01/01. "Ghi nhận ở địa phương đầu tiên xuất khẩu lao động sang Trung Quốc làm việc.” (第一個地方政府出口勞動到中國的紀錄). baohagiang.vn. http://www.baohagiang.vn/xa-hoi/201701/ghi-nhan-o-dia-phuong-dau-tien-xuat-khau-lao-dong-sang-trung-quoc-lam-viec-692818/.

Giang Châu. 2022/02/17. “Xoá bỏ hủ tục tang ma vùng dân tộc thiểu số.” (刪除少數民族地區的喪禮落後習俗). vtv.vn. https://vtv.vn/doi-song/xoa-bo-hu-tuc-lac-hau-trong-tang-ma-cua-nguoi-dan-toc-thieu-so-20220217125700071.htm (Accessed on 2023/08/30).

Hoàng Phương-Đức Hoàng. 2017/11/12. “Cuộc vượt biên của những đứa trẻ bỏ trường.” (放棄學校跨境打工的小孩). vnexpress.net. https://vnexpress.net/longform/cuoc-vuot-bien-cua-nhung-dua-tre-bo-truong-3672610.html (Accessed on 2023/08/20).

Minh Đức. 2022/02/13. “Mèo Vạc làm tốt công tác định hướng, giới thiệu việc làm cho người lao động.” (苗旺縣舉辦就業博覽會的效果). baohagiang.vn. https://baohagiang.vn/xa-hoi/202202/meo-vac-lam-tot-cong-tac-dinh-huong-gioi-thieu-viec-lam-cho-nguoi-lao-dong-5ed6a91/ (Accessed on 2023/08/30).

Nguyễn Văn Chính. 2021. Di cư, nghèo đói và phát triển. (移民，困窮以及發展). Hà Nội: Nhà xuất bản KHXH.

Unkonwn Author. 2011/04/18. “chợ bò Mèo Vạc.” (苗旺縣牛市場). Hagiang.gov.vn. https://hagiang.gov.vn/esinfo/pages/economicsnews.aspx?ItemID=246 (Accessed on 2023/08/19).

Unknown Author. 2016/06/07. “Sơn Vĩ bao giờ về đích nông thôn mới?.” Báo điện tử biên Phòng. http://www.bienphong.com.vn/son-vi-bao-gio-ve-dich-nong-thon-moi (Accessed on 2023/08/14).

Vương Duy Quang. 2005. Văn hoá tâm linh của người Hmông ở Việt Nam - truyền thống và hiện tại. (越南赫蒙人的心靈文化：傳統與現代). Hà Nội: Nhà Xuất Bản Văn hoá Thông tin.

——. 2016. Kinh tế và xã hội của người Hmông ở Việt Nam: Truyền thống và hiện tại. (越南赫蒙人的經濟：傳統與現代). Hà Nội: Nhà Xuất Bản Khoa học xã hội.

Vương Xuân Tình. 2018. Các dân tộc ở Việt Nam. (越南各民族). Hà Nội: Nhà Xuất bản Chính Trị Quốc Gia sự thật.

第三章

ASEAN+6 綠色經濟

顏榮軒 *

本研究介紹 ASEAN+6 的綠色金融。此議題的重要性在於綠色金融同時關乎經濟成長以及永續發展。具體而言，綠色金融目的在引導資本流向高新技術產業，促進產業結構的優化升級。然而在這過程中是否因為有較高的環保要求而對經濟成長造成負面影響？這是許多文獻關心的共同問題。由於 ASEAN+6 內部的發展速度存在巨大差異，當我們探討這地區的發展議題時，很難用單一的發展模式來分析。特別是在東南亞國家聯盟（ASEAN）成員國和非成員國之間。屬於這一集團的國家——汶萊、印尼、馬來西亞、菲律賓、新加坡和泰國——自 1960 年代中期以來普遍經歷了顯著的經濟發展，而菲律賓是個例外，其經濟增長速度要慢得多。

本文分三部分。第一部分介紹綠色金融的重要性及功能，第二部分說明綠色金融對 ASEAN+6 地區生產率的影響，第三部分介紹 ASEAN+6 地區的綠色金融。

---

* 逢甲大學經濟學系助理教授

一、綠色金融的重要性及功能

能源生產力來自可再生能源或不可再生能源，如化石燃料。然而，根據綠色增長的標準，如果考慮使用化石燃料的環境成本，化石燃料的使用可能會對生產力產生負面影響（Hinterberger et al. 2017）。為了在全球變暖時代實現可持續發展，使用能源進行生產需要將用於製造的能源從煤炭、石油和天然氣等化石燃料轉變為風能、太陽能和水力發電等可再生能源。然而，儘管可再生能源在可持續性方面具有重要性，但它們的間歇性卻使它們不利於穩定發電。如果要在生產中廣泛使用可再生能源代替化石燃料，就需要大力改進儲能技術（Heal 2010）。而就提高可再生能源使用效率的角度來看，穩定的研發資金來源對於從化石燃料到可再生能源的能源轉型至關重要。

與可再生能源項目相比，投資者通常更傾向於將資金投入投資風險較低的化石燃料項目。但是他們沒有考慮可持續性，也忽視了能源使用來源不多樣化時產生的能源安全風險。2011 年 3 月福島核災後日本的能源短缺表明了更加多元化的能源對於維護能源安全的重要性（Sachs et al. 2019）。而發展綠色金融則有助於促成資金從私營、公共或非營利部門流向需要進行能源轉型，提高可持續性（聯合國環境規劃署 2022）。因為當今 ASEAN 地區從事基礎設施建設所面臨的環境成本極為巨大，綠色金融對該地區極為重要。根據 ASEAN 能源合作行動計畫（APAEC 2016-2025）（ASEAN 能源中心〔ACE〕2019），ASEAN 成員國同意到 2025 年將能源強度降低 30% 。例如，ASEAN 催化綠色金融基金（ACGF）的成立是為了促進能效融資。

由於 ASEAN 經濟與太平洋地區國家一體化（亞洲開發銀行 2022），我們的分析同時考慮一些發展中國家（中國、印度）和發達國家（澳大利亞、日本、紐西蘭和韓國）、太平洋地區的國家。綜言之，這些國家統稱為 ASEAN+6 區域。

在介紹 ASEAN+6 地區的綠色金融前，我們首先在本節中說明什麼是綠色金融。

雖然綠色金融旨在提高可持續性，但由於各種政策目標下可持續性的含義存在差異，綠色金融並沒有明確的定義。我們將綠色金融的定義分為廣義定義和狹義定義。廣義的定義與「金融體系在可持續性方面的總體目標相關，並提供了一種評估其有效性的方法」（Zhang, Zadek, Ning & Halle 2015: 18）。這一定義符合聯合國製定的以下 17 項可持續發展目標的宗旨：（1）消除貧困；（2）抗擊飢餓；（3）良好的福祉和健康；（4）提高教育質量；（5）實現性別平等；（6）衛生和清潔的水；（7）清潔和負擔得起的能源；（8）經濟增長和體面工作；（9）工業、基礎設施和創新；（10）減少收入不平等；（11）可持續社區和城市；（12）負責任的生產和消費；（13）應對氣候變化；（14）水資源短缺；（15）土地問題；（16）正義、和平與強大的機構；以及（17）為這些目標建立夥伴關係。在此基礎上，RBI Bulletin（2021）進一步明確綠色金融是「專門用於環境可持續項目或適應氣候變化項目的金融安排」。

我們可以將聯合國附屬機構及其對可持續發展的資金支持稱為廣義的綠色金融。其中包括國際農業發展基金、區域性國際金融機構亞洲開發銀行、聯合國糧農組織等。另一方面，我們也可以將政府的財政支出和支持可持續發展的融資渠道定義為廣義的綠色金融。政府可以通過（1）提供和確保有利於綠色產業和綠色增長的資金來源；（2）通過開發新的金融產品支持低碳綠色增長；（3）強制企業公開其綠色管理實踐來促進綠色金融；（4）吸引私人投資建設和維持綠色基礎設施；以及（5）建立環境商品和服務市場（Soundarrajan 2016）。

Zhang、Zadek、Ning 和 Halle（2015）進一步將綠色金融的定義縮小為「一組特定金融資產或機構中有多少比例可以被視為綠色——例如，衡量『綠色投資』或做為特定標籤的資格標準，例如『綠色債券』。」近期，企業債券、股權、保險、銀行貸款等金融工具在綠色金融中的作用日益受到重視。我們將服務於可持續發展目的的相關金融工具視為狹義的綠色金融工具。

銀行貸款是企業獲得使用並需要以利息形式償還的資金來源。通常，在決定貸款給企業之前，銀行會檢查企業的帳目、資產負債表、商業計畫、信用紀錄等，一旦約定的貸款未能被企業償還，銀行可能會要求企業提供抵押品。綠色金融的一個例子是中國的綠色信貸政策，該政策對銀行向企業提供的貸款或信貸施加環境法律法規（Zhang, Zadek, Ning & Halle 2015: 6）。

公司可以發行公司債券並將其出售給投資者以進行融資。債券的投資者可以是散戶或機構投資者（Investopedia 2021）。從債券到期前可以要求支付固定或可變價值的預先確定數量的利息，而利息支付將在到期時停止，並且原始投資將被退回。通常公司發行綠色債券用於為與能源或環境目的相關的基礎設施融資（Zhang et al. 2015: 15）。

與債券不同，股權使公司股東有權獲得資產清算收益、部分收益或投票權。這是根據每個股東的投資做出的，代表了股東在公司的所有權股份。當公司破產時，股權持有人將是最後一個獲得資金的人（Investopedia 2021）。

風險投資公司或基金可以支持處於早期階段的公司，以換取其所有權股份或股權。根據 Zhuo 和 Zhang（2015: 40）的說法，綠色創投基金是一種特定的「將資金引導至已開展綠色項目但不具備上市條件的中小企業的金融工具」。

鑑於公司管理層無法有效減少超出其計畫範圍的公司的潛在財產損失，保險可以幫助彌補公司的財產損失。由於在財產損失的厚尾風險特徵下，企業的投機行為並非無利可圖，企業不能使用保險進行投機（Aunon-Nerin & Ehling 2008）。如今，綠色保險逐漸被用於增強抵禦氣候變化災害的能力（Ma & Lan 2015: 77）。

企業面對貸款、債券、股票、保險等不同融資渠道的優化決策各不相同。同時，從政府獲得不同程度的可持續性補貼的公司可能會看到其技術差異在不同方向上的增長（Acemoglu et al. 2012）。因此，即使擁有相同的綠色金融目標，企業也可能因綠色金融來源的不同而在政策制定和技術開發上存在差異。

二、ASEAN+6 地區的能源生產率

ASEAN+6 地區的特點是異質性大。它包括高收入國家汶萊、新加坡、日本、澳大利亞、紐西蘭和韓國，還包括發展中國家柬埔寨、印度、老撾、馬來西亞、緬甸、菲律賓、泰國、越南、中國和印度。在發展中國家中，有些國家如馬來西亞可以算作發達國家，老撾和緬甸等其他國家仍處於維持生計的消費水平。另一方面，ASEAN+6 地區很多國家都依賴資源。印度尼西亞和馬來西亞等國家擁有豐富的天然氣資源（Silitonga & Anugrah 2015），中國和澳大利亞擁有豐富的頁岩氣資源（能源信息管理局 2011），而天然氣主要進口在其他國家，例如新加坡（新加坡貿易和工業部 2022）和泰國（國際貿易管理局 2022）。

根據 Rapier（2017），由於該地區的差異性高，加上 ASEAN+6 對天然氣的依賴使該地區對頁岩革命產生的影響較為敏感，使得天然氣價

格貼水得以對其能源生產率造成影響。本質上來說，頁岩革命的興起是由於壓裂和鑽井技術的改進。由於技術進步，天然氣和石油的開採變得成本更低、效率更高（Strauss Center 2022）。我們調查了後頁岩革命時期 ASEAN+6 地區的能源生產率。由於能源生產率的變化可能是由於更多地使用天然氣或更多地使用可再生能源，我們進一步研究了被調查經濟體在天然氣租金和可再生能源比率方面的轉變。我們用來分析能源生產率、天然氣租金和可再生能源比率轉變的方法是 Athey 等人（2021）開發的 Matrix completion method 。我們不直接使用這些變量的數據對單個國家進行分析，因為與世界相比，各國的這些變量的原始數據並不能揭示後頁岩革命時期的趨勢。我們可以用〈圖 1〉來說明這一點。儘管世界能源生產率在 2010 年代中期之後呈現出增長趨勢，尤其是在 2010 年代中期之後，但很難從這個圖中看出 ASEAN+6 中是否相對於世界平均水平，這地區所有國家的能源生產率都有增長趨勢。

我們用來進行比較的 Matrix completion method 是一種數據插補方法，用於估計已處理單位期間組合的未處理結果。這種方法有兩個好處：一方面，它允許跨部分或隨時間穩定的數據模式，這不同於文獻上包括 Rosenbaum 和 Rubin（1983）、Imbens 和 Rubin（2015）、Abadie 和 Gardeazabal（2003）以及 Amjad、Shah 和 Shen（2018）等人所使用的方法。另一方面，Method completion method 在幾乎所有類型的面板數據中都有良好的表現。

我們使用處理後的平均處理效果（average treatment effect on the treated, ATT）來表示 ASEAN+6 成員在能源生產率、可再生能源比率或天然氣租金方面相對於全世界的偏離程度。附錄中提供了 ASEAN+6 成員的數據。〈圖 2〉表明，在後頁岩革命時期，只有新加坡、日本和韓國的能源生產率顯著提高。這是基於它們在後頁岩革命時期的置信區間

〈圖 1〉所有 ASEAN+6 國家的能源生產率

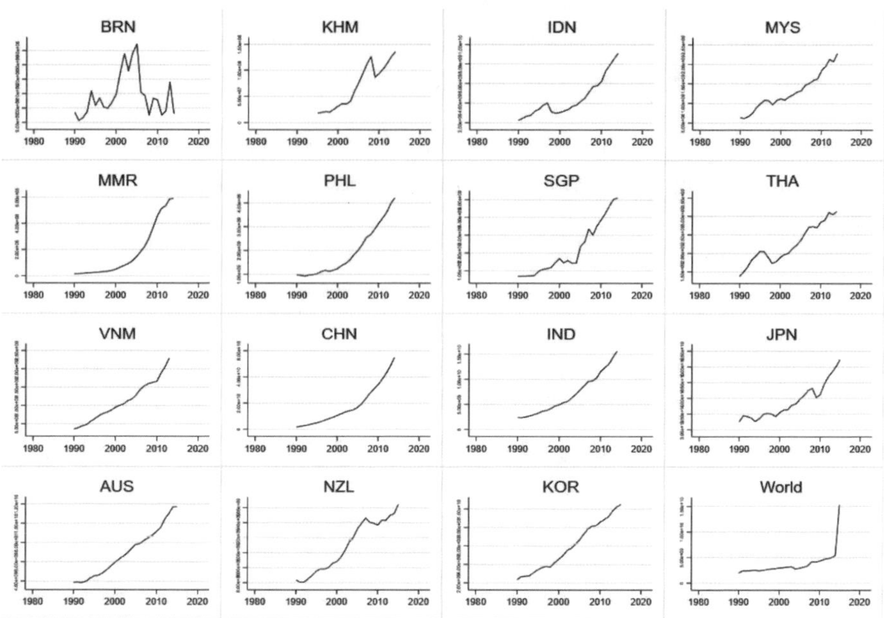

註：(1) 圖中曲線表示各國的 ATT，曲線周圍的陰影區域表示 ATT 的置信區間。(2) 研究的國家包括汶萊 (BRN)、柬埔寨 (KHM)、印度尼西亞 (IDN)、老撾 (LAO)、馬來西亞 (MYS)、緬甸 (MMR)、菲律賓 (PHL)、新加坡 (SGP)、泰國 (THA)、越南 (VNM)、中國 (CHN)、印度 (IND)、日本 (JPN)、澳大利亞 (AUS)、紐西蘭 (NZL) 和韓國 (KOR)。(3) 沒有老撾的能源生產率數據，所以本圖中沒有提供老撾的 ATT 。

內的正 ATT 而判斷。然而，它們在頁岩革命前的 ATT 並沒有完全接近於零，這意味著頁岩革命可能不是後頁岩革命時期後其能源生產率提高的主要原因。由於這三個國家處於世界最高收入水平俱樂部，我們猜測新加坡、日本和韓國的能源轉型可能是因為它們有較高的收入水平。

在〈圖 2〉中，汶萊、柬埔寨和紐西蘭的能源生產率顯著下降，這是從後頁岩革命時期其 ATT 在置信區間內的負值所觀察到的。能源生產率主要與工業生產中能源的使用有關。汶萊盛產石油，但缺乏工業基礎。紐西蘭也缺乏工業基礎；儘管人均 GDP 水平很高，但它以農業和畜牧業而聞名。柬埔寨是世界上收入最低的國家之一，工業發展仍然滯後。這些事實反映在他們的能源生產率 ATT 中。

〈圖 2〉所有 ASEAN+6 國家的能源生產率 ATT

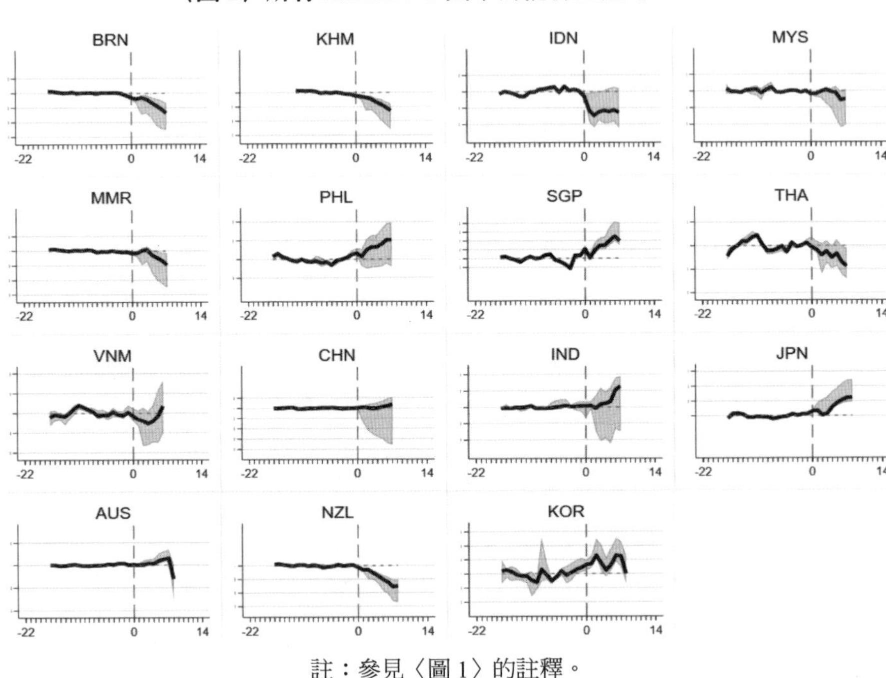

註：參見〈圖 1〉的註釋。

至於〈圖 2〉中的其他國家，能源生產率沒有顯著趨勢。這意味著除新加坡、韓國、日本、汶萊、柬埔寨和紐西蘭外，大多數 ASEAN+6 國家在後頁岩革命時期的能源生產率沒有顯著變化。

〈圖 3〉列出了 ASEAN+6 國家可再生能源比例的 ATT 。在這些國家中，老撾和緬甸在整個後頁岩革命時期的可再生能源比例顯著增加。越南、紐西蘭和韓國也經歷了 ATT 增加的階段，但它們的 ATT 近年來沒有明顯的趨勢。老撾的 ATT 增加主要歸因於其豐富的水電資源以及政府在後頁岩革命時期開發水電的雄心（USAID-NREL Partnership 2022）。緬甸也是如此（國際水電協會 2022）。據《經濟學人》（2022）報導，越南正在引領東南亞向清潔能源的轉型，但它仍需要擺脫對煤炭的依賴。紐西蘭擁有豐富的水電資源，但出於與全球變暖無關的環境考慮，它在這方面的發展是遲緩的（土木工程師協會 2022）。儘管韓國大量使用不可再生能源，但它仍雄心勃勃地發展可再生能源（國際能源署 2020）。

〈圖 3〉所有 ASEAN+6 國家可再生能源比例的 ATT

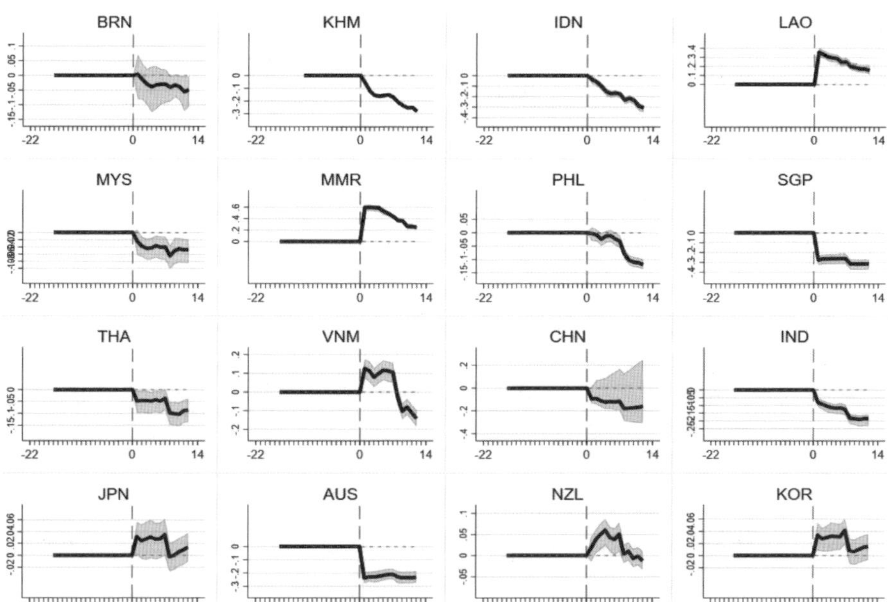

註：參見〈圖 1〉的註釋。

〈圖 4〉顯示了所有 ASEAN+6 國家的天然氣租金 ATT 。該圖表明汶萊、馬來西亞、緬甸和泰國的天然氣租金 ATT 增加。這四個國家分別擁有世界天然氣總儲量的 0.2%、0.6%、0.14% 和 0.12% 左右。儲備值使它們分別位列世界第 35、24、39 和 44 位（Worldometer 2024）。

在〈圖 4〉中，只有老撾有天然氣租金下降的趨勢。根據 Worldometer（2022），老撾人均天然氣消費量為 0 立方英尺（基於 2017 年人口），同時沒有天然氣儲備。至於〈圖 4〉中的其餘國家，它們在後頁岩革命時期並沒有明確的天然氣租金趨勢。

〈圖 4〉所有 ASEAN+6 國家的天然氣租金 ATT

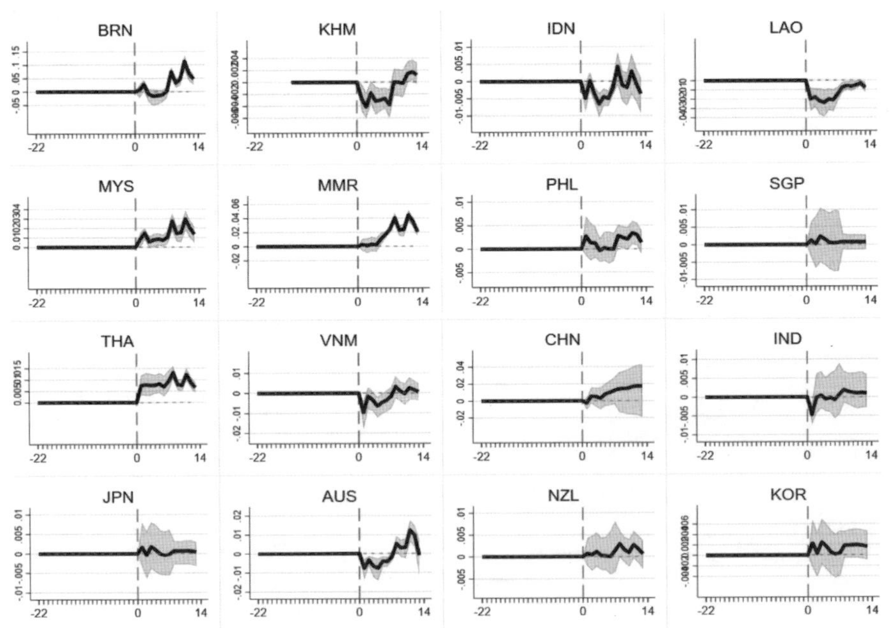

註：參見〈圖 1〉的註釋。

綜上所述，在 ASEAN+6 地區，一個國家能源生產率高的決定因素可能是其較高的收入水平，有利於採用新技術進行能源轉型，新加坡、韓國和日本可被視為此類案例。造成一個國家能源生產率較低的原因可能是其產業結構不利於採用可再生技術，這可能發生在汶萊、柬埔寨和紐西蘭。

水電資源豐富的老撾、緬甸、紐西蘭和大力發展可再生能源的越南、韓國的可再生能源比例高於世界其他地區。天然氣租金方面，天然氣儲量豐富的汶萊、馬來西亞、緬甸和泰國的價值高於世界其他國家，而老撾則是該地區在頁岩革命後時期唯一一個每年幾乎不消耗天然氣的國家，其天然氣租金相對於世界其他地區的趨勢有所下降。

三、ASEAN+6 地區的綠色金融

ASEAN+6 已經著手為提高能源生產率的項目提供資金。目前有多種方案符合前述定義的綠色金融標準。在此基礎上，Bhattacharya 和 Yan（2022）將 ASEAN+6 地區的綠色金融分為貸款市場、債券市場、保險市場和股票市場以及外匯市場。

綠色貸款機構有兩種類型。一是國際組織。綠色貸款的國際組織機構包括世界銀行集團的國際金融公司（IFC）、亞洲開發銀行（ADB）的可再生能源綠色貸款和電動汽車充電網絡。另一個是個別國家的政府。制度包括孟加拉國的「強制性綠色金融信貸目標」、中國的「綠色信貸政策」、越南的「關於促進綠色信貸增長和管理信貸擴展中的環境和社會風險的指令」。

綠色債券是一種類似於綠色貸款的融資方式。但是，它與綠色貸款

有兩個不同之處。一是綠色貸款通常比綠色債券交易成本更低、規模更小。另一個是，雖然綠色貸款通常由私人合作發行，但綠色債券通常以公共支持的形式出現（世界銀行 2021）。

亞洲第一支綠色債券由韓國進出口銀行於 2013 年發行（AllensLinklaters 2015）。此後，ASEAN 的綠色債券市場發展壯大。這包括印度尼西亞於 2014 年 4 月首次發行綠色債券、中國於 2015 年首次發行綠色債券、日本於 2014 年首次發行綠色債券、印度於 2015 年、臺灣於 2014 年等。

綠色保險的一個例子是 2018 年在新加坡發行的巨災債券（Ralph 2017）。新加坡金融管理局發行的巨災債券用於將自然災害風險從保薦人或發行人轉移給資本市場投資者（Artemis 2022）。另一個例子是中國保險監督管理委員會（CIRC）和中國原來的國家環境保護總局（SEPA）於 2013 年聯合發布了環境污染責任保險指導意見（Ma & Lan 2015: 77）。

綠色股票市場的例子包括香港交易所、泰國的泰國證券交易所、中國的深圳證券交易所和上海證券交易所、孟加拉國的達卡證券交易所、菲律賓的菲律賓證券交易所、馬來西亞的馬來西亞證券交易所、日本的日本交易所集團、越南河內證券交易所和胡志明證券交易所（可持續證券交易所倡議 2022）。

在 ASEAN，外匯也被用作綠色金融的來源。例如，ASEAN 基礎設施基金（AIF）允許 ASEAN 成員國通過動用其外匯儲備為其可持續發展的基礎設施項目提供資金（氣候債券倡議組織 2019）。

由於全球變暖，綠色金融在 ASEAN+6 地區變得越來越重要，成員國更容易受到城市缺水、颱風、海平面上升等的影響（Mehta et al. 2020: 6）。在後 COVID-19 大流行期間，大量投資將用於復原之用。

這對此地區尤其重要，因為正如 Mehta 等人的前言部分所強調的那樣（2020），在努力從 COVID-19 中恢復時，各國應該考慮如何在不損害可持續性的情況下做到這一點。

在眾多金融工具中，綠色債券被認為比傳統金融工具更強大，因為它們具有更高的利率透明度和更高的投資回報率（Naeem et al. 2021）。Nguyen 等人（2021）對綠色債券的相關研究以及 Rasoulinezhad 和 Taghizadeh-Hesary（2022）表明了綠色債券通過促進清潔技術的發展來提高能源效率（生產力）的重要性。Taghizadeh-Hesary 等人（2021）進一步比較亞洲與世界其他地區的綠色債券市場。與其他地區相比，亞洲的綠色債券表現出更高的回報、更高的風險和更高的異質性。他們論證了銀行業（占所有發行量的 60%）、公共部門和去風險政策在主導亞洲綠色債券市場發展方面的重要性。

綜上分析，我們以為綠色金融在未來 ASEAN+6 的長期發展終將扮演日益重要的角色。如何讓綠色金融的功能發揮最大是決定經濟成長表現以及永續發展的關鍵。

參考文獻

Abadie, A., and Gardeazabal, J. 2003. "The economic costs of conflict: A case study of the Basque country." *American Economic Review*, 93: 113-132.

Acemoglu, D., Aghion, P., Bursztyn L., and Hemous, D. 2012. "The environment and directed technical change." *American Economic Review*, 102 (1): 131-66.

AllensLinklaters. 2015. "Green bonds: emergence of the Australian and Asian markets." Melbourne and Hong Kong: AllensLinklaters.

Amjad, M., Shah, D., and Shen, D. 2018. "Robust synthetic control." *Journal of Machine Learning Research*, 19: 1-51.

Artemis. 2022. What is a catastrophe bond (or cat bond)?. Available at https://www.artemis.bm/library/what-is-a-catastrophe-bond/.

ASEAN Centre for Energy (ACE). 2019. Mapping of energy efficiency financing in ASEAN. ASEAN Centre for Energy. Available at https://aseanenergy.org/mapping-of-energy-efficiency-financing-in-asean/.

Asian Development Bank. 2022. Trade integration deepens in Asia and the Pacific amid pandemic. Asian Development Bank. Available at https://www.adb.org/news/trade-integration-deepens-asia-and-pacific-amid-pandemic.

Athey, S., Bayati, M., Doudchenko, N., Imbens, G., and Khosravi, K. 2021. "Matrix completion methods for causal panel data models." *Journal of the American Statistical Association*, 116(536): 1716-1730.

Aunon-Nerin, D., and Ehling, P. 2008. "Why firms purchase property insurance." *Journal of Financial Economics*, 90(3): 298-312.

Bhattacharya, M., and Yan, E. 2022. "Green finance and sustainable development: current status in India." In Sabri Boubaker and Le Thai Ha, eds., *Handbook of Environmental and Green Finance: Towards a Sustainable Future*. World Scientific Publishing (forthcoming).

Climate Bonds Initiative. 2019. *ASEAN Green Financial Instruments Guide*. Climate Bonds Initiative.

Economist. 2022. Vietnam is leading the transition to clean energy in South-East Asia but it still needs to wean itself off coal. Available at https://www.economist.com/asia/2022/06/02/vietnam-is-leading-the-transition-to-clean-energy-in-south-east-asia (Accessed on 2022/10/20).

Energy Information Administration. 2011. "World shale gas resources: an initial assessment of 14 regions outside the United States." Independent Statistics & Analysis. U.S. Energy Information Administration.

Heal, G. 2010. "Reflections － The economics of renewable energy in the United States." *Review of Environmental Economics and Policy*, 4(1): 139-154.

Hinterberger, F., Giljum, S., Omann I., Polsterer, N., Stocker, A., Burrell, L., Campregher, C., Fuchs, D., and Hartwig, F. 2017. "Green growth from labour to resource productivity: Best practice examples, initiatives and policy options." United Nations Industrial Development Organization.

Imbens, G. W. and Rubin, D. B. 2015. *Causal inference for statistics, social and biomedical science*. Cambridge: Cambridge University Press.

Institution of Civil Engineers. 2022. Hydroelectric power New Zealand. Available at https://www.ice.org.uk/what-is-civil-engineering/whatdo-civil-engineers-do/hydroelectric-power-new-zealand/ (Accessed on 2022/10/20).

International Energy Agency. 2020. Korea 2020 Energy Policy Review. Available at https://www.iea.org/reports/korea-2020 (Accessed on 2022/10/20).

International Hydropower Association. 2022. Country File-Myanmar. Available at https://www.hydropower.org/country-profiles/myanmar (Accessed on 2022/10/20).

International Trade Administration. 2022. Energy Resource Guide. Available at https://www.trade.gov/energy-resource-guide-thailand-oil-and-gas (Accessed on 2022/10/16).

Investopedia. 2021. Debt financing. Available at https://www.investopedia.com/terms/d/debtfinancing.asp.

Ma, Z., and Lan, H. 2015. "Environmental and industrial policy environment for the development of green finance in China." In Section 2 of "Greening China's Financial System." International Institute for Sustainable Development (IISD), The Development Research Center of the State Council. Available at https://www.iisd.org/system/files/publications/greening-chinas-financial-system.pdf.

Mehta, Anouj, Crowley, Sean, Tirumala, Raghu Dharmapuri, Iyer, Karthik, Andrich, Marina Lopez (Eds). 2020. *Green finance strategies for post COVID-19 economic recovery in Southeast Asia: Greening recoveries for planet and people*. Asian Development Bank.

Ministry of Trade and Industry Singapore. 2022. Written reply to PQ on Singapore's natural gas supply. Available at https://www.mti.gov.sg/

Newsroom/Parliamentary-Replies/2022/07/Written-reply-to-PQ-on-Singapores-natural-gas-supply (Accessed on 2022/10/16).

Naeem, M., Farid, S., Ferrer, R., and Shahzad, S. J. 2021. "Comparative efficiency of green and conventional bonds pre- and during COVID-19: An asymmetric multifractal detrended fluctuation analysis." *Energy Policy*, 153: 112285. https://doi.org/10.1016/j.enpol.2021.112285.

Nguyen, T., Naeem, M., Balli, F., Balli, H., and Vo, X. 2021. "Time-frequency comovement among green bonds, stocks, commodities, clean energy, and conventional bonds." *Finance Research Letters*, 40: 101739. https://doi.org/10.1016/j.frl.2020.101739.

Ralph, O. 2017. Singapore seeks to muscle in on market for catastrophe bonds. *Financial Times*, 1 November. Available at https://www.ft.com/content/55229b4c-befd-11e7-b8a3-38a6e068f464.

Rapier, R. 2017. How The Shale Boom Turned the World Upside Down. Available at https://www.forbes.com/sites/rrapier/2017/04/21/how-the-shale-boom-turned-the-world-upside-down/?sh=51467b1477d2 (Accessed on 2022/10/15).

Rasoulinezhad, E., and Taghizadeh-Hesary, F. 2022. "Role of green finance in improving energy efficiency and renewable energy development." *Energy Efficiency*, 15(2): 14. https://doi.org/10.1007/s12053-022-10021-4.

RBI Bulletin. 2021. Green finance in India: Progress and challenges. Reserve Bank of India. Available at https://rbidocs.rbi.org.in/rdocs/Bulletin/PDFs/04AR_2101202185D9B6905ADD465CB7DD280B88266F77.PDF.

Rosenbaum, P. R., and Rubin, D. B. 1983. "The central role of the propensity score in observational studies for causal effects." *Biometrika*, 70: 41-55.

Sachs, J. D., Woo, W. T., Yoshino, N., and Taghizadeh-Hesary, F. 2019. "Why Is Green Finance Important ?" *ADBI Working Paper 917*. Tokyo: Asian Development Bank Institute. Available at: https://www.adb.org/publications/why-green-finance-important.

Silitonga, Rio Jon Piter and Anugrah, Pinto. 2015. The Role of Natural Gas in ASEAN Energy Security. ASEAN Center for Energy. Available at https://aseanenergy.org/the-role-of-natural-gas-in-asean-energy-security/ (Accessed on 2022/10/16).

Soundarrajan, Parvadavardini. 2016. "Green finance for sustainable green economic growth in India." *Agricultural Economics*, 62 (1): 35-44.

Strauss Center. 2022. The U.S. Shale Revolution. Energy and Security. Available at https://www.strausscenter.org/energy-and-security-project/the-u-s-shale-revolution/ (Accessed on 2022/10/16).

Sustainable Stock Exchanges Initiative. 2022. Exchanges with Guidance. ESG Disclosure Guidance Database. Available at https://sseinitiative.org/esg-guidance-database/.

Taghizadeh-Hesary, F., Yoshino, N., and Phoumin, H. 2021. "Analyzing the characteristics of green bond markets to facilitate green finance in the post-COVID-19 world." *Sustainability*, 13(10): 5719. https://doi.org/10.3390/su13105719.

UN Environment Programme. 2022. Green financing. Available at https://www.unep.org/regions/asia-and-pacific/regional-initiatives/supporting-resource-efficiency/green-financing.

USAID-NREL Partnership. 2022. Identifying Renewable Energy Opportunities for the Lao People's Democratic Republic. Available at https://www.nrel.gov/usaid-partnership/identifying-renewable-energy-opportunities-lao.html (Accessed on 2022/10/20).

World Bank. 2021. What you need to know about green loans. Available at https://www.worldbank.org/en/news/feature/2021/10/04/what-you-need-to-know-about-green-loans.

Worldometer. 2024. Gas Reserves in Brunei Darussalam. Available at https://www.worldometers.info/gas/ (Accessed on 2024/03/19).

Zhang, C., Zadek, S., Chen, N., and Halle, M. 2015. "Synthesis." In Section 1 of "Greening China's Financial System." International Institute for Sustainable Development (IISD), Development Research Center of the State Council. Available at https://www.iisd.org/system/files/publications/greening-chinas-financial-system.pdf.

Zhuo, X., and Zhang, L. 2015. A framework for green finance: Making clear waters and green mountains China's gold and silver. In Section 2 of "Greening China's financial system." International Institute for Sustainable Development (IISD), Development Research Center of the State Council. Available at https://www.iisd.org/system/files/publications/greening-chinas-financial-system.pdf.

附錄：ASEAN+6 地區天然氣租金、可再生能源比例、能源生產率數據

country	year	natural gas rent	renewable energy ratio	energy productivity	country	year	natural gas rent	renewable energy ratio	energy productivity	country	year	natural gas rent	renewable energy ratio	energy productivity
Australia	1985	0.11			Indonesia	1985	0.55			New Zealand	1985	0.23		
	1986	0.19				1986	0.95				1986	0.34		
	1987	0.13				1987	0.74				1987	0.17		
	1988	0.08				1988	0.56				1988	0.13		
	1989	0.08				1989	0.65				1989	0.17		
	1990	0.16	0.08	3.87E+09		1990	0.96	0.59	2.26E+09		1990	0.25	0.30	6.39E+08
	1991	0.11	0.08	3.89E+09		1991	0.65	0.58	2.45E+09		1991	0.20	0.30	6.10E+08
	1992	0.08	0.08	3.85E+09		1992	0.46	0.57	2.67E+09		1992	0.16	0.28	6.10E+08
	1993	0.11	0.09	3.98E+09		1993	0.46	0.55	2.75E+09		1993	0.16	0.29	6.55E+08
	1994	0.14	0.08	4.30E+09		1994	0.58	0.53	3.18E+09		1994	0.16	0.30	6.99E+08
	1995	0.15	0.08	4.55E+09		1995	0.55	0.50	3.38E+09		1995	0.14	0.31	7.56E+08
	1996	0.18	0.09	4.60E+09		1996	0.65	0.49	3.79E+09		1996	0.18	0.29	7.84E+08
	1997	0.16	0.09	4.85E+09		1997	0.68	0.47	4.02E+09		1997	0.20	0.28	7.81E+08
	1998	0.12	0.09	5.17E+09		1998	0.97	0.48	3.10E+09		1998	0.14	0.30	8.05E+08
	1999	0.16	0.09	5.57E+09		1999	0.93	0.45	3.01E+09		1999	0.19	0.29	8.60E+08
	2000	0.27	0.08	5.91E+09		2000	1.40	0.46	3.05E+09		2000	0.41	0.29	8.81E+08
	2001	0.28	0.08	6.29E+09		2001	1.29	0.44	3.21E+09		2001	0.38	0.27	9.42E+08
	2002	0.26	0.09	6.57E+09		2002	1.06	0.45	3.37E+09		2002	0.27	0.29	1.03E+09
	2003	0.27	0.07	6.90E+09		2003	1.20	0.43	3.69E+09		2003	0.20	0.28	1.14E+09
	2004	0.26	0.07	7.37E+09		2004	1.32	0.41	3.82E+09		2004	0.19	0.31	1.21E+09
	2005	0.27	0.07	7.79E+09		2005	1.31	0.42	4.20E+09		2005	0.18	0.29	1.32E+09
	2006	0.29	0.07	7.89E+09		2006	1.16	0.40	4.56E+09		2006	0.21	0.30	1.39E+09
	2007	0.29	0.07	8.22E+09		2007	1.01	0.40	5.19E+09		2007	0.21	0.29	1.46E+09
	2008	0.30	0.07	8.50E+09		2008	1.10	0.41	5.71E+09		2008	0.25	0.28	1.41E+09
	2009	0.36	0.07	8.79E+09		2009	1.09	0.38	5.79E+09		2009	0.29	0.31	1.39E+09
	2010	0.31	0.08	9.15E+09		2010	0.74	0.35	6.22E+09		2010	0.22	0.32	1.37E+09

country	year	natural gas rent	renewable energy ratio	energy productivity	country	year	natural gas rent	renewable energy ratio	energy productivity	country	year	natural gas rent	renewable energy ratio	energy productivity
	2011	0.36	0.08	9.55E+09		2011	0.78	0.31	7.27E+09		2011	0.23	0.33	1.44E+09
	2012	0.33	0.08	1.04E+10		2012	0.76	0.29	7.88E+09		2012	0.25	0.31	1.43E+09
	2013	0.34	0.09	1.10E+10		2013	0.70	0.30	8.56E+09		2013	0.22	0.30	1.50E+09
	2014	0.43	0.09	1.17E+10		2014	0.82	0.28	9.10E+09		2014	0.27	0.31	1.52E+09
	2015	0.63	0.09	1.17E+10		2015	1.00	0.27			2015	0.33	0.31	1.65E+09
	2016	0.58	0.09			2016	0.58	0.28			2016	0.21	0.32	
	2017	0.70	0.10			2017	0.58	0.26			2017	0.21	0.30	
	2018	1.37	0.10			2018	1.03	0.21			2018	0.33	0.31	
	2019	1.18	0.10			2019	0.66	0.19			2019	0.27	0.30	
	2020	0.92				2020	0.49				2020	0.20		
	2021					2021					2021			
Brunei Darussalam	1985	3.57			Japan	1985	0.00			Philippines	1985	0.01		
	1986	8.16				1986	0.00				1986	0.01		
	1987	5.12				1987	0.00				1987	0.01		
	1988	4.01				1988	0.00				1988	0.00		
	1989	4.47				1989	0.00				1989	0.00		
	1990	6.12	0.01	9.71E+07		1990	0.00	0.05	3.24E+10		1990	0.00	0.51	9.72E+08
	1991	3.47	0.00	9.13E+07		1991	0.00	0.05	3.44E+10		1991	0.00	0.52	9.65E+08
	1992	2.30	0.00	9.32E+07		1992	0.00	0.04	3.43E+10		1992	0.00	0.49	9.31E+08
	1993	2.85	0.00	9.74E+07		1993	0.00	0.04	3.37E+10		1993	0.00	0.46	9.73E+08
	1994	3.59	0.00	1.12E+08		1994	0.00	0.04	3.27E+10		1994	0.00	0.44	9.89E+08
	1995	3.75	0.00	1.02E+08		1995	0.00	0.04	3.35E+10		1995	0.00	0.39	1.03E+09
	1996	4.25	0.00	1.07E+08		1996	0.00	0.04	3.49E+10		1996	0.00	0.37	1.12E+09
	1997	4.07	0.00	1.01E+08		1997	0.00	0.04	3.53E+10		1997	0.00	0.34	1.18E+09
	1998	3.27	0.00	9.99E+07		1998	0.00	0.04	3.50E+10		1998	0.00	0.33	1.13E+09
	1999	3.93	0.00	1.04E+08		1999	0.00	0.04	3.42E+10		1999	0.00	0.34	1.18E+09
	2000	5.64	0.00	1.09E+08		2000	0.00	0.04	3.55E+10		2000	0.00	0.33	1.24E+09
	2001	5.83	0.00	1.25E+08		2001	0.00	0.04	3.63E+10		2001	0.01	0.32	1.38E+09

country	year	natural gas rent	renewable energy ratio	energy productivity	country	year	natural gas rent	renewable energy ratio	energy productivity	country	year	natural gas rent	renewable energy ratio	energy productivity
	2002	5.35	0.00	1.38E+08		2002	0.00	0.04	3.64E+10		2002	0.06	0.31	1.46E+09
	2003	6.49	0.00	1.26E+08		2003	0.00	0.04	3.78E+10		2003	0.12	0.31	1.61E+09
	2004	6.86	0.00	1.38E+08		2004	0.00	0.04	3.83E+10		2004	0.12	0.30	1.83E+09
	2005	6.22	0.00	1.44E+08		2005	0.00	0.04	3.98E+10		2005	0.16	0.31	2.01E+09
	2006	7.08	0.00	1.11E+08		2006	0.00	0.04	4.10E+10		2006	0.14	0.33	2.25E+09
	2007	6.93	0.00	1.09E+08		2007	0.01	0.04	4.26E+10		2007	0.15	0.33	2.55E+09
	2008	7.29	0.00	9.51E+07		2008	0.01	0.04	4.32E+10		2008	0.17	0.34	2.67E+09
	2009	8.34	0.00	1.07E+08		2009	0.01	0.05	4.03E+10		2009	0.18	0.34	2.89E+09
	2010	5.80	0.00	1.06E+08		2010	0.00	0.05	4.13E+10		2010	0.12	0.33	3.15E+09
	2011	5.94	0.00	9.51E+07		2011	0.00	0.05	4.46E+10		2011	0.15	0.34	3.37E+09
	2012	5.82	0.00	9.79E+07		2012	0.01	0.05	4.68E+10		2012	0.14	0.34	3.62E+09
	2013	5.65	0.00	1.18E+08		2013	0.01	0.05	4.84E+10		2013	0.11	0.33	3.99E+09
	2014	6.43	0.00	9.61E+07		2014	0.01	0.06	5.01E+10		2014	0.13	0.32	4.24E+09
	2015	11.01	0.00			2015	0.01	0.06	5.24E+10		2015	0.14	0.31	
	2016	7.69	0.00			2016	0.00	0.06			2016	0.10	0.28	
	2017	8.99	0.00			2017	0.01	0.07			2017	0.10	0.28	
	2018	14.41	0.00			2018	0.01	0.07			2018	0.20	0.28	
	2019	10.93	0.00			2019	0.00	0.08			2019	0.14	0.27	
	2020	8.93				2020	0.00				2020	0.10		
	2021					2021					2021			
Cambodia	1985				Korea, Rep.	1985	0.00			Singapore	1985	0.00		
	1986					1986	0.00				1986	0.00		
	1987					1987	0.00				1987	0.00		
	1988					1988	0.00				1988	0.00		
	1989					1989	0.00				1989	0.00		
	1990					1990	0.00	0.02	2.34E+09		1990	0.00	0.00	6.99E+08
	1991					1991	0.00	0.01	2.68E+09		1991	0.00	0.00	7.02E+08
	1992					1992	0.00	0.01	2.72E+09		1992	0.00	0.01	7.04E+08
	1993	0.00				1993	0.00	0.01	2.77E+09		1993	0.00	0.01	7.13E+08

country	year	natural gas rent	renewable energy ratio	energy productivity	country	year	natural gas rent	renewable energy ratio	energy productivity	country	year	natural gas rent	renewable energy ratio	energy productivity
	1994	0.00				1994	0.00	0.00	3.11E+09		1994	0.00	0.00	7.24E+08
	1995	0.00	0.83	1.84E+07		1995	0.00	0.00	3.41E+09		1995	0.00	0.00	9.75E+08
	1996	0.00	0.83	1.97E+07		1996	0.00	0.01	3.66E+09		1996	0.00	0.00	1.08E+09
	1997	0.00	0.82	2.10E+07		1997	0.00	0.01	3.79E+09		1997	0.00	0.00	1.13E+09
	1998	0.00	0.82	2.02E+07		1998	0.00	0.01	3.73E+09		1998	0.00	0.00	1.19E+09
	1999	0.00	0.82	2.56E+07		1999	0.00	0.01	4.19E+09		1999	0.00	0.00	1.47E+09
	2000	0.00	0.82	3.12E+07		2000	0.00	0.01	4.58E+09		2000	0.00	0.00	1.70E+09
	2001	0.00	0.81	3.63E+07		2001	0.00	0.01	4.96E+09		2001	0.00	0.01	1.45E+09
	2002	0.00	0.81	3.54E+07		2002	0.00	0.01	5.54E+09		2002	0.00	0.01	1.58E+09
	2003	0.00	0.80	4.05E+07		2003	0.00	0.01	5.77E+09		2003	0.00	0.01	1.43E+09
	2004	0.00	0.81	5.98E+07		2004	0.00	0.01	6.22E+09		2004	0.00	0.01	1.44E+09
	2005	0.00	0.79	7.57E+07		2005	0.00	0.01	6.70E+09		2005	0.00	0.01	2.36E+09
	2006	0.00	0.78	9.31E+07		2006	0.00	0.01	7.31E+09		2006	0.00	0.01	2.61E+09
	2007	0.00	0.75	1.11E+08		2007	0.00	0.01	7.87E+09		2007	0.00	0.01	3.35E+09
	2008	0.00	0.74	1.27E+08		2008	0.00	0.01	8.17E+09		2008	0.00	0.01	3.03E+09
	2009	0.00	0.68	8.70E+07		2009	0.00	0.01	8.22E+09		2009	0.00	0.00	3.52E+09
	2010	0.00	0.65	9.37E+07		2010	0.00	0.01	8.60E+09		2010	0.00	0.00	3.86E+09
	2011	0.00	0.64	1.03E+08		2011	0.00	0.01	8.87E+09		2011	0.00	0.00	4.21E+09
	2012	0.00	0.64	1.13E+08		2012	0.00	0.02	9.20E+09		2012	0.00	0.01	4.64E+09
	2013	0.00	0.65	1.27E+08		2013	0.00	0.02	9.78E+09		2013	0.00	0.01	5.04E+09
	2014	0.00	0.64	1.36E+08		2014	0.00	0.03	1.02E+10		2014	0.00	0.01	5.12E+09
	2015	0.00	0.61			2015	0.00	0.03	1.05E+10		2015	0.00	0.01	
	2016	0.00	0.58			2016	0.00	0.03			2016	0.00	0.01	
	2017	0.00	0.56			2017	0.00	0.03			2017	0.00	0.01	
	2018	0.00	0.56			2018	0.00	0.03			2018	0.00	0.01	
	2019	0.00	0.53			2019	0.00	0.03			2019	0.00	0.01	
	2020	0.00				2020	0.00				2020	0.00		
	2021					2021					2021			
China	1985	0.06			Malaysia	1985	0.52			Thailand	1985	0.12		

country	year	natural gas rent	renewable energy ratio	energy productivity	country	year	natural gas rent	renewable energy ratio	energy productivity	country	year	natural gas rent	renewable energy ratio	energy productivity
	1986	0.10				1986	1.20				1986	0.19		
	1987	0.08				1987	0.78				1987	0.16		
	1988	0.06				1988	0.57				1988	0.12		
	1989	0.06				1989	0.69				1989	0.13		
	1990	0.10	0.34	1.91E+09		1990	0.94	0.12	6.35E+08		1990	0.18	0.34	1.38E+09
	1991	0.06	0.33	2.34E+09		1991	0.68	0.11	6.18E+08		1991	0.13	0.33	1.50E+09
	1992	0.04	0.33	2.95E+09		1992	0.43	0.10	6.64E+08		1992	0.09	0.32	1.64E+09
	1993	0.05	0.32	3.61E+09		1993	0.49	0.10	7.42E+08		1993	0.11	0.26	1.82E+09
	1994	0.05	0.31	4.41E+09		1994	0.57	0.10	8.89E+08		1994	0.13	0.24	1.92E+09
	1995	0.04	0.29	5.05E+09		1995	0.58	0.09	9.92E+08		1995	0.13	0.23	2.06E+09
	1996	0.05	0.31	5.94E+09		1996	0.81	0.07	1.08E+09		1996	0.17	0.21	2.05E+09
	1997	0.05	0.30	7.10E+09		1997	0.91	0.07	1.07E+09		1997	0.25	0.21	1.90E+09
	1998	0.03	0.30	8.20E+09		1998	0.81	0.07	9.69E+08		1998	0.23	0.22	1.73E+09
	1999	0.04	0.31	9.32E+09		1999	0.98	0.07	1.08E+09		1999	0.29	0.21	1.78E+09
	2000	0.07	0.30	1.06E+10		2000	1.73	0.04	1.12E+09		2000	0.54	0.22	1.89E+09
	2001	0.07	0.28	1.20E+10		2001	1.59	0.04	1.09E+09		2001	0.51	0.20	1.97E+09
	2002	0.06	0.27	1.34E+10		2002	1.38	0.04	1.17E+09		2002	0.44	0.20	2.00E+09
	2003	0.08	0.24	1.42E+10		2003	1.71	0.03	1.22E+09		2003	0.52	0.20	2.13E+09
	2004	0.10	0.20	1.51E+10		2004	2.16	0.03	1.29E+09		2004	0.60	0.20	2.22E+09
	2005	0.11	0.17	1.69E+10		2005	2.32	0.03	1.32E+09		2005	0.64	0.20	2.35E+09
	2006	0.12	0.16	1.97E+10		2006	2.33	0.03	1.47E+09		2006	0.64	0.21	2.54E+09
	2007	0.12	0.15	2.37E+10		2007	2.10	0.03	1.51E+09		2007	0.62	0.22	2.70E+09
	2008	0.13	0.14	2.77E+10		2008	2.24	0.03	1.59E+09		2008	0.77	0.23	2.72E+09
	2009	0.13	0.13	3.10E+10		2009	2.48	0.02	1.62E+09		2009	0.79	0.23	2.70E+09
	2010	0.10	0.12	3.43E+10		2010	1.64	0.02	1.84E+09		2010	0.64	0.23	2.85E+09
	2011	0.12	0.11	3.84E+10		2011	1.90	0.02	1.95E+09		2011	0.77	0.23	2.90E+09
	2012	0.12	0.12	4.31E+10		2012	1.97	0.03	2.13E+09		2012	0.86	0.24	3.11E+09
	2013	0.10	0.11	4.85E+10		2013	1.84	0.03	2.07E+09		2013	0.76	0.23	3.05E+09

country	year	natural gas rent	renewable energy ratio	energy productivity	country	year	natural gas rent	renewable energy ratio	energy productivity	country	year	natural gas rent	renewable energy ratio	energy productivity
	2014	0.12	0.12	5.51E+10		2014	2.04	0.03	2.28E+09		2014	0.92	0.24	3.13E+09
	2015	0.14	0.12			2015	2.89	0.03			2015	1.06	0.23	
	2016	0.09	0.13			2016	1.84	0.04			2016	0.65	0.22	
	2017	0.10	0.13			2017	2.01	0.05			2017	0.64	0.22	
	2018	0.17	0.14			2018	3.18	0.05			2018	1.01	0.24	
	2019	0.14	0.14			2019	2.38	0.05			2019	0.72	0.24	
	2020	0.11				2020	1.78				2020	0.53		
	2021					2021					2021			
India	1985	0.00			Myanmar	1985	0.20			Vietnam	1985	0.00		
	1986	0.01				1986	0.31				1986	0.00		
	1987	0.01				1987	0.19				1987	0.00		
	1988	0.01				1988	0.11				1988	0.00		
	1989	0.01				1989	0.10				1989	0.01		
	1990	0.02	0.59	2.41E+09		1990	0.09	0.91	1.66E+07		1990	0.01	0.76	3.54E+08
	1991	0.03	0.58	2.36E+09		1991	0.05	0.91	1.73E+07		1991	0.01	0.76	3.93E+08
	1992	0.02	0.57	2.54E+09		1992	0.03	0.91	1.83E+07		1992	0.02	0.75	4.44E+08
	1993	0.03	0.57	2.72E+09		1993	0.03	0.89	2.14E+07		1993	0.02	0.71	4.78E+08
	1994	0.03	0.56	2.98E+09		1994	0.03	0.88	2.30E+07		1994	0.02	0.68	5.66E+08
	1995	0.03	0.54	3.26E+09		1995	0.03	0.85	2.55E+07		1995	0.01	0.65	6.36E+08
	1996	0.05	0.54	3.66E+09		1996	0.03	0.85	2.90E+07		1996	0.03	0.63	7.21E+08
	1997	0.05	0.52	3.81E+09		1997	0.02	0.85	3.19E+07		1997	0.04	0.61	7.82E+08
	1998	0.05	0.53	4.19E+09		1998	0.01	0.83	3.48E+07		1998	0.05	0.59	8.21E+08
	1999	0.06	0.52	4.70E+09		1999	0.01	0.82	4.08E+07		1999	0.08	0.60	8.76E+08
	2000	0.09	0.47	4.95E+09		2000	0.03	0.80	5.00E+07		2000	0.16	0.58	9.49E+08
	2001	0.09	0.47	5.36E+09		2001	0.05	0.82	6.47E+07		2001	0.18	0.56	1.00E+09
	2002	0.13	0.46	5.61E+09		2002	0.03	0.83	7.81E+07		2002	0.18	0.52	1.04E+09
	2003	0.12	0.46	6.37E+09		2003	0.03	0.80	9.19E+07		2003	0.21	0.51	1.13E+09
	2004	0.11	0.45	7.04E+09		2004	0.03	0.80	1.13E+08		2004	0.40	0.46	1.18E+09
	2005	0.15	0.44	7.90E+09		2005	0.03	0.80	1.45E+08		2005	0.53	0.44	1.29E+09

country	year	natural gas rent	renewable energy ratio	energy productivity	country	year	natural gas rent	renewable energy ratio	energy productivity	country	year	natural gas rent	renewable energy ratio	energy productivity
	2006	0.17	0.43	8.76E+09		2006	0.03	0.81	1.83E+08		2006	0.57	0.44	1.44E+09
	2007	0.10	0.42	9.61E+09		2007	0.02	0.81	2.24E+08		2007	0.53	0.42	1.53E+09
	2008	0.09	0.39	9.73E+09		2008	0.02	0.86	2.86E+08		2008	0.55	0.39	1.60E+09
	2009	0.14	0.37	1.03E+10		2009	0.02	0.85	3.68E+08		2009	0.55	0.37	1.63E+09
	2010	0.12	0.36	1.16E+10		2010	0.01	0.85	4.55E+08		2010	0.50	0.35	1.66E+09
	2011	0.20	0.35	1.23E+10		2011	0.01	0.84	5.15E+08		2011	0.51	0.36	1.89E+09
	2012	0.17	0.35	1.30E+10		2012	0.98	0.78	5.35E+08		2012	0.52	0.38	2.06E+09
	2013	0.11	0.35	1.44E+10		2013	1.74	0.76	5.87E+08		2013	0.45	0.37	2.30E+09
	2014	0.10	0.34	1.57E+10		2014	2.50	0.72	5.91E+08		2014	0.51	0.37	
	2015	0.08	0.33			2015	3.45	0.70			2015	0.60	0.30	
	2016	0.04	0.33			2016	2.19	0.69			2016	0.36	0.22	
	2017	0.04	0.32			2017	2.37	0.60			2017	0.35	0.25	
	2018	0.06	0.33			2018	3.73	0.60			2018	0.58	0.22	
	2019	0.04	0.33			2019	2.95	0.58			2019	0.41	0.19	
	2020	0.03				2020	1.81				2020	0.26		
	2021					2021					2021			

註：（1）數據來源為《世界發展指標（2022）》。天然氣租金和可再生能源比率（以可再生能源消耗量占最終能源消耗總量的百分比衡量）直接從數據庫中提取。使用世界發展指標（2022）的數據，能源生產率計算為每 1,000 美元 GDP（2017 年不變購買力平價）的 GDP（2015 年不變美元）與能源使用（千克石油當量）之比。（2）所有 ASEAN+6 國家與世界其他國家相比。由於篇幅限制，我們不顯示世界其他地區的數據。

第二篇

華人與客家

第四章

來蓋博物館！馬來西亞華人博物館與華人社團的轉型

王麗蘭 *

一、前言

現代博物館的模式是源自西方的概念，當馬來西亞因殖民的因素帶入了博物館的概念與建立之後，從官方到民間，漸漸為當地族群和社會所接觸、接納、理解並再造。從殖民時期到獨立建國後的博物館，馬來西亞的博物館已經逐漸發展出本土特色，在影響甚鉅的國家文化政策（1971 年）頒布並實施的 50 年間，馬來西亞的公私立博物館的發展在 1990 年代到 2000 年代來到顛峰時期。

筆者在本文中將焦點對準民間社會對博物館的參與，並分析其背後的動力、行動以及與社會脈絡的關係。筆者先將民間（或私立）博物館進行統計並分類之後，發現民間博物館中占大宗的是華人民間博物館。因此本文也針對華人民間博物館進行名詞與研究範疇的定義，並將華人博物館進行分類，以瞭解華人博物館的發展歷程。

---

* 國立臺灣大學文學院兼任助理教授

筆者針對民間博物館進行了普查和統計，結果發現非官方機構成立的博物館共計約 119 間（截至 2021 年年底為止），其中可分成 6 大類型，即人文藝術博物館（7 間）、歷史文化博物館（41 間）、綜合博物館（4 間）、紀念館（14 間）、主題博物館（19 間）以及伊斯蘭博物館（3 間）。以類型而言，民間博物館和公立博物館共有兩個共通點，第一個共通點是在類型上有一致的地方，都是以歷史文化博物館和主題博物館為主。第二個共通點是博物館開始大量成立是在 1980 年代開始零星建立，但直到 2000 年以後這近 20 年間才有了很大的突破與發展。在民間博物館中，若以族群性質的博物館來作分類，會發現其中以華人社會習俗或華人歷史文化為主的博物館占的比重最多。在 119 間民間博物館中，共占了約 93 間，約占 78% 。

民間博物館在本研究中的定義是其成立的組織是非政府組織，即社會團體或個人；資金的來源非來自政府或其相關組織，而是透過社會、民間、基金會或私人募款等方式取得經營經費。馬來西亞在 2000 年以後才開始逐漸大勢發展的民間博物館，類型多元、頗具專業化，而且因為是民間社會或團體以社區或地方為基礎，所以也是博物館學中所指稱的「社區博物館」。基本上公立博物館的設立，是一種由上到下的建構過程，就是一種「文化國族主義」的建構方式。但民間博物館的設立，彷彿是天秤的另一端，正是做為霸權式的國族意涵形構過程中的另一個反面，保持著「文化國際主義」的立場（王舒俐 2020: 71-74）。本文欲以馬來西亞華人博物館的興起這一現象，嘗試理解馬來西亞華社在 2000 年後族群文化權爭奪上的轉型與發展。

二、文獻探討

當博物館的角色從私人收藏展示櫃，逐漸改變成國家認同建構的場域，到逐漸與社區結合，開放給公眾參與和互動之後，我們開始關注博物館所提供的視野與角度。博物館開始走向公共與社區，意味著做為「文化機構」，博物館勢必面對社會普遍價值觀，如多元文化認同建構。透過展覽、社區互動、不同人群的參與，博物館的行動者開始好奇，多元文化認同，是如何建構、如何被展示，以及展示了誰的認同？透過剖析這個過程，才能進一步檢視是否各種觀點或價值觀都能公平的、公開地被討論與重視。

博物館做為社會集體記憶的場域，在新世紀面臨更多的挑戰。人的記憶是必須要透過家庭、宗教、群體來刺激（Halbwachs 1992），而博物館則承載著地方社區，乃至國家社會的集體記憶。因此，博物館做為文化與記憶的展示場域，可以反映不同時代，不同地區的社會集體記憶。無論哪一種類型的博物館，一定位於某個地方，而這個「地方」的文化脈絡與不同的人群，成為了該地區博物館的核心。透過博物館展示的詮釋與再現，我們會發現人和歷史、時間和地方交會互動的遺跡。博物館的文化再現讓我們看到文物的象徵性所再現出來的是詩學（poetics），以及博物館做為一個文化機構的政治性（politics）的文化再現（Lidchi 1997）。地方文化其實是人和文化、環境、人群長時間互動的結果。因此，博物館的文化再現應該從其社會結構與社群關係著手，再回頭檢視博物館的詮釋與再現的角度或視野。Susan Pearce 在其著作 *Museum Economics and Community*（博物館經濟與社區）一書中討論了博物館在社區中所扮演的經濟和政治的角色。她以英國比米什博物館（Beamish, North of England Open Air Museum）的經營報告為例，揭示了博物館可以成為凝聚社區、重振社區的管道，顯示博物館置身在整體社會的政治經濟鏈中（Pearce 2000）。

不過，相較於 Halbwachs 等社會建構論者對於集體記憶的建構與斷裂的重視，「歷史論」學派的學者如 Schwartz（1982）和 Schudson（1993）等認為固然當權者有能力操縱集體記憶，但是過程也並非毫無阻礙。因為既然要論述過去，則必須要仰賴過去的經驗。Schwartz 針對美國總統林肯在不同時代背景下形象轉變的研究發現，儘管林肯的形象在不同世代間、因不同歷史事件不斷被喚起並與當代連結，但仍具備一定的一致性（Schwartz 1991；Schwartz 1996）。Schudson（1993）認為，「過去」仍然蘊藏在當代的社會過程中的各種細節中，包括人們的記憶、傷痕、物件、遺物、各種約束人們討論過去的規範和規定、對歷史事件的不同詮釋角度等等，都可能成為當權者要完全操縱集體記憶的阻力。這也表示，並不只是「現在」操縱著「過去」，「過去」也仍然存在於「現在」中。

另一方面，博物館和記憶緊密相關。若和社區產生關係，博物館必定和社區的人和記憶進一步有更多的互動。學者們也發現博物館的文化的再現是充滿了詩意與政治性，特別是當文化再現與社會和社區的集體記憶、集體創傷交織在一起的時候。要瞭解博物館如何透過社會傳遞過去，再現社會集體記憶，Connerton 提出兩個社會記憶的操作模式，即合併的（incorporating）和銘刻的（inscribing）（Connerton 1989）。合併的方式是透過身體的活動或經驗來傳遞訊息，而銘刻的方式則是透過儲存或搜尋訊息的方式。不同社會透過博物館的建立，以及儀式性展演來悼念過去，透過物質來承載歷史記憶或集體的傷痛，也透過身體的經驗來記憶。當走進這些以紀念歷史悲劇、災難等社會集體創傷為主的博物館，例如納粹博物館、猶太人紀念館等等，我們藉由博物館建構出個人與社會記憶。透過這些儀式，進一步使得人和社會集體再次連結，博物館將集體記憶具象化，並透過參觀者的身體參與的儀式，來重新連接個人與社會集體記憶，重新找回自我認同與社區認同。

進入21世紀後，各國重要博物館與文化創意產業和文化觀光活動結合，博物館的角色與任務也產生了巨大的變化。為了更貼近民眾與社區，被賦予文化觀光門面、國家文化藝術指標以及振興地方觀光發展的任務。博物館做為公共空間，不同的文化、族群、社區在這裡交流，在展現文化象徵性的同時，也被賦予了蒐藏與展示「國寶」的任務。博物館的角色與觀光客凝視（tourist gaze）所建構而來的地方知識產生更多的對話空間。博物館展覽是文化的內容，不只可以用一個中性的、平穩的、中立的區域去解讀，而且不同行動者，會帶來不一樣的意義、激發出不同的火花。從眾多後殖民國家的博物館可見，博物館做為接觸區，不只是西方文化和殖民地的遭逢，還有個人和社區和博物館的接觸與互動。因此，我們必須進一步思考博物館的公共性（public）的課題，因為這是其中一個突顯博物館特性和重要性的地方（Barrett 2011；McClellan 1994；Weil 2002）。在民主政治的過程中，博物館做為一個公共空間，民眾進入博物館之後兼具了公民和觀眾的身分。其展示內容也被認為是具有公共性，更多時候是具有民主國家的政治意圖。因此，研究者在過程中必須敏銳的觀察，觀眾／公民與博物館／公共空間的關係和距離，而這個關係必須是在雙方不斷的協商、衝突、合作與分享的過程不斷創新。

馬來西亞在1980年代以後才緩慢興起的民間／社區博物館行動，與歐美地區在1970年代開始興起的「新博物館學」（The New Museology）運動所提倡的博物館的「社區參與」（social engagement）有許多可以對話的空間。新博物館學思潮中的兩大重點，在於「生態博物館」和「社區博物館」的提出。這也是新博物館學對舊博物館過度強調「物件」，而忽略博物館本身存在的目的以及人的元素的呼應。儘管眾聲喧嘩，到了 21 世紀的當下，社區博物館已經有些式微，但由於馬來西亞在 2000 年以後才逐漸引入該思潮，因此在當地本土博物館發展的視角上，我們還是得先回過頭來瞭解當時新博物館運動下的社區博物館的概念。

Harrison 主張新博物館學正是博物館學面臨的典範轉移，從傳統博物館學所重視的蒐藏、保存、研究和展示的目光，轉而望向人、社群和社區的需求與參與；博物館的存在目的不再只是一個「機構」，而是「溝通過程」（Harrison 1994）。在這個過程中，博物館與社區的關係更被重視與關注，包括社群和社區裡的不同行動者，例如移民、藝術家、學校、人民團體等（Brown 2008；Karp 1992）。因此可以說，當一個地方開始廣泛出現社區博物館的時候，研究者要更謹慎看待其背後所代表的「社會融合」（social inclusion）與社會排除（social exclusion）概念在博物館中的實踐（Sandell 2002）。這些融合或排除是多元面向與角度的，包括性別、階級、族群、地域等。社區博物館的建立，可說是對過去這類集權的、少數菁英的詮釋權力的一種反動，而變成了社區賦權（empowerment）的參與方式。社區博物館的出現，挑戰了過去威權式的知識詮釋與「單一史觀」或「唯一故事大綱」般的國家認同建構，而開始進行去中心化的行動，展現不同的地方特色與認同（Ardouin et al. 1995；Karp et al. 1992）。所以當社區博物館開始建立，並為社區而建、為社區所用，在博物館社區化的過程，可能得以讓被社會排除的人被納進整個博物館的知識體系內。因此，社區／民間博物館在這個文化整合、地方知識的轉化過程的作用與影響是關鍵的（Silverman 2014）。

馬來西亞華人民間社會的博物館行動為何而起、如何扮演新博物館的角色、如何與社區互動、如何自我定位？為什麼馬來西亞華人社會在近 20 年才開始投入博物館的建設？這行動與族群文化權的爭奪有多大的關係？其背後的民間力量、社區動員、民意基礎從哪裡來？除了博物館運動之外，是否還有其他類似的社會社區行動，與博物館的運動展現同樣的目的與目標？換句話說，透過研究「為什麼華人社會要設立民間博物館？」、「這些華人民間博物館有哪些屬性或特性？」、「由誰所設立、有什麼目的、目標或遠景？」、「這些民間博物館設立的地點都集中在哪裡？」、「與族群歷史、地理環境有何關係？」等等，這些都是本文要解答的問題，故若能透過本研究得出結論，筆者認為這是馬來西亞乃至海外華人社會研究重要的里程碑，也是華人民間博物館重要的關鍵時刻，進一步更可以開啟馬來西亞博物館界與民間博物館互動的契機。

三、華人博物館定義、類型與發展歷程

筆者進一步針對民間博物館中，簡單的「華人」和「非華人」博物館的分類後，發現具有華人元素的博物館多達 93 間，約占總數的八成。這個比例在馬來西亞民間博物館中算是相當懸殊的比例，也可說 2000 年後是馬來西亞華社的文化資產保存意識與行動的開端。因此藉由博物館來瞭解馬來西亞華人社會與華人組織的變遷與發展，也是一個近代華人社會中重要且關鍵的研究課題，藉由分析華人博物館成立的目的、目標和功能，瞭解華人社會目前的概況。

本文的主要研究對象是具普遍概念下的「馬來西亞的華人博物館」。跟據吳小保（2019）針對馬來西亞華社民辦博物館的構想形成進行了歷史文獻的爬梳，透過報章資料的報導、華團會館的刊物等資料，

吳小保發現「民辦文物館」的構想是在 1980 年代由馬華公會以及一些鄉團組織所零星發起的文資保存的構想，但當時都只停留在倡議的階段，未到實際付諸於行動的時機。儘管如此，自 1990 年代開始盛行的臨時展演空間，即「文化村」和「文化節」，卻在當時承擔起華社因「國家文化政策」而產生的集體焦慮（吳小保 2019）。而實際上成立博物館的行動從 1990 年代陸續開始，直到 2000 後才逐漸大勢興起，到了 2010 年以後開始進入鼎盛時期。儘管如此，相關研究屈指可數，因此從前人零星的研究和筆者實際的田野調查的民族誌資料，希望能對馬來西亞華人博物館的興建及其歷史背景和發展歷程有更深的認識。以下將針對本文的主要研究對象「華人博物館」等名詞進行釋意和定義，並將博物館的興建年份和類型進行歸納和整理，做為後續進行個案研究的基本數據資料。

（一）華人博物館的名詞定義

本文的研究對象，馬來西亞的「華人博物館」是一個具普遍性質的名稱，它所指涉涵蓋的，包含馬來西亞華人社會普遍所使用的名稱，例如:「文物館」、「文化館」、「故事館」、「紀念館」、「校史館」、「歷史走廊」或「歷史文化中心」等等，只要是「由馬來西亞的華人社會，包含個人、群體或組織，在特定與刻意規劃的空間中進行公開以及非暫時性、非短期的策展，而展示之內容以圖片、文字、影音、文物等方式為主」，將為本研究所指涉的「華人博物館」研究範疇內。就地理位置來說，本研究目前以上述位於馬來西亞國境內的博物館為範圍。

至於「華人博物館」指的是什麼？筆者歸納了本研究的研究目的和需要、華人社會本身所具備的特性，以及筆者在 2013 年到 2021 年間所進行的田野調查資料，最終整理了本文研究對象「華人博物館」的操作型定義如下：

1. 由華人社會組織，如社群、傳統華團、華教團體、華人宗教組織等非政府組織等所創立的博物館。
2. 博物館展示的主題和內容與華人社會、歷史、文化、產業發展等相關。
3. 使用以華文為主的語言做展示內容的語言，並以其他語言為輔。

筆者認為，只要符合上述三個條件的任一條件，就納入本研究「華人博物館」的研究範疇內。筆者認為第一、二項的定義，已經是大家對「華人社會文化」的基本共識。因為就華人社會文化的特性而言，必定指稱其族群、宗教、社團、教育、語言等領域。至於「華人社會組織」係指那些由華人社團、華文學校、華人宗教組織等具有華人特性的組織、團體或社群所進行的和華人相關議題和主題的博物館行動。而第三項定義，「以華文做為博物館展示內容的語言」，也是本研究所看重的一點的原因在於，在馬來西亞的華人社會，華語或華文是「華人社群」重要的表徵與認同依據[1]。因此，筆者將之列為在馬來西亞的華人博物館所需具備的條件之一。

至於文中幾個經常使用的名詞，包括「地方博物館」、「社區博物館」、「民間文物館」、「民辦文史館」等，在本文中將依據脈絡和情境的不同而交替使用。不過必須理解，由於馬來西亞的特殊政治社會環境使

1　從馬來西亞許多重大的華社抗爭運動中，例如：1962 年因不接受改制而變成華文獨立中學的 61 間中學、1987 年「茅草行動」因政府派遣不諳華語的教師到華小擔任要職而引發華社不滿，進而引發異議人士逮捕行動和中文報章被令停刊的事件，都是因為「華語」而起的爭議。

然，在本文中的華人博物館，可以說幾乎都是民間辦理的博物館[2]，即都是私立博物館。至於經費來源，通常是來自會館或社團的經費，或者向華人社會募款。在馬來西亞華人社會，募款的傳統和機制有悠久的歷史，長久以來，在特殊的政治情境下也沒有太大的改變，無論是會館或學校，只要是涉及到「建設」，伴隨而來的就是募款的行動，因此這些民辦博物館也可能同時具有「地方性」，屬於社區或學校。為了方便寫作和閱讀，本文主要以「民間博物館」來指稱本文的研究對象，但在行文中有時候也會使用「地方博物館」、「社區博物館」或「文物館」以便符合特定的行文脈絡。

（二）馬來西亞華人博物館發展歷程與現況

馬來西亞華人社會建立博物館（包括文物館、校史館、故事館、紀念館等）大致上可說是在 2000 年以後的事。根據林連玉基金會在其出版刊物《林連玉紀念館通訊》（2014）的試刊號中，特別出版了一份全馬各地的民間博物館清單，也展現了林連玉紀念館試圖串聯全國各地民間博物館的企圖心。在當時的清單中並不包含校史館，因此該名錄僅列舉了 36 間博物館。而吳小保做了更細緻的調查，將馬來西亞的華人民間博物館的清單製作出來，共列舉了 58 間（2019: 13-14）。徐威雄認為若加上華文小學和華文獨立中學的校史館，估計應約有 80 餘間（徐威雄 2019），本研究經過資料的統計和整理，截至 2021 年 12 月底，共計 93 間[3]。

---

2 除了砂拉越的「華人歷史博物館」（Chinese History Museum, *Muzium Sejarah Cina*），實為州立博物館，乃馬來西亞的唯一特例。

3 本研究的統計數據截至 2021 年底為止。到了 2022 年 1 月 9 日，又有一間儘管本文不是以量化研究為主要的研究取向，不過筆者認為對於整體社會情境的瞭解有其必要性。而對於上述 2 份關於華人博物館的清單，有明顯數量上的差異，筆者認為有五個主要的原因，歸納如下。其一，近 20 年來儘管有將近 60 間華人民間博物館興起，但是由於沒有統一的管理機構，彼此之間缺乏交流與互動，呈現各自為政的狀況，在實務工作和統計上也很難有突破，間接造成了數量上的不一致。其二，華社仍然缺乏博物館研究以及相關知識和論述的生產機制，其反映出來的是對於這一新興現象的瞭解不足，對於博物館的類型與性質也不甚瞭解，因此直接導致博物館類型定義上的不同。其三，做為民間博物館，經費依靠門票、社團、社會大眾的支持，在沒有穩定的資金挹注的現實情況下，面臨歷史建築或老房子的維護維修費、設備再升級、經營策略與方針等都是民間博物館經營的難題。許多到最後只剩下招牌而沒有能力對外開放的博物館也不少。一些倒閉或經營不善的博物館亦造成了統計數量上的落差。其四，也因為早期民間博物館的成立目的，是為了保存文化文物而設立，通常是為社區而建，並非為了遊客，因此在宣傳上未必會下足功夫，使得相關資訊無法流通。其五，儘管目前華人博物館研究屈指可數，但各自對於華人民間博物館的定義不同，遂造成數量上的差異。有鑑於此，本研究希望先將定義釐清以便進行整體數量的整理和統計，以便未來更進一步的研究論述。

至於華人民間博物館的分類，徐威雄[4]根據博物館的屬性分成四

華人博物館正式開幕，即森美蘭客家文化博物館，因此目前暫不計入本研究的統計表中。

4　徐威雄是博特拉大學外文系中文組高級講師，也是林連玉紀念館館長。學術研究專長在中國學術思想史以及新馬華人社會史，長年推動文物館、校史館的建立。

類，即（1）地方文物館、（2）華校校史館、（3）名人紀念館和（4）主題文物館。第一類地方文物館以展示華人在地歷史文化為主軸，數量最多，尺度也從小至一個新村[5]、大至州縣的範圍，內容上包括地方開發史、會館沿革、方言群遷徙、民俗與民生文化等等（徐威雄 2019），可說是華人社會文化的範疇都包括在內。筆者認為，上述的分類相當符合當前博物館的類型，也可以清楚看出各類型博物館的發展趨勢。不過，基於研究目的的不同，本研究將以設立的機構為主要分類方式，另輔以其博物館的類型以及展示內容，綜合考量下再分成以下四大類型，並依序從數量最多到最少，即甲類[6]是華人社團和華校附設博物館（48 間）；乙類是地方文化博物館（24 間）；丙類是宗教團體、家祠、義山附設博物館（11 間）；以及丁類是人物紀念館（10 間）。根據筆者截至 2021 年底的統計結果，全馬各地的華人民間博物館，共計 93 間左右（如〈表 1〉）：

在這一波全國性的設立華人民間博物館的風潮中，馬來半島東海岸和東馬的沙巴也加入了設立博物館的行列，使得全國除了半島北部的兩個州[7]沒有華人民間博物館之外，華人民間博物館可說是遍布全馬 11 個州和吉隆坡地區。

5　在馬來西亞華人社會研究中，「新村」專指在戰後英殖民政府為防止散居各地的華人暗中資助馬共份子，故在各地所建立的集中居住地，當時還設有宵禁等政策，至今被視為是近代當地傳統華人社會重要關鍵。

6　為了更細緻地瞭解甲類博物館中傳統華團和華文學校所設立的博物館各占多少數量，故筆者將甲類進一步分成甲 1 類為華人社團附設的博物館，而甲 2 類為華文學校附設的博物館。

7　這兩個沒有華人博物館的州是馬來半島西海岸最北邊的吉打州和玻璃市州。

〈表 1〉馬來西亞華人民間博物館類型與設立分期列表

類型＼年代	新經濟政策時期		國家宏願政策時期		總計
	1981-1990 年	1991-2000 年	2001-2010 年	2011-2021 年	
甲 1、華校所建博物館		2	7	14	**23**
甲 2、傳統華團所建博物館			7	18	**25**
乙、新型態華團所建主題式、地方博物館	1	2	3	18	**24**
丙、宮廟、家祠、義山等組織所建博物館			5	6	**11**
丁、人物紀念館或故居		1	5	4	**10**
總計	**1**	**5**	**27**	**60**	**93**

資料來源：作者自行繪製。

除了從博物館的成立年份中看出各個博物館行動的多寡來推估背後的社會動員的力量之外，筆者發現在近 10 年來所新建的博物館，在類型上亦有變化。首先，筆者認為甲類博物館在數量和類型上的增長值得深究。在本文定義中的華校（甲 1 類）和傳統華人社團（甲 2 類）所設立的博物館，展示了華人方言群、籍貫、遷徙相關的內容。從 2000 年代開始，這類博物館在數量和發展速度上居各類博物館首位，共計 48 間，遠高於其他類型博物館。但其中有 23 間是校史館或由學校所設立的博物館，顯見華文學校在馬來西亞華人社會和社團中仍然是一股相當持續穩定的力量，不僅以「母語教育」為訴求，也逐漸開始走進社區。而甲 2 類的博物館中，有 25 間是由傳統華人社團、鄉團等所設立的博物館，例如客家博物館、福建會館文物館等等。這一類博物館是由原有的傳統華團延伸出來的附屬組織。另一個值得注意的是，從〈表 1〉可以看出，相較於華校，會館或傳統社團設立博物館的起步相當晚，在華校和其他新型態社團開始成立博物館之後，才在最近的 10 年加快了腳步，跟上了這一波博物館行動。華校在1990年代就已經率先成立了2間校史室[8]。傳統華團直到2001年加影烏魯冷岳社區文物館和吉隆坡沙叻秀大同文物館成立之後，才開始逐漸帶動起華團和華校設立博物館的風潮（徐威雄2019）。

甲類的博物館的建築特色，由於是學校和會館所設立，因此通常空間安排在學校內或會館內，空間的大小從一面牆到一個小儲藏室的空間，到獨立的建築物都有，不一而足，視設立的團體的資金和目的為主。而策展內容則以地方開發史、學校創辦史、產業發展、移民遷徙、會館沿革、族裔特色等為展示主軸。筆者在2021年訪問烏魯冷岳社區文物館的創辦人已故李成金先生時，他提及在設立該社區文物館的初始，他特意將在地的15個傳統華團聯合起來一起經營和管理這個文物館，並非他本人沒有能力經營文物館，而是希望能藉由這個機會活化傳統華團，期望他們走出老社團的舒適圈，走進社區。李成金這一番話背後的意思實際上就是傳統華團面臨的問題，即社團內普遍面對青黃不接的情況，年輕人不願意走進傳統華團（陳雅幼2019；葉章華2016；劉崇漢2001），而李成金希望藉由社區文物館的創立和經營，邀請傳統華團進行革新與進步。

學校所附設的博物館，通常稱之為校史館或校史室。華文教育是馬來西亞華人社會特殊情境下的產物，也是華人社會重要的面向。華文學校不僅僅是扮演教育的功能，也同時肩負族群認同建構與延續的社會功能。故華文學校的發展或華文獨立中學的發展在一定程度上能反映當地和當代的華人社會的面貌，而校史館的設立頗有水到渠成之感覺。在這

8 這2間在1990年代就設立的博物館都是華文獨立中學的校史室，即新山寬柔中學文物室（1997年）和馬六甲培風中學校史文物室（1998年）。

30年間，華文學校的地位較1960年代的動盪時期穩定多了，使得校史館的成立亦趨向穩健發展。此外，在質的方面亦有明顯的變化。例如，校史館並非只是展示的空間而已，也是遺產行動的一環，芙蓉中華中學校史室還成立「校史館志工團」做為學校其中一個學生社團，例行工作除了保持校史館的清潔衛生之外，由師生一起進行校園事蹟的紀錄與報導，以及負責校史館導覽的工作，將校史館做為資訊流通的平台（作者不詳2017）。此外，林連玉紀念館也定期推動導覽志工的培訓課程，希望拓展與社區和華社的連結。

在2001年到2010年之間，華團和華校各設立了7間博物館，包括前述的雪蘭莪州加影（Kajang）烏魯冷岳社區文物館、吉隆坡沙叻秀（Salak South）大同文物館、檳城韓江華人文化館、詩巫的世界福州十邑文物館、巴生客家公會文物館、檳城的馬來西亞客家文物館、新山華族歷史文物館、新山廣肇會館文物館和新山福建會館文物室等。近10年來的風氣更勝，在2011年到2021年之間，總共有32間華團和華校所建立的博物館，包括位於吉隆坡的馬來西亞客家河婆文物館、柔佛州河婆文物館、七條路文物館、馬來西亞華人博物館、隆雪華堂吉隆玻博物館以及在疫情的陰影下依然堅持開幕的森美蘭華人文史館等等。

至於乙類博物館，可以說是「非甲類」的博物館，即不是由傳統華團或華校所建立的族群文化歷史博物館。這一類的博物館屬性與甲類可能有所重疊，例如展示內容以族群歷史文化、地方發展特色等為主。但是在筆者的分類下，最大的差別在於，乙類的博物館的成立機構有別於傳統華社的三緣團體（血緣、業緣和地緣），而是新型態的華人團體或組織。這些新型態的團體或組織，有些是因應博物館而成立的新組織團體，有些是因地方發展而興起的組織，與傳統華團的三緣團體在歷史起源、發展脈絡、創立初衷有很大的差異。

然而，這新興組織與傳統華團維持良好的互動關係。這一類新興組織團體是因應新時代地方與社區的需求而成立，當然也有的是因為無法認同傳統華團組織相對僵化的運作模式而成立的新團體。由於新興團體成立本就具有明確目的，因此其所建立的博物館，通常也以主題性的博物館為主，帶有各自要推動的目的而來。這類博物館與傳統華團所創建的博物館在展示內容和經營策略上，也有些異同。例如甲類會館和學校所建的博物館通常不會收費；再者，傳統華團面臨組織老化與青黃不接的現象，難以再有人力來經營博物館，更遑論研究與導覽工作；傳統會館和華文學校都是歷史悠久的華團，與地方淵源極深，但也因為如此可能面臨組織結構的僵化，導致出現民間組織科層化現象，許多決定要經過多次會議討論、獲得大多數董監事的認同與認可後，才可能推動。而上述問題也都是甲類博物館所面臨的挑戰。乙類博物館則相對較有彈性，因為是同好們所組織的，因此在組織經營上也相對鬆散，更多時候是一人組織或一人博物館，這也是乙類博物館的困境之一。

乙類博物館的總數共計有 24 間，在 1980 年代到 2000 年之間，只有零星的 3 間博物館。最早的是 1980 年代在馬六甲的峇峇娘惹祖屋博物館（Baba & Nyonya House Museum）。這間「祖屋」（亦即老宅、古厝）博物館由三間排屋[9]所組成，為當地峇峇娘惹望族曾氏家族所擁有。該老宅博物館位於馬六甲歷史核心區，原本是峇峇娘惹的故居，現改建成博物館後仍保持著房子原本的建築形式，各居室也依照原本的傢俱和裝飾品的擺設。目前博物館為家族以文化企業的方式經營，

9　這裡的「排屋」指的是在東南亞城市地區，由西方殖民為發展都市所建造的住商混合的店屋（Shop houses）。通常底層是做生意的地方，後方和二樓則是住宅。

包括向遊客收取入門費、印製多語言的導覽手冊、培訓導覽人員等等。在 1991 年到 2000 年間，又增加了 2 間乙類博物館，其中一間是位於怡保的霹靂洞中山文物館，裡面收藏並展示了孫中山先生的手稿和照片等。該館的成立目的是展示並紀念孫中山在革命時期在霹靂州怡保等地的革命之路。到了 2001 年至 2010 年間，增加了 3 間，包括檳城娘惹博物館（Pinang Peranakan Mansion）、詩巫劉欽侯醫院紀念館（Lau King Howe Hospital Memorial Museum）和務邊文物館（Gopeng Museum）。到了 2011 年到 2021 年間則暴增至 23 間，其中包括務邊懷古樓（Gopeng Heritage House）（已在 2021 年關閉）、近打錫礦產業工業（砂泵）博物館（Kinta Tin Mining〔Gravel Pump〕Museum）、沙登民間故事館（Serdang Folk Museum）、「閒真別墅」（早期客家礦家俱樂部舊址）（Han Chin Pet Soo）、希望之谷痲瘋社區故事館、吉蘭丹土生華人文物館等。2020 年 3 月新冠病毒疫情的肆虐下，仍然有新館開幕，包括雪蘭莪州的雙溪威新村歷史文物館（Sungai Way Culture Hall）、在新山的廿四節令鼓文化館（Museum of 24 Festive Drums）和在怡保的平記棧（甲必丹鄭大平建築物）（Phin Kee Chan）等。

至於丙類博物館，在本研究的定義下是指宗教團體組織、家祠或義山等單位附設的博物館。傳統華人社會的宮廟和家祠亦是重要的社會文化據點，尤其在移民社會中更是如此。從馬來西亞特殊的華人社會情境中，宮廟、家祠和義山亦不置身事外，並共同參與了建置博物館的行動。筆者將宮廟、家祠和義山組織所設立的博物館列為丙類，這類博物館起步比較晚，但也魄力十足。在 2000 年代共新建了五間，2010 年代則新建了 6 間。不過值得一提的是，宮廟和家祠所興建的博物館有個共同的特色，除了進行文物保存之外，也和旅遊和理念的推廣有密切的關聯，例如檳城邱公司文物館（Leong San Tong Khoo Kongsi's Clan

House and Museum）在 2001 年將宗祠的底層改建成文物館，展示了家祠的歷史和相關遺產修復的過程，成為了觀光客必訪的景點之一（李威宜 2019）。而森美蘭州武來岸石拿督廟文物館（Sak Dato Broga Temple Gallery）的興建就是源於在 1990 年代崛起成著名旅遊景點的石拿督廟，每逢六日各地的遊客和信徒到廟裡去拜拜，使得附近小鎮的成為熱門旅遊景點。廟方管理層遂於 2013 年陸續展開新的發展計畫，包括興建文物館和草藥園等等，博物館與廟成為了一個旅遊套餐（combo），吸引遊客之餘，寓教於樂，還可以增加香油錢。策展內容包羅萬象，廣義地談到華人移民史和紀念祖先南來的歷程之外，也著重在該團體機構的歷史發展上。但同時因為是地方上的宗廟、家祠或義山，實際上其展示內容也反映了當地歷史文化發展。因此可以說，若從地方歷史文化的展示內容上分析，大致上與甲類和乙類並沒有太大的區別。

除了著名旅遊景點檳城邱公司文物館之外，還有實兆遠墾場博物館（Sitiawan Settlement Museum）、吉隆坡廣東義山歷史文物館、詩巫衛理文物展覽館（Methodist Heritage Centre）以及馬六甲勇全殿王舡文物館等。其中最新在疫情爆發之前，搶先開幕的勇全殿王舡文物館是在 2018 年開始修建文物館，在 2020 年 2 月已經完成兩個階段，為全馬第一間王船博物館。在馬來西亞的送王船的儀式，被稱作「王舡大遊行」。文物館內展示了王舡遊行和王爺信仰的文物和資料。館內也展示了一張 1919 在馬六甲的王舡遊行的老照片。除了文物館之外，勇全殿也將在馬六甲皇京港打造王舡區，並設立王舡紀念碑。該館的興建預計會耗資約兩百萬令吉，大部分的資金是由信眾們捐贈。未來的計劃，文物館也將仿造當年的王舡的模型，開放讓民眾參觀。由於目前文物館尚未完成，館內只有展示了簡單的圖文以及部分遊行用品。值得一提的是，馬來西亞與中國合作，在 2020 年以「送王舡」申遺成功，被列入聯合國教科文組織人類非物質文化遺產代表作名錄中，使得該館委員會更積極地完成文物館的設計和布置，顯示出這些地方性民間博物館，已經開始朝向國際化發展，積極地尋求族群文化權的實踐，並努力跳脫以往的框架。

最後丁類的博物館係指名人紀念館，在本研究的定義下除了偉人、名人、歷史人物紀念館之外，也包含了故居博物館。丁類博物館數量也不多，全國大約只有 10 間左右，除了 1990 年代的 1 間，在 2000 年代設立了 5 間、在 2010 年代新設立了 4 間。最初的名人紀念館是檳城著名的張弼士故居（Cheong Fatt Tze Mansion）。張弼士故居，又稱「藍屋」，原是中國商人兼僑民張弼士（1841-1916 年）的府邸。其後代一直在這裡住到 1989 年過世為止，後由檳城一群古蹟保護人士買下這棟破舊的老宅並進行保存和修復工作。在 1995 年修復完畢後，以故居精品旅館兼博物館的形式經營並對外開放，除了提供民眾參觀，也開放精品酒店客房讓遊客住宿。而 2000 年以後，受到整體華人社會積極設立博物館風潮的影響，名人博物館也陸續興建起來，其中包括馬六甲鄭和文化館（Cheng Ho Cultural Museum）、檳城著名華僑商人「葉祖意故居」（House of Yeap Chor Ee）、紀念華教鬥士沈慕羽老先生的「沈慕羽書法文物館」（Sim Mow Yu's Calligraphy Museum）以及華教界最具代表性的華教鬥士「林連玉紀念館」（Memorial Lim Lian Geok）。

綜觀這些名人或偉人紀念館，華人社會的紀念館大致分成有功的歷史人物（例如鄭和、孫中山等），以及近代的對當地華社、華教以及地方發展有貢獻的人士（例如陳嘉庚、林連玉、沈慕羽等）。此外，皆有具規模的基金，新型態團體所創辦並管理的「新博物館」，既在地又跨域，不只是強調其展示功能的舊博物館，而是自許為一個社區教育、文化和活動中心。例如林連玉紀念館除了其展示空間之外，亦出版半年刊的刊物《林連玉紀念館通訊》，從 2014 年 6 月開始，每年 6 月和 12 月出版。此外，也在每年 12 月辦理華教節系列活動，舉辦講座、博物館導覽、林連玉精神獎等活動。而陳嘉庚紀念館近年來則是主辦許多跨文化、跨族群的講座，邀請馬來、印度學者來談相關族群文化議題，同時也長期主辦中學生常識比賽，試圖走進學校，也讓學校走進博物館。到了 2021 年更是走向國際，串聯在中國、香港、菲律賓、汶萊等地的廈門原鄉組織，主辦「國際中學生常識比賽」，可見一個在地博物館的能動性與跨域性。

> 此賽事所涵蓋的範圍包括「陳嘉庚生平事蹟」、「中國近代史」、「太平洋戰爭」、「海外華人簡史」。主辦單位希望通過此賽事，鼓勵全球華人子弟見賢思齊、銘記歷史、珍視和平，學習陳嘉庚先生遺下的珍貴精神，並跟隨先生的足跡進一步探尋海外華人的歷史烙印、連接海內外華人青年，真正做到「從僑到橋」。[10]

馬來西亞陳嘉庚紀念館做為一個民間博物館，實際上其「在地性」本身就是跨地域的。做為一個在 20 世紀時的著名僑領，在中國原鄉廈門、馬來西亞和新加坡，都有很大的名氣。在中國一帶一路的政策下，馬來西亞華商積極尋求各式重新與「原鄉」串聯的機會，陳嘉庚做為「華僑旗幟、民族光輝」成了當代政治經濟權力操作的象徵。

總的來說，馬來西亞華人博物館在 1980 年代到 1990 年代間雖然有零星的博物館，但是比較大量的設立是在 2000 年以後。博物館展示主

---

10 資料來源：國際中學生陳嘉庚常識比賽臉書頁面上的簡介（https://www.facebook.com/tkkquiz/），瀏覽日期：2021/12/12。

軸以歷史文化和地方文化發展為主，依據設立的單位和屬性可大致分成四大類型，即甲類為傳統華團和華校所設立的博物館（共 48 間）、乙類為非傳統華團設立的地方文化博物館（共 24 間）、丙類為宗教團體、家祠、義山等團體組織所設立的博物館（共 11 間），以及丁類為名人紀念館（含故居）（共 10 間），總計約 93 間。華人民間博物館占整體馬來西亞民間博物館約八成之多。

四、華人博物館成立的社區動員與社會背景分析

2000 年以後這一系列的社會運動，規模、地點、主題各異，但是卻是來自草根組織或社區動員。這些行動者偶有聯繫與重疊，逐漸改變了馬來西亞的政治和社會面貌，連帶地影響了人民的政治與社會參與。

從數量和類型的分布統計上得知，1990 年代馬來西亞華社普遍尚未熱衷於設立博物館。如同吳小保（2019）和徐威雄（2019: 88-89）所分析，當時社會上各方面條件並不成熟，只有零星的熱心人士、少數華團和華校設立小型的展覽館或歷史走廊。若說博物館的設立是文化資產保存的具體行動，實際上追根溯源，其實是一系列華人文化資產被破壞的衝擊[11]下所產生的社會反應，在 1980 年代到 2000 年代之間層出不窮的華人文化資產、建築、空間被國家霸權所侵害、被吞噬的集體焦慮下，華人團體也開始實踐不同程度的文化保存運動。

11　這類事件包括 1983 年的馬六甲捍衛三寶山事件、1991 年柔佛古廟山門事件、1996 年吉隆坡廣東義山迫遷事件、2011 年吉隆坡蘇丹街讓道捷運的強制徵收事件等等。

其中一個涉及全國的就是1984年全馬華社開始集結力量，主辦全國性的華人文化節，此後每年由各州的中華大會堂主辦，目的是透過文化展演活動推廣華人文化藝術表演。該文化節在1990年代以後開始獲得官方的認同，也逐漸凝聚了華社、累積了社會能量，間接促成了2000年以後博物館的建立（吳小保 2019；黃文斌 2009）。另一方面，校史館的成立又得從不同的社會脈絡下去探究。1990年代有兩間華文獨立中學率先成立校史館，對於擁有百年歷史的華校而言，是一個水到渠成的事情，此後在各時期建立的校史館通常也是因應百年校慶而設立。華文獨立中學在馬來西亞華人社會史上是一個關鍵課題，它代表著少數族群權利、母語教育權、族群文化權，也是華人社會身分認同建構的重要機制。因此，華文小學和華文獨立中學的校史館，不僅僅只是學校的歷史，其背後代表的是當地社區華人社會的歷史發展。在2000年以後，許多的獨立中學和華文小學迎接建校一百週年紀念，無論校內外傾全力募款建校、舉辦活動來慶祝百年校慶，其中建立校史館也是整體盛大儀式下的一小環節。

若把整個馬來西亞華人社會的發展史做縱貫性的研究，特別是華文教育和華人文化發展做為主要觀察對象，會發現2000年以後的20年進入了另一種新的族群文化權的爭奪形式。就筆者而言相較於過去較激烈的手段和方式[12]，轉而開始朝向比較溫和、在地性、空間權力等的糾

12 熟悉馬來西亞華社文化權發展應瞭解的，從1960年代到2000年所發生的族群文化權被迫害的事實。例如在1960年代馬來西亞華文學校改制政策；1984年的馬六甲三保山的「保山」運動；1987年茅草行動逮捕眾多異議人士；1990年代吉隆坡的廣東義山封山與搬遷危機；2001年雪蘭莪州白沙羅華小因校地狹小但卻位處交通要道，因而校方和教育局啟動了遷校計畫，但因涉及華社敏感的華教問題，以及在後烈火莫息時代相關社運人士的介入下，最後演變

結。此外在族群教育權方面的發展而言，馬來西亞華社以貫徹華文教育做為目標，一切和華文教育相關的爭奪和議題，被放大成為整體華人社會的使命與精神，使得族群文化權的爭奪形式也進一步以教育權的形式擴散發展。整體華社的氛圍在 1970 年代開始從爭取華文獨立中學文憑、到成立華文獨立大學等倡議，皆體現了華社透過母語教育權的爭奪來爭取族群文化權的行動。在長達將近半世紀的文化權爭奪過程中，在 1990 年代伴隨亞洲金融發展下的新自由主義的席捲，而出現了一線轉機。政府制定了私立高等教育法，使得當時華人政黨馬華公會在這樣的契機下成立了拉曼大學（Universiti Tunku Abdul Rahman），該大學成為了華裔學生升學的主要管道之一，成為了另一種形式的「華族大學」，成為了多年爭端下的最好解決方式。而在南馬的則是南方大學學院，前身是新山寬柔中學的專科部，後在 1990 年由當地華教人士發起成立南方學院，在 2012 年升格成為大學學院（university college），成為南馬華社的民辦高等學府。另外，在檳城的韓江學院的創辦之路，也與華文教育後續發展緊密相關，經過不同程度的課程的開創與設計，終於在 2000 年正式開學的韓江學院成為華社民辦的高等教育機構，也是在華社為華文教育尋找出路之際發展出來的新里程碑。上述 3 間由華社創辦的大學，雖然與原本華社心中想要的華文大學的形式相差甚遠，但是做

成「救救白小」全國華社關注的民主教育運動。2010 年，雪蘭莪州萬撓華人新村因抗議高壓電興建計畫而發動「三月圍村」村民反抗運動，歷時 13 年的抗爭運動終於成功捍衛家園。2012 年吉隆坡唐人街部分百年商店（大多集中在蘇丹街）因得讓路給捷運站和路線的發展，面臨拆除的危機，民間藝術人士發起了「保衛蘇丹街」的和平集會以及一連串的社區藝術展演活動。上述事件雖然發生在特定地區，但是在華文媒體的報導之下，提升成為跨地域性的全國華社所面臨的困境。

為華社成功建立的高等學府，在華教運動路上，算是一個長期與威權馬來霸權政府斡旋下的最好結果。政府與華人民間社會似乎找到了一個治理與被治理之間微妙的平衡點。

因此，筆者認為在這樣的社會背景下，華文教育運動在 2000 年隨著韓江學院也成功獲准升格成大學學院，一個時代的抗爭似乎暫時落幕了。雖然對於華社來說，華文教育還有很多懸而未決的課題，但隨著 2000 年之後馬來西亞政治環境的新局勢，華人社會也開始被捲入另一個全新的公民戰場，即後烈火莫息時代的各種社會運動中，包含由非政府組織乾淨與公平選舉聯盟（淨選盟）所發起的 Bersih 運動、地方環保抗議運動如柔佛州邊佳蘭反石化運動、民間組織在彭亨州的反稀土廠進駐而發起的綠色盛會（*Himpunan Hijau*）等。

在如此紛亂混雜的時代，華團和華社的能動性選擇用一種相對溫和的方式進行對國家霸權的抵抗，以及我群歷史文化的論述產製。每每被馬來右翼激進政治人物在全國選舉前質問「*Apa lagi Cina mahu?*」（華人還要什麼？），有一批人相信歷史是形塑認同的最好方式、相信文化資產的保存必須靠自己來做。這一群人透過建立博物館、策劃展覽、蒐集文物、研究地方歷史、串聯社區等的方式，自我賦權成為博物館行動者。這群來自不同階級、不同社會文化背景、不同族群的新博物館行動者，各自帶著社區的問題、自身的議程，選擇博物館這個傳統、公共、開放的機制，透過以建立社區博物館的方式，參與國族建構的過程，並縫補了公立博物館「目光所不及」之空白處，拼貼成現代新自由主義下的自我論述、自我詮釋的面貌，成功描繪了馬來西亞華人民間博物館的圖像。

五、結論

從近 20 年來的馬來西亞華人社會的博物館行動中，給了我們什麼啟發，這些行動又代表了什麼意義？筆者認為，可以分為三大面向：一、「地方感」與「新故鄉」的認同重塑；二、見證新形式的華人社團的崛起；三、華人社會參與國族論述和文化遺產論述的生產過程。

首先，若先從鉅觀的角度來看，各地建立博物館的行動在近 20 年可謂風起雲湧，其中一半是與地方、社區有直接關係的博物館，例如帶領吉隆坡地區社區營造與博物館設立工作的「烏魯冷岳社區文物館」，即以當地地名為博物館的名稱。創辦人已故李成金一開始就不打算只是建設有形的博物館，而是把博物館視為地方的公共空間，活化社區工作。另一個例子是「務邊博物館」，也是以地方為範疇的歷史文化博物館。筆者認為這是當代地方的華人社會透過文化機構的形式（即博物館）來進行地方認同的形塑。而這個地方認同已經逐漸有在地化的趨勢，並不只侷限在過去「原鄉」、「僑鄉」的連結中。因此，可以說透過這些地方博物館的興建，華人社會已經開始進行「新故鄉」的認同重塑，從現代國家治理的角度而言，這是地方華人社會因應各種來自馬來文化霸權政策下的集體需求，在新世紀透過老方法即建立博物館的行動來進行公民的參與。

第二點，從全國性的博物館類型的統計資料中，也可以發現這種以博物館行動為主的新形式的華人社團的崛起。傳統的海外華人社會以鄉團、會館為主，這些超過一個世紀的社團在早期扮演了聯繫海外僑社和故鄉、結黨聯盟、慈善、社會福利與教育等綜合性功能。然而，隨著戰後民族國家的成立、華人社群的落地生根、再到移民世代的更迭，這些地方鄉團已經逐漸失去凝聚華社的傳統功能。然而在另一方面，馬來西亞華社仍然需要能夠發揮其功能的社團或組織來為其發言、代言以及與政府進行協商工作。在本文的脈絡中，即表示馬來西亞華人社會和組織在多元族群的現代民族國家中所進行的少數族群的族群文化權的爭奪。會館等傳統華人社團在初期未能投入到博物館的行動，顯示出組織的僵化以及缺乏能動性，以及並未意識到族群文化權的實踐已經開始轉向。而當另一些帶有明確的地方性色彩的組織，沒有特別的會館或政黨的庇護下，在各地創辦了不同的博物館組織，以設置展示空間為主，開始述說地方的故事之後，這一現象也對傳統華人社團帶來了影響，使得各社團開始爭相進行博物館的建設，形成互相競逐的現象，並忠實地反映在統計數據上。因此，筆者認為進行馬來西亞華人社會博物館的研究，不應只集中在博物館本身的研究，而必須對於其背後的組織、人力動員、目標、資金來源等有全面的掌握，方能具體瞭解博物館以及其功能。

第三點，筆者認為是透過各地博物館的成立，代表華人社會開始積極地參與文化遺產和史觀論述的產製，同時也透過建立博物館的行動，產製華社的國族認同建構，並將之與官方的國族論述進行抗衡、對話與交流。2008 年，檳城和馬六甲共同被列入聯合國教科文組織世界遺產名錄中。做為馬來西亞境內曾經的兩個海峽殖民地，成功入遺並非只是這兩個城市的事，連帶周邊城市都受到了影響。「遺產」的概念開始在地方社會上萌芽，而華社本來具有「古董」的概念，在這個從「古董收藏家」到「文化遺產」的轉換過程，他們先選擇了以「博物館」做為中介媒體，以便從古董轉化到遺產論述的生產，進一步參與史觀的生產過程。而透過各地民間博物館的設立，以及各地華社歷史的論述、地方史的再現，再分析其展示論述後，發現這是華社正在進行其所認可的國族認同建構。這個國族認同的特色，是在地化、文化遺產化、博物館化的過程，透過組織博物館團體、建構博物館的硬體、蒐集文物和建立歷史論述，這些華社和華團善用了民間的、社區的、地方的、族群的博物館的途徑，展現族群中的「國族」與「國家」面貌，並宣示與國家機器站在同一平台上，表達其在地性的特色以及對國家和國族認同。而這樣的行動和早期對原鄉的祖國認同早已不能同日而語。

參考文獻

一、中文部分

王舒俐。2020。〈迷失在認同焦慮中的「臺北」「國立」故宮博物院〉。《文化一究》，30：69-82。

作者不詳。2017/11/01。〈芙蓉中華校史室志工來訪：守護珍貴歷史的小尖兵〉。《培風 e 資訊》，頁 4-5。

吳小保。2019。〈文化反抗與國家文化：馬來西亞華社民辦文物館構想的形成〉。《馬來西亞人文與社會科學學報》，8(2)：1-16。

徐威雄。2019。〈化整為零，藏富於民：馬來西亞民間文物館熱潮〉。《怡和世紀》，40：88-90。

陳雅妨。2019。〈華團青黃不接組織老化 尋策吸引年輕人加入〉。《光華日報》，2021 年 3 月 2 日瀏覽。

黃文斌。2009。〈華人與國家文化建設：以全國華團文化節為例案研究（1984-2005）〉。文平強、許德發編，《勤儉興邦：馬來西亞華人的貢獻》，頁 121-134。吉隆坡：華社研究中心。

葉章華。2016。〈活動跟不上時代，華團難招年輕人〉。《東方日報》，2021 年 3 月 2 日瀏覽。

劉崇漢。2001。〈馬來西亞華團組織的困境與展望〉。《孝恩文化》，2021。

劉嘉美、蔡佩娟。2018。《保家衛村：萬擾反高壓電纜抗爭 13 年記事（2005-2017）》。八打靈再也：文運企業。

二、英文部分

Ardouin, C. D., et al. 1995. *Museums & the community in West Africa.*

Smithsonian Institution Press.

Barrett, J. 2011. *Museums and the Public Sphere*. MAlden, MA and Oxford: Wiley,-Blackwell.

Brown, C. K. 2008. "Museum, Communities, and Artists." *Visual Arts Research*, 34(2): 5-13.

Halbwachs, M. 1992 (1941, 1952). *On Collective Memory*. Chicago, Ill: The Univeristy of Chicago Press.

Harrison, J. D. 1994. "Ideas of Museums in the 1990s." *Museum Management and Curatorship*. 13(2): 160-176.

Karp, I. 1992. "Introduction: Museums and Communities: The politics of public culture." In I. Karp, C. M. Kreamer, and S. Lavine, eds., *Museums and Communities*. Washington, DC: Smithsonian Institution, Pp. 1-17.

Karp, I., et al.1992. *Museums and Communities: The Politics of Public Culture*. Washington, DC: Smithsonian Institution.

Lidchi, H. 1997. "The poetics and the politics of exhibiting other cultures." In S. Hall and O. University, eds., *Representation: Cultural Representations and Signifying Practices*. SAGE Publications.

Lim, Joanne B. Y. 2017. "Engendering civil resistance: Social media and mob tactics in Malaysia." *International Journal of Cultural Studies*, 20(2): 209-227.

McClellan, A. 1994. *Inventing the Louvre: Art, Politics, and the Origins of the Modern Museum in Eighteen-century Paris*. Cambridge and New York: Cambridge University Press.

Pearce, S. 2000. *Museum Economics and the Community*. London:

Bloomsbury Publishing.

Sandell, R. 2002. *Museums, Society, Inequality*. New York: Routledge.

Schudson, M. 1993. *Watergate in American Memory: How We Remember, Forget, and Reconstruct the Past*. New York: Basic Books.

Schwartz, B. 1982. "The Social Context of Commemoration: A Study in Collective Memory." *Social Forces*, 61(2): 374-402.

——. 1991. "Social Change and Collective Memory: The Democratization of George Washington." *American Sociological Review*, 56(2): 221-236.

——. 1996. "Memory as a Cultural System: Abraham Lincoln in World War II." *American Sociological Review*, 61(5): 908-927.

Silverman, R. 2014. *Museum as Process: Translating Local and Global Knowledges*. London: Taylor & Francis.

Weil, S. E. 2002. *Making Museums Matter*. Washington and London: Smithsonian Insititution Press.

第五章

越南同奈華人農民的家庭生計

劉桂苓 *

一、前言

（一）當代越南農村的變遷

依據 Durkheimian 的道德經濟內容所述，越南的傳統社會結合了三個要素，Samuel L. Popkin 稱此三要素為「安全第一、農村以及恩庇－侍從」，然而，1930-1931 年，James Scott 在義安省與河靜省所發現的已不是結合此三要素的傳統農村社會，因為法國的殖民政策已使得越南傳統農村瓦解（Paige 1983: 702-703）。

除此之外，越南農村自 1950 年代起即不斷的經歷各種巨大轉變：1960-1970 年的集體化生產、1980 年代的越南改革開放（đổi mới）以及 1990 年代中期至今的全球市場整合（Tran Thi Thu Trang 2010: 17）。在 1960-1970 集體化生產時期，北越人民的生活比起 1930-1940 年代的

---

* 國立暨南國際大學東南亞學系博士候選人

生活更加困苦，1961年北越人民的人均穀物量為每人318公斤，到了1970年則降到每人257公斤，1976年再降到247公斤，到了1980年則僅剩215公斤；在南越，農業條件通常較佳，但是集體化生產期間的人均穀物量也是急遽下降，從1976年的每人303公斤降到1978年僅剩每人242公斤。1965到1980年代初期，越南人民的食物供應與品質大幅下降，除了受到1970年代戰爭結束前後影響之外，集體化農業的擴大、合作社以及國家堅持控制稻米、家禽、豬隻與其他作物市場等因素的影響更甚（Kerkvliet 1995: 403-404）。

1986年越南的革新使得越南轉型為擁有大量私人企業以及市場較自由的國家，1988年4月共產黨政治局宣告開放個人家戶從事所有的農作，也就是農業已遠離集體化體制，在大部分地區，土地、役畜和其他生產工具已再重新分配給個體戶。1993年7月國會通過每家戶可在特定的土地上耕種20年（有些作物可以有更長的耕種年限），亦即擁有這塊土地的「使用權」，使用權可以再延長，可以轉給繼承人，可以變賣也可以抵押，但是土地私人所有權還是非法的。家戶們有義務要支付稅金和年度合作費用（如：灌溉），至於要種什麼作物或是要賣到自由市場都由家戶們自己決定，革新在多面向的重大改革成效，對農村人和整體國家經濟是有利的（Kerkvliet 1995: 411-412）。

在革新之後，越南政府意圖將國家融入全球經濟體系，1991年與中國關係正常化，1994年解除美國禁運，1995年加入東協，1998年加入亞太經濟合作會議論壇，2000年與美國簽署雙邊貿易協定，2002年開始與世界貿易組織協商，並在2007年正式成為WTO會員國（Tran Thi Thu Trang 2010: 25）。隨著越南快速的結構轉變以及經濟發展，農業的勞動力比例在1997年為70%，到了2012年則縮減至47%；同時期的自營業者比例也從83%減至65%，而這樣的發展趨勢將會持續幾十年（Markussen et al. 2018: 1614）。

就社會經濟面而言，咖啡是世界上最重要的農產品之一，咖啡生產分布在美洲、亞洲、非洲以及大洋洲等 60 多個國家，主要是由發展中國家的家庭農場種植，雖然咖啡行銷全世界，然而消費卻只是集中在已開發國家，由咖啡帶來的年收益估計超過 150 億美元，年營業額超過 7 百億美元，有超過 2,500 萬人以咖啡維生，參與咖啡生產的生產線包含了一億人。越南是東南亞最大，世界排名第二的咖啡生產國，咖啡是越南僅次於大米的第二大出口農作物，在越南，咖啡消費主要是在都會區的中上階層，超過 70% 居住在農村的人口很少消費，越南約有 60 萬家種植咖啡的農戶，20 萬名兼職農工以及 20 萬名與咖啡生產相關的勞動者，以每家農戶有 5 個人來估算，那麼就有 250 萬名居住在農村的人是以咖啡維生，部分咖啡農是少數民族而且有許多是生活在官方貧窮線以下（Flavia Maria de Mello & Celso Luis Rodrigues Vegro 2011: 136-138）。

（二）1975 年後越南境內的越南華人

隨著越戰結束，為南方政府工作的人開始逃亡，1975 年 4 月西貢政府約有 15 萬名官員和士兵逃離越南，其中有越南華人官員和資本家。越南統一後，越南共產黨開始將社會主義改革計畫推廣至南方，資本家成了再教育的目標對象，且其財產大部分都被沒收。很多人企圖逃走，而未能逃走的大多都被送往新經濟區進行屯墾，從 1975 至 1977 年間有超過 20,000 人逃離越南，1977-1979 年間中越外交關係破裂，1979 年 2 月發生中越邊境戰爭，邊境關閉了 10 年，據估計 1978-1979 年間逃離越南的人數中有 60-70% 是華人。從中越邊境逃離至中國者，很多是被安置在中國南部邊境地區的難民營，從海上坐船逃離至香港和一些東南亞國家者，被安置在難民營等待被轉往西方國家。1981 年之後，華人和越南人都還是持續逃離越南，只是人數比較少。1986 革新政策後，越南華人有更多機會參與經貿活動，除此之外，越南政府對華人這群有資源的少數族群的態度也逐漸轉變（這是越南政府覬覦越南華人與豐富海外資金之間的連結），並且將少數族群政策調整為更寬鬆以促進國家與少數族群之間的關係，越南華人現今在恢復與海外聯繫以及保有華語教育和民族風俗上享有更多彈性（Yuk Wah Chan 2018: 165-167）。

1990 年代之後，越南見證到經濟改革帶來的正向結果，而戰後出生的越南華人（在 1970-1980 年代間出生的華人），要在越南社會取得地位優勢，就必須要精通越南語。再加上，勞動市場越來越競爭，大部分的公司需要應徵者有中學程度的文憑，因此在 1990 年代華人年輕人的共通現象就是去上夜校接受越南教育。整體而言，新世代的越南華裔意識到他們也要學習越南語，不管他們是不是要到華人公司工作，他們可以在越南的就業市場中，獲取更好的機會，新一代的華人不再視自己為過客，雖然他們經歷過越南 1970 年代後期與 1980 年代的艱困時期，但是他們這一代正享受越南嶄新的繁榮與大量的經濟機會，特別是在南部的越南。他們意識到正在快速全球化的越南社會以及越南未來將變得更繁榮、更現代化。身為亞洲經濟快速成長的國家之一，越南已為越南華人新世代提供新願景與更多的可能性，而越南華人的民族與文化資本為他們在勞動市場上增加許多優勢，這不僅僅是他們可以在來自香港、新加坡、馬來西亞、臺灣和中國的華人投資公司工作，他們也可藉此與這些外國投資者建立人脈網絡，自行創業（Yuk Wah Chan 2018: 171-172）。

（三）Samuel L. Popkin 理性的農民

Samuel L. Popkin 認為現今世界上的農民是生活在開放的農村，也就是在農村裡的個人有賦稅之責，農村與外面世界的界線很模糊，對土地所有權的限制很少或者是沒有限制；Samuel L. Popkin 分析農民社會，聚焦在農民個人的決策制定與選擇的延伸概念，亦即農村在農民經濟生活中的角色。農民不斷的努力不只是在求保護，而是藉由長期及短期的公共與私人投資來提升生活水準，而農民的投資邏輯適用於市場與非市場的交易；農民的計畫與投資是在作物週期與生命週期上，且以防老上的投資為優先考量，除了考量長期與短期投資，農民還必須選擇公共和私有上的投資，也就是決定投資在小孩、動物、土地和其他個人或家庭物品上，另一方面則是把剩下的錢經由農村花在保險、福利計畫或者是農村改善上（Popkin 1980: 422-423），作者以為越南自 1975 年統一後至今的歷史脈絡，以 Samuel L. Popkin 政治經濟分析此階段的農民生活，會比採用道德經濟更合適與貼切（Brocheux 1983: 802）。

本文依同奈省保平阿德叔（化名）家庭成員的訪談內容，勾勒出此家庭在咖啡種植時的生計狀況以及家庭的生計變遷，另以農民貧窮並且不願冒險，從邏輯上或事實上並不意味著他們沒有進行投資的觀點（Popkin 1980: 423），來探究此華人農民家庭在歷經越南統一、中越戰爭、革新政策、土地使用權私有化、以及越南融入全球經濟體系等不同政治經濟背景，在作物週期以及生命週期上所進行的風險性投資；採用的內容為 2007 年至 2023 年間訪談或是觀察的紀錄，訪談地點為越南同奈省與臺灣臺南、雲林等地。

二、越南華人農民家庭的投資

(一)冒險遷徙:1982 年代初期從高原移居至華人居多的同奈保平

> 我們剛搬來這裡時,這裡還是叫保平,那時候這附近大多都是樹,我記得我們是用了兩錢黃金買了這塊一畝大的土地,當時上面已經有種些玉米了,那時候我們大都吃玉米,白米吃的比較少,我們把白玉米放到去殼機去殼,脫好皮之後就煮粥吃,那時候米吃的很少,早上和中午都是玉米粥,到了晚上才會煮飯吃;剛搬到這裡時,我爸爸和我到離家附近約五公里的山上,砍木頭回來蓋房子,我跟爸爸去砍樹時,還曾看到大象的腳印,蓋房子的時候,住在附近的姨婆、叔叔們就會有人過來幫忙蓋房子,我們先確認好哪一天要蓋房子,說好後他們就會找人來幫忙。(阿德叔大女兒,2018 年 12 月 12 日)

阿德叔的大女兒和二女兒是家裡經濟的主要助手,特別是大女兒,因為年紀較長,剛搬到同奈保平時大概是十來歲,跟著阿德叔幫忙,除了砍樹木、蓋房子外,連水井都要挖。

> 種田最辛苦的就是挖水井,那個水井大概寬有 2 至 3 碼,深大概有十幾米,剛開始種咖啡的時候,咖啡還小,用水不多,就先挖個 5 碼,若是水井有水,而且水夠用,就等明年再挖,挖水井的時候,大概挖到 2-3 米深的時候,碰到石頭,那時就要用炸藥炸掉石頭,上面都是土的時候,我就用手挖,碰到石頭層時,就在石頭那敲

出一個洞，把從越戰未爆彈取出的粉放到啤酒罐後，再將啤酒罐塞到石頭的洞裡，去買引信回來之後拉線，人要跑到很遠，按爆炸引爆，隔兩天後再到井下面把碎石頭撿上來。我們挖水井的時候，叔叔也會過來幫忙挖，等到叔叔家要挖水井的時候，我們再去幫忙，那時候做什麼事情都是互相幫忙的。（阿德叔大女兒，2018 年 12 月 12 日）

（二）風險投資：改種咖啡

1987 年全世界有 30 個國家的咖啡產量超過越南，在 1989 年時越南的咖啡產量僅占全球的 1.2%，十年後則提高到 12.4%（Doutriaux et al. 2008: 528），在 1980 年代越南咖啡產業發展以 Robusta 為主，Robusta 適合在越南南部高溫度及濕度下種植，以大量的水灌溉，使用礦物性肥料在全日照下生長（Flavia Maria de Mello & Celso Luis Rodrigues Vegro 2011）。在 1980 年代初從嘉萊省百里居遷居到同奈省保平的阿德叔一家人，剛到保平時先是種植玉米和稻米，直到 1985 年，在咖啡種植風潮以及經濟因素的考量下，才開始種植咖啡。

阿德叔的土地土質層厚度只有三公尺，土壤是黑土，並不是適合種植咖啡的紅土，土質層三公尺以下都是岩層，這樣的土地，其實是不適合種植咖啡，不過當時在經濟效益考量下，看著種咖啡的親友們都賺錢了，還是冒著各種風險改種咖啡。

1975 年解放後民不聊生，因此大家看哪裡可以生存的就移居，而不是政府的計劃。剛開始種植咖啡的時候有賺，因為土地還很肥沃，種下去後產量就出來了，投資又很少，以前一畝地的產量約有

3 噸咖啡豆，那時候確實有因為種咖啡而賺到錢。（阿德叔，2018 年 2 月 9 日）

剛開始種咖啡的時候，我們到春祿[1]舅公那裡拿咖啡種子，舅公大概早我們 10 年種咖啡，我還去舅公那裡幫忙收咖啡，我們去拿種子回來種，等咖啡苗長大後，再放到袋子裡讓咖啡長大，剛開始種咖啡的時候很辛苦，要 3 年左右的時間咖啡才能收成，差不多 5 年才有比較多的咖啡可以收，所以咖啡還小的時候，就在旁邊種些玉米、黃豆和綠豆，等咖啡長大後，就不再種玉米、黃豆和綠豆了。舅公種咖啡的時候，價格很好，我們剛開始種的時候，價格也好，當時的物價也不貴。種咖啡很辛苦，要買很多肥料，如果肥料錢不夠的時候，我們就要去借，那時候沒錢借就借咖啡豆，年頭的時候借 100 公斤，年尾的時候就要還 150 公斤，還 150 公斤還是彼此有點認識的行情，如果是借黃金，借 1 錢就要還 1 錢半，也要看咖啡豆和黃金的漲跌價格，如果還錢的時間價格漲的話，那就要還更多錢了；那時候還沒有銀行可以借錢，雖然也有些咖啡收購商可以借，但是不認識的話，也是不會借給我們，他也會怕我們不還，我們大都是跟鄰居借比較多，當時政府並沒有來收咖啡的稅，不過會收土地稅。（阿德叔大女兒，2018 年 12 月 12 日）

（三）投資買農地與興建水泥屋

越南 1993 年土地法第 5 條：穩定使用土地的人，應進行審核並由國家授權機構授予土地使用權狀；1993 年的土地法規定，農業用地和

1　屬同奈省錦美縣，在保平附近。

居住用地可以進行轉換、轉讓、繼承、抵押、出租等。1997 年 17 號議定書：新的土地使用權狀可以允許買賣、交換、租賃。

1996 年的時候，阿德叔在堂兄的介紹下在林同省保林縣買了 1 畝多的咖啡園，那原本是原住民的土地，因為原住民種植了一、兩季的稻米後，認為土地已經不肥沃了，就把土地賣給京族人，原住民自己就到別處去開墾，阿德叔買這塊地的時候，京族人已經在上面種些咖啡了，阿德叔的長子在 1996 年從學校畢業後，就負責這塊土地的耕作，阿德叔自己則去到高原從事原木砍伐運輸的工作，增加收入。

> 以前我們的屋頂是草做的，旁邊則是木板，屋子的梁柱是木頭，梁柱已被白蟻啃食蛀壞，我很怕房子倒掉，就跟爸爸說要蓋間房子，當時家裡的咖啡收穫量較少，妹妹留在家幫忙就夠了，我想到胡志明市去打工，另外增加收入，弟弟在林同省的咖啡已有收成，再加上保平家裡也有些咖啡收成，收入來源多了一些，我就跟爸爸要求興建水泥屋，即使沒什麼錢也要蓋！就跟銀行先借一點錢回來，先蓋房子，在 2004 年房子蓋好了，隔一年年底我就嫁到臺灣了，我常開玩笑說，如果 2004 年沒蓋房子，我先生到我家看到房子時，可能就不敢娶我了。（阿德叔大女兒，2018 年 12 月 12 日）

（四）下一代的教育：學習中文

阿德叔要求兒子們要學中文，越南學校下課後，就要到中文補習班去學中文，也讓最小的女兒到臺灣念高職的建教合作課程，因為阿德叔認為，很多臺灣企業到越南建廠，學好中文後，比較有就業機會。

我從小就不喜歡讀書，但是媽媽一定要我去學中文，也因為我有考到中文認證，口說中文還可以，所以我到工業區找工作時，就到臺灣工廠擔任翻譯，即使我學得是簡體中文，臺灣工廠也是可以接受，我 2005 年的時候先到平陽省美福工業區的一間家具廠工作，那時候臺灣籍廠長要對全部員工訓話時，都會找我去翻譯，翻譯要把主管講的話翻好，不能講到讓工人生氣，有時廠長生氣講的話不好聽，我就要翻得好聽一些；2007 年我到同奈省仁澤工業區的臺資工廠工作，因為當時公司剛到越南建廠，本來公司讓我當總務，但是我喜歡在現場工作，辦公室的工作，我靜不下來，做不來，公司就培訓我當現場幹部；2008 年我到臺灣工廠培訓了半年的時間，我和 4 名越南人到臺灣工廠受訓，因為我會講中文，可以翻譯，可以和公司溝通，回到越南後，公司的同事就選我當工會主席，現場工人或是臺灣籍、大陸籍的幹部常常會找我去協調處理工作上的問題。(阿德叔的四兒子，2019 年 10 月 15 日)

2008 年爸爸在村裡聽到可以去臺灣念書的消息，就要求我到臺灣去念建教合作，我不是很想去，但是因為大姊在臺灣，有問題的話可以請大姊幫忙，比較放心一點，去臺灣之前我不會說中文，在臺灣念書三年，中文進步很多，聽、說、讀、寫都可以，回到越南後我到中國公司當採購，也幫中國幹部翻譯，後來，有人介紹我認識一位在越南工作的臺灣男性，我們交往一陣子後就結婚了，結婚生小孩後我都住在越南娘家，有媽媽幫我顧孩子，我比較放心，我臺灣的公公和婆婆也認為先生在越南發展比較好，所以結婚至今約八年，除了先生休假回臺灣之外，我們都留在越南生活，預計等孩子念幼稚園時就要回臺灣了，畢竟我的公公和婆婆很重視小孩子的教

育，我女兒 4 歲了，現在都說越南語，不太會說中文，我先生是滿擔心的。（阿德叔的小女兒，2023 年 4 月 2 日）

（五）下一代的跨國婚姻：越南華人女性與臺灣男性通婚

阿德叔的三個女兒陸續在 2005 年至 2015 年間與臺灣人結婚，會有這樣的決定是阿德叔和妻子認為臺灣生活條件比越南好，女兒嫁到臺灣會比跟越南華人結婚好，況且，臺灣人也是華人，再加上阿德叔的婚姻觀念「女兒寧願嫁給越南華人的乞丐，也不可以跟越南人結婚。」所以，即使阿德叔夫婦沒有到過臺灣，也不認識臺灣人，也同意女兒們冒險與臺灣人結婚。

我爸媽很辛苦啊！我不想讓他們傷心，所以我如果沒有嫁來臺灣，也是會嫁給當地的華人，華人有一句話說，嫁雞隨雞，嫁狗隨狗，我們華人女生嫁出去就是屬於丈夫那邊的人了，在夫家發生什麼事情，也是在夫家那邊處理，和娘家這邊沒有什麼關係的。（阿德叔大女兒，2018 年 12 月 12 日）

（六）子承父業：長子接掌家業

2019 年阿德叔因病過世，原本都是阿德叔在做主的家，在兄弟姊妹與母親的商討下，決定請在林同省種植咖啡的大哥與大嫂，結束在林同省的咖啡種植事業，返回同奈保平與母親一起生活，阿德叔的五個兒子裡，也只有大兒子和阿德叔一樣務農且在農忙閒暇時，從事農產品運輸，其他四個兒子都是很早就到附近的工業區工廠工作，也都表示過務農很辛苦，不想留在家裡務農。

> 父親過世後，家裡就只剩下母親了，我們幾個兄弟姊妹決定放棄繼承，把原本是父親的土地和存款都留給母親，我們請大哥和大嫂一家人回來同奈與媽媽同住，照顧媽媽，家裡的咖啡和作物也需要照顧，大哥本來就務農，再加上媽媽也想跟大哥一起住，所以大哥將林同省咖啡園出租後，就和大嫂與小兒子回到同奈省和媽媽一起生活。我們幾個兄弟姊妹，多多少少都會資助大哥在家裡的事業，2020 年大哥和朋友合作土地仲介事業，我們幾個兄弟姊妹都有投資，在政府打壓房地產前確實有賺到一些錢，但是 2022 年因為政府的打房政策，就沒有任何交易了。（阿德叔的四兒子，2023 年 10 月 10 日）

（七）中資資助創業：下一代的從商之路

阿德叔的第三個兒子，因為在胡志明市從事金屬加工設計工作多年，累積相關產業工作經歷，再加上可以用中文和中國人溝通，在中國人的資助下成立公司，從事金屬加工以及相關設備與零配件的買賣，並且邀請弟弟和妹妹一起加入經營。

> 我差不多在 2004 年就到胡志明市工作了，我一邊工作一邊學工業製圖，我在一間中資工廠工作，常常公司會派我到中國上海去出差，後來有個中國老闆想在越南開一間公司，讓我負責這間越南公司，一開始我做金屬製品的加工工廠，但是因為我在這個產業待久了，很多中國人和越南人都信任我，請我幫忙解決設備問題或是模具問題，就這樣我在 2016 年就開了一間貿易公司，從中國進口設備和模具到越南來，我的老闆在中國，我在越南有客人需要設備或

是零件，我就請中國那邊發貨過來，越南這裡需要金屬加工的案子，我就讓弟弟去接單，我弟弟的技術也可以了，可以做金屬加工生產，現在金屬加工廠就讓弟弟去經營，有些文書作業我就請我的妹妹幫忙做，她從臺灣回來後，中文變好了，也有在中國工廠做過採購，現在家裡帶小孩，有空時可以幫我處理一些文書作業。（阿德叔的三兒子，2023 年 4 月 2 日）

（八）作物改種：土地老化、種植咖啡投資成本高

因為種植咖啡的經濟效益不佳，2018 年阿德叔夫婦便不再種植咖啡，拔掉老的咖啡樹，逐漸改種波蘿蜜，因為波蘿蜜不太需要照顧，收成後先取出波蘿蜜果肉，再交給當地的食品加工廠製成波蘿蜜乾，2023 年 4 月整顆波蘿蜜的收購價是 1,000 VND/Kg，而果肉的收購價則為 7,000 VND/Kg，家裡波羅蜜收成後，大嫂會將果肉剝出來交給附近的食品加工廠，若附近農戶需要臨時工幫忙，大嫂也會過去幫忙，打零工一天工資約 40 萬越盾。

這幾年村子裡不再種植咖啡，連胡椒也不種了，都改種波蘿蜜了，這裡的咖啡產量小，因為土地老化沒有養分，這幾年，這裡的家家戶戶都改種波蘿蜜了。（阿德叔的大兒子，2023 年 4 月 2 日）

（九）村民合資鋪路

阿德叔的家是蓋在咖啡園裡的，第一次拜訪阿德叔家是在 2007 年，那時候前往住家的路是機車騎出來的越野路，將近一公里的路況是泥土夾雜著石頭，還偶有灌溉水流過崎嶇不平的路面，農作物與雜草夾

雜生長，路寬就是一臺機車可以通行的大小。2017 年，會用到這條路的村民集資約 5,000 萬越盾，鋪造一條汽車可以通行的水泥路，一起改善了村裡的馬路狀況。

三、結論

儘管農民們關心當下的生計，還是會進行長期（像是安排小孩學習中文、為長子購置田地）與短期投資（借錢購買種植咖啡所需的肥料），所以他們會進行風險投資或賭博。有時候，當一個人走上經濟階梯時，將會有少量的盈餘可以用來賭，以期能夠更上一層階梯，只要這筆小錢損失也不會影響到原本的地位時，那就會賭上這筆錢，以換取前進的機會（Popkin 1980: 424），此越南華 人家庭以兩錢黃金在新的居住地買了塊地耕作，跳脫了在嘉萊省的合作社生活；接著以套種作物的方式，以玉米、綠豆以及黃豆等作物降低剛改種咖啡時無法收成的風險，為了讓咖啡收成好，以借貸的方式投資購買咖啡種植所需要的肥料，接著又在種植咖啡有所盈餘後，另外投資添購土地種植咖啡，在有更多的收入來源後，就籌畫換掉原本的草屋，沒有錢就向銀行借來蓋房子，那是理性農民的冒險。隨著下一代的成長，安排下一代學習中文、為長子購置咖啡田、同意女兒與臺灣人結婚，除了讓下一代有更好的物質生活，也為自己的老 年生活鋪路，誠如阿德叔妻子經常掛在嘴邊的：「我老了，只能靠小孩養我了。」

參考文獻

Benedict J. Tria Kerkvliet. 1995. "Village- State Relations in Vietnam: The Effect of Everyday Politics." *The Journal for Asian Studies*, 54(2): 396-418.

Dung Vu, & Minu Tuan Tran. 2020. "Psychological changes of Vietnamese farmers in the context of implementing market economy." Paper presented at E3S Web of Conference 175, 10007(2000). INTERAGROMASH 2020, February 26-28, Rostovon-Don, Russia.

Flavia Maria de Mello, & Celso Luis Rodrigues Vegro. 2011. "Coffee, Basic Income and Citizenship: Parallelism Among Brazil, Uganda, and Vietnam." *Journal of US-China Public Administration*, 8(2): 136-145.

Jeffery M. Paige. 1983. "Social Theory and Peasant Revolution in Vietnam and Guatemala." *Theory and Society*, 12(6): 699-737.

Pierre Brocheux. 1983. "Moral Economy or Political Economy? The Peasants are always Rational." *The Journal for Asian Studies*, 42(4): 791-803.

Samuel L. Popkin. 1979. *The Rational Peasant: The Political Economy of Rural Society in Vietnam*. London, England: University of California Press.

_______1980. "The Rational Peasant: The Political Economy of Peasant Society." *Theory and Society*, 9(3): 411-471.

Sylvie Doutriaux, Charles Geisler, & Gerald Shively. 2008. "Competing for Coffee Space: Development-Induced Displacement in the Central Highlands of Vietnam." *Rural Sociology*, 73(4): 528-554.

Thomas Markussen, Maria Fibæk, Finn Tarp, & Nguyen Do Anh Tuan. 2018. "The Happy Farmer: Self-Employment and Subjective Well-Being in Rural Vietnam." *Journal of Happiness Studies*, 19: 1613-1636. https://doi.org/10.1007/s10902-017-9858-x/.

Tran Thi Thu Trang. 2010. "Social differentiation revisited: A study of rural changes and peasant strategies in Vietnam." *Asia Pacific Viewpoint*, 51(1): 17-35.

Yuk Wah Chan. 2018. "'Vietnam is my country land, China is my hometown': Chinese communities in transition in the south of Vietnam." *Asian Ethnicity*, 19(2): 163-179.

第六章

從量變到質變：泰國民族主義下的華人政策與華文教育

劉漢文 *

一、民族主義經濟政策下華文教育發展動能的弱化

1939 年 6 月，鑾披汶政權將國家名稱由傳統的「暹羅」（Siam）改為「泰國」（Thailand）（外交部檔：020-010401-0011）。1941 年起，鑾披汶陸續在泰文媒體上發布總數共 11 次的《唯國主義條例》，訓示泰國人民此後不分種族，要以「泰」成為一切事物的中心指標（外交部檔：020-010401-0054）。舉凡國家、民族、語言、文化等等，都要建立在以泰族為中心的「泰國」利益之上，而對非泰族的其他族群則以此概念為中心進行強制性的文化同化及政治認同措施（外交部檔：020-010401-0011）。在泰國的非主流族群中，人數最多且掌控經濟勢力最大的泰國華人社群，在此狹隘的極端民族主義政策下，首當其衝地蒙受了嚴厲的限制及壓迫（Supang Chantavanich 1997）。事實上，從泰國民族主義發展的性質及對象來看，鑾披汶政權執政時期泰國的民族主義是一種向內

* 國立暨南國際大學東南亞學系博士生

要求統一國家意識的「國家主義」，與過去半個世紀面對西方資本主義勢力的威脅時所要向外建立的「民族主義」略有差異（戴維 K. 懷亞特 2009）。在此種政治意識形態的主導下，在泰國掌握經濟影響力及隨時有可能受到中國國內政治活動左右的華人社群，很自然地就成了鑾披汶獲得泰國人民支持的犧牲品（外交部檔：11-EAP-03543）。

鑾披汶執掌國家實權後，為了貫徹他的親日政策及降低泰國華人社群與中國政治勢力的連結性，開始透過一連串的新法規將經濟權力逐漸從泰國華人社群手中轉移到泰族人手中（戴維 K. 懷亞特 2009）。鑾披汶執政後就開始設立一批由政府官員直接管理的國營公司，如泰國米業、泰國輪船、泰國物產公司等等，通過國家資產支撐的優勢，企圖使泰國華人所經營的企業喪失競爭力（中山大學東南亞歷史研究所 1987）。此外，在較偏遠的區域興辦許多傳統上由華人經營的產業，如榨糖廠、橡膠廠、皮革廠及造紙廠等，通過推動經濟管制政策將華人的企業合併到國營或官營企業中，企圖逐步降低華人社群在產業界的影響力（外交部檔：11-EAP-03543）。但許多傳統上由華人經營的產業，因為泰族人沒有經營經驗和管理概念，開辦不久後就面臨資金或經營的問題而陷入困難。其次，為了阻斷華人社群與中國政府間持續的政治及經濟連結，泰國在 1938 年公布實施了《統制募捐條例》，嚴格限制華人社群內部進行任何金錢募捐活動及資金流動（外交部檔：020-010499-0072-0051a/0058a）。隔年，再公布《外國貨幣運帶入境條例》，應是針對當時中國所發行的法幣所實施的管制措施（外交部檔：020-010499-0071-0053a/0054a）。此兩法雖是意圖在切斷泰國華人社群對中國國內政治活動的資金援助及阻絕華人社群的私人募捐行為間接地擾亂泰國的經濟秩序，但卻在很大的程度上影響了泰國境內華人社群組織的正常運作（外交部檔：020-010499-0072-0007a/0008a）。此外，由於私人捐款向來為華文學校重要的經費來源，其中貨物捐、月捐及特別捐三項甚至被泰國統治階層視為勒索徵收與侵犯泰國主權，因嚴重違法而遭到嚴厲禁止，也使華校的經費問題更形嚴重（外交部檔：020-010499-0072-0038a/0040a）。此兩法的實施也使得原本已經遭受嚴格限制的華文學校，再遭遇到極大的經營困境（外交部檔：020-010499-0072-0011x）。而關於工作機會，執政當局也制定了保障泰族人的區別性法規。1941 年起陸續公布了《保留職業條例》，將 27 種職業限制為保留給泰族人，除泰族人外一律不得從事。此外，將某些行業也列入管制，強制華人不得經營，如：餐飲、鹽業、捕魚、屠宰、碾米、錫礦、菸草及橡膠業等（外交部檔：020-010408-0087）。不過，此項條例在 1944 年至 1947 年民主派執政期間，曾引起泰國統治階層間不同的意見，經過國會辯論後暫停執行，使華人社群的產業經營稍稍獲得一段喘息的時期（外交部檔：020-010408-0087）。

鑾披汶政權通過減少華人可經營產業類別及劃設所謂「職業保留區」專予泰人居住與專營某些產業，試圖以此降低華人對泰國經濟的影響力（外交部檔：11-EAP-03542）。但事實上其所實施的各種限制華人產業的措施，不但嚴重影響了華人社群的經濟和生活發展，同時也嚴重地損害了泰族人的日常生活秩序。因為華人移居泰國時間已超過幾個世紀，華人的生活早已和泰族人融合在一起，無法僅靠此種強制性的法規就輕易區隔。同時，華人在傳統上經營各種商業活動，提供泰族人生活所需的一切及便利，兩個族群早已形成一種分工互補的生活型態，互相影響至深。鑾披汶政權為了要提倡極端民族主義及防止共產主義在泰國傳播，制定許多針對華人社群的教育法規及限制移民措施，企圖阻斷中國的政治勢力透過泰國華人社群滲透進入泰國（外交部檔：11-EAP-03543）。此外，軍派勢力計畫通過「國有化」的措施將華人社群所創造的巨大經濟利益轉移到自己身上來加以利用，結果多數遭致失敗而日漸引發泰國華人社群對統治階層的不滿情緒，不但沒有達到加速華人社群融入泰國社會的預期目標，反而在泰國華人社群中激發出一股轉而向中國政治勢力尋求協助的呼聲（反攻報 1935）。同時，泰國政壇也在其後民主派短暫執政期間，出現對泰國華人社群與中國政治勢力之間關係的思考與辯論。這可說是泰國統治階層對泰國華人國家地位的思考及其與中國政治勢力之間關係切割認定的初始，也可以說是 1957 年極端民族主義逐漸消退後，泰國華人社群快速融入當地社會的第一步（外交部檔：020-010401-0064）。對於許多過於針對性的排華法案，在鑾披汶政權第二次執政時也開始出現了反對的聲音，認為這些措施會破壞泰國與已建立邦交關係國家間的友好狀態，也會使泰國身受其害。這應該是泰國政界對華人社群地位認定的新思考（外交部檔：020-010401-0063）。

二、統一民族意識的持續推動與華人移民政策的緊縮

隨著日軍在戰場上的逐漸失利，鑾披汶政權也開始承受可能成為戰敗國的壓力。終於，在 1944 年 6 月，鑾披汶在泰國國會遭到半數以上議員投下反對票而辭職下臺。鑾披汶政權的結束，標誌著泰國軍派民族主義以提倡極端的「大泰國主義」對華人社群的限制及壓迫的暫時結束（外交部檔：020-010401-0064）。同時，也讓泰國華人社群瞭解到一個事實：華人社群要世代安穩地居住在泰國，就要真正融入並認同泰國的文化及價值觀，並且要將泰國當成自己所屬的國家來考量（外交部檔：020-010408-0092-0065a/0068a）。要當一個泰國人而不必然要當一個泰族人，如此才是華人社群在泰國能安居樂業的唯一方法（外交部檔：

11-EAP-03543）。

在民主派所職掌的「自由泰」政府於 1944 至 1947 短暫的三年執政後，全體泰國人面對的是軍派勢力再度抬頭及鑾披汶的第二次上臺掌權執政。鑾披汶的第二次重掌政權，意味著對泰族人保障及對華人社群壓制政策的強化（外交部檔：020-010408-0087）。泰國華人社群面對的，是繼續其極端民族主義主張及更加嚴格限制華人社群發展的鑾披汶政權（上海大公報 1948）。除了再次恢復過去三年遭到民主派廢止的《保留職業條例》，也更加嚴格地執行限制華校發展的教育法規和加強移民進入泰國的管制（外交部檔：11-EAP-03543）。但恢復施行之《保留職業條例》將過去所列的 27 種行業減少至 10 種，且其中只有理髮業及駕駛出租三輪車業對華人較有影響，其餘皆為傳統上泰人較常從事之行業（外交部檔：020-010408-0088）。新移民政策的結果主要顯現在移民額度方面，明文規定華人每年移民數量上限為一萬人（外交部檔：020-010408-0098-0036a/0038a），且必須符合先前所制定的《移民法案》規定，除了提高原先的入境人頭稅由四銖漲至九銖，另有不論男女老少須接受強制搜身等規定（外交部檔：020-010499-0073）。此外，欲移民入泰國者必須要有識字能力、具有技能可獨立生活與沒有砂眼疾病等條件，這些法規使得華人「新客」的增加速度大大地減緩（外交部檔：020-010402-0013）。此外，通過將某些華人聚居處劃設為軍事用地，強制華人社群離開原有居住地，致使該地的華人多數難以維生（外交部檔：11-EAP-03542）。在民生經濟方面，通過制定及施行《防止營業過分牟利條例》，將國內重要民生物資改為政府所頒布的公定價格，若有與政策相悖者，即加以逮捕並驅逐出境（外交部檔：020-010404-0046）。此條例一出，華人從事日常生活用品之經營者，尤以食品為最，動輒觸法遭遞解出境者日漸增加（外交部檔：020-010404-0046）。從減少移民數量及使華人經商困難度增加兩方面著手，使政治及社會環境即使在中國政府不斷提出抗議的情形下，都更有利於泰國統治階層對華人社群的控管與進行「強制同化」（外交部檔：11-EAP-03543）。值得注意的是，《職業保留條例》的實施雖然對華人社群的營利謀生產生了一定程度的衝擊，但是實施此條例對泰族人究竟是利是弊，在泰國統治階層及一般民眾間也產生了許多不同的聲音及意見（外交部檔：020-010408-0087）。此外，第二次執政的鑾披汶，考量到對華人社群過於嚴厲的壓制措施或許會對自己的執政帶來不利的影響，對華人社群的態度似乎也出現了些許鬆動，試圖以「愛國意識」來獲取華人社群對他執政時所採取的許多政策有所理解與接受（外交部檔：11-EAP-03400）。

1949 年以後中國國內的軍事競爭告一段落，政治情況進入穩定之後，中國民族主義對泰國華人社群的影響力也開始逐漸降低。過去的民族主義轉變為政黨意識形態的認同，華人社群在百年的泰國民族主義發展過程下，也開始積極走上成為廣義的「泰國人」而不是成為狹義的「泰族人」的國家認同道路。而泰國華人社群在經歷數十年「無邦交下的棄民」困境後，也開始積極要求中國政府通過合法建立外交關係來對海外僑民的身分地位及身家財產有所保障，華人的身分不再是一種意識形態下的認同，而是要有法理根據上的依歸（外交部檔：020-010402-0016）。而中國政府也開始勸導泰國華人社群要遵守泰國國家法規，以保障身家財產與安全（外交部檔：020-010499-0072）。泰國華人社群在經歷強勢的壓制氛圍與歧視性措施後，正在朝向心態調整與文化融合的道路前進。

三、私有教育的納管與華文教育的分段式公有化

泰國統治階層有意識地對華文學校採取具體的管制措施，起於國王拉瑪六世。當時因為國王本身強烈的民族主義意識，以及擔憂泰國華文學校受到中國民族主義的影響，將無可避免地成為教育及宣傳中國政治思想的場所與途徑，所以在 1918 年頒布了《民立學校條例》，將所有官方及非官方經營的學校一律納入泰國的國家教育體系之下加以管理（外交部檔：11-LAW-00260）。這個條例的頒布，有兩個主要目的：其一是對當時泰國境內為數眾多的私人學校進行瞭解並加以系統化的管理，以建立統一的國家教育體系。其二是藉由將初等學校納入法規的管理範圍內，進行統一民族思想的培育，防止有礙泰國民族統一思想的傳播，並藉由國家的輔助統一提升全民的教育水平（寸雪濤 2006）。在此之前，基本上在泰國興辦學校享有極大的自由，泰國官方不會主動介入學校經營及管理，採取一種自由放任的態度（鷲津京子 2011）。《民立學校條例》其內容大致如下：校長必須具備高中以上的泰語能力、學校的辦理必須向泰國教育部登記並接受管理、所使用的教材必須經過泰國教育部審查核准、要培養學生忠誠於泰國的思想、學校的教師必須通曉泰語及每週必須教授一定時數以上的泰語等等（外交部檔：020-010405-0014-0027a/0042a）。

由於此前在泰國興辦華文學校從未受到限制，加以當時在中國民族主義的影響下泰國先後成立的華文學校為數眾多，法規一頒布就受到泰國華人社群的抗議，但大部分的華校卻並未採取強烈反抗的態度。從華校增加的速度來看，1915 年左右泰國全境教授華文的學校僅有 12 家。1921 年增加至 30 家，三年內就成長了一倍以上。到了 1928 年泰國全境已有 188 家教授華文課程的學校。到 1932 年時，華文學校的數量已

達到200家左右（洪林、黎道綱 2006）。從泰國華文學校數量在短時間之內增加的速度如此之快，至少可以看出兩點事實：其一，20世紀初以後泰國華文學校的發展確實和中國國內的政治活動有密切的關聯。其二，泰國官方雖然制定了有關教育辦學的相關法規，但並未嚴格執行而華人社群似乎也未將此類措施視為針對華人的歧視性的法規，只是針對發展自由的限縮稍加表示反對與不滿。但這卻讓泰國統治階層看到了中國國內的政治活動對泰國華人社群的影響力，並意識到如繼續對泰國華人社群興辦教育不加以控管，帶有強烈政治色彩的華文教育將嚴重威脅泰國民族主義的統一性及不可挑戰的國家地位（外交部檔：020-010402-0013-0061a）。

在泰國民族主義形成與發展的過程中，泰國逐漸形成了一種以泰族文化為中心的單一語言政策。1978年以前，泰國的語言政策基本上採取「泰語」及「外語」的二分法，將國內所有非泰語的語言族群都歸入泰語的範疇內，以執行徹底的「單一語言」政策。1978年之後，泰國國家教育單位將傳統的「二分法」改變為「四分法」，以適應實際狀況的需要。改變之後的語言分類，包含國語（標準泰語）、外語、區域語（泰語方言）及少數民族語言。在此標準之下，原先被歸類為外語的高棉語、馬來語、越南語和北部山區少數民族語言得到語言地位的確認，被重新歸類為泰國境內的「少數民族語言」。但是，在泰國境內使用人口數量相對較多的華語，則沒有得到任何明確的定位確認。從早期受到政治影響所做出的法規限制，到後續的語言政策確認，都可以看出泰國統治階層對華語文及華人社群所潛藏的「可能威脅性」始終戒慎恐懼，也使得泰國華文教育的發展困難重重，幾無復興的可能（譚曉健 2015）。但泰國華文教育的持續發展緩慢，除了泰國官方有計畫的限制壓抑，部分原因也導因於華人社群對興辦華文教育的後續動能不足所致。

為了消除阻礙泰國統一民族思想形成的因素，1921 年泰國教育部再頒布《強迫教育實施條例》，進一步將 7 至 14 歲的兒童全部納入泰國國家基礎教育的管理之下，除了原本的提升全民基礎教育水平的目的，還有避免泰國出生的兒童過早地受到非泰國民族思想的影響而影響到泰國的統一民族思維（外交部檔：11-LAW-00260）。此條例一出，受到影響最大的當然還是華人社群所興辦的華文學校。因此，華人社群對法規的頒布反抗較為明顯而強烈，直到國王拉瑪七世親自巡視首都曼谷 4 間華文學校，讓泰國華人社群瞭解政府採取這些教育措施的用意，才讓泰國華人社群的不滿稍稍平息（外交部檔：020-010402-0013-0118a-0120a）。不過，華人社群對《民立學校條例》雖有反抗及不滿態度，但法令公布實施後除了少數學校以外，大部分的華文學校都向泰國教育部進行了登記（郁漢良 2001）。可以看得出來泰國華人社群對華校納入國家教育體系之下接受管理也並非全然無法接受，只是關於部分法規細節仍希望能跟教育單位再進行溝通。而事實上，泰國官方也考量到此一法規在短期要收到成效在實行上確實有困難，所以《民立學校條例》其實一直延到 1932 年之後才真正開始實施（Victor Purcell 1968）。

從《民立學校條例》頒布後華人社群的反應可以推斷，當時泰國的華人社群也認同實施此類條例有其正面的意義及作用（外交部檔：020-010402-0013-0097a/0098a）。一方面可以讓國家教育有統一的形式與內容，另一方面可以使政府對各地私人興辦學校的狀況有清楚的瞭解，同時在某個程度上私人學校也可以接收到來自政府的教育補助，解決部分的學校經費問題。這種願意配合泰國國家教育政策，但執行細節仍希望能再溝通的反應態度，基本上持續到鑾披汶政權第二次執政結束都沒有很大的改變（暹羅正言日報 1948）。也就是說，關於興辦華文教育的態度，泰國華人社群已逐漸朝向成為泰國國家教育體系下的一部分發展，而且是在沒有當時的中國黨務機關介入學校經營的情況之下（新加坡南僑日報 1949）。在 1932 年泰國發生不流血政變，泰國極端民族主義登上政治舞臺強力推動泰國的統一民族意識形態之前，泰國領導階層對華文教育的管制都還是相對寬鬆的，執行上並未嚴格要求，提醒的意味大於實質上執行法律的意義（李屏 2012）。從泰國官方對華校數量的統計數據可以看出直到 1939 年之前泰國華人社群及泰國官方對執行強制性教育法規的態度：1934/35 年華校總數為 193 所，1935/36 年為 191 所，1936/37 年為 224 所，1937/38 年為 233 所（施堅雅 2010）。由此一數據變化可以合理推斷，中日之間關係的惡化已逐漸降低中國的政治勢力對泰國華人社群的影響，間接形成華人社群向泰國官方政策靠攏的態度，所以華校的數量在 1937/38 年達到第一次高峰，這一年是中日戰爭爆發的時間，同時也是鑾披汶政權第一次掌握政權的前一年。其次，華人社群中所醞釀出「配合」官方政策的氣氛，也使得泰國民族主義份子對華人社群的不滿情緒得到緩解。這也顯示了泰國統治階層與泰國華人社群正在「同化」與「歸化」之間尋求平衡點（外交部檔：11-LAW-00260）。

1932 年政變成功以後，泰國民族主義的發展進入了高峰期。發展一致的、忠誠於泰國的、對其他民族主義思想不可容忍的泰國民族主義成為唯一的主流意識，《民立學校條例》與《強迫教育條例》卻仍未嚴格執行。直到鑾披汶政權在「大泰國主義」思維及發展泰日關係促成國家進步的主導方針下，華文教育才明顯地變成一種會威脅泰國民族主義發展的巨大障礙，是一種不可存在的危險。泰國統治階層開始積極介入對華校的管理與課程的安排，透過對法規的嚴格執行及學習管道的控制，加強對華人社群灌輸泰國國家思想的力道（外交部檔：11-LAW-00260）。同時，對泰國民族主義份子而言，增長速度過於快速的華校及華人人口，也會對統治階層推動「泰族人」的教育普及化與建立統一的「泰意識」造成極大的阻礙（Watson 1976）。1937 年，泰國再頒布《新民立學校條例》，不但要求華文學校要由泰人管理監督，泰文教育及泰國民族主義思想也成為學校教學的主要內容，華文只成為學校教育中可有可無的裝飾品（李玉年 2007）。尤有甚者，一旦華校違反法令規定而遭到關閉及取消執照，將無法再次申請復校及重發設校許可（外交部檔：020-010408-0100-0023a/0082a）。雖然此時期關於華校設置的法規比之前更加嚴厲，華文學校的數量依然呈現持續成長。至 1938 年鑾披汶上臺推行極端民族主義之前，即使在政策性的限制之下泰國的華校中仍有 233 所在法規運作下繼續營運（洪林、黎道綱 2006）。從這一點可以看出：其實到了 1932 年之前，泰國華人社群中仍真正堅持維繫與中國之間的關係而不願配合泰國當地法規的華人應該已屬少數，從當時華校中僅有不到十分之一的學校堅不配合而遭到關閉，可以合理地推斷泰國華人社群中占據多數的「土生華人」已形成了「泰式的華人思維」。而這群帶有新一代在地思維的「土生華人」，在現實的考量下，選擇配合泰國官方的教育政策，讓華校及華文教育接受泰國官方的管理與監督（外交部檔：11-LAW-00260）。1946 年《中暹友好條約》的簽訂，雖然在法規上讓泰國華人社群興辦學校有了依據，但事實上華文教育依然處在低迷的狀態，沒有明顯的復甦跡象（外交部檔：020-010499-0073）。

四、人口結構變化下泰化世代的形成與華文教育的衰退

除了華校接受泰國官方的教育政策陸續註冊成為體制內的教育單位，從泰國華人人口結構的變化也可間接看到，在泰國華人社群中趨向「泰化」的「在地思維」可能早已形成並持續強化。從 1917 年至 1955 年，華人的人口占泰國總人口的比例始終介於大約 9% 到 11%，可以得知出入境及出生或死亡率對泰國華人人口總數的影響並不明顯。但是，從泰國華人的出生地點來看，1917 年出生於泰國境外的華人人口為 349,000 人，而出生於泰國境內的華人人口則為 557,000 人。出生於泰國境內的華人人數約為出生於境外人數的兩倍。到了 1927 年之後推估由於受到中國國內政治混亂及戰爭頻仍的影響，泰國境外出生的華人人數有明顯的增加趨勢。1927 年為 600,000 人，而 1937 年則為 714,000 人。到了 1947 年，泰國境外出生的華人人口數呈現減緩的現象，1947 年境外出生的華人人數為 765,000 人。這可能與當時中國國內正陷入內戰，多數人無法出國也無法回國有關。反觀泰國境內出生的華人人數變化，從 1927 年開始就呈現比較穩定的成長，每年大約以 30 萬人左右的速度增加。1927 年泰國境內出生的華人人口為 733,000；1937 年為 1,020,000 人；1947 年則為 1,359,000 人（僑務委員會 1999）。泰國華人在泰國境內及境外出生的人數變化可以看出兩點影響：第一，隨著在泰國境內出生的「土生華人」人數的增加，勢必對華人社群的民族及文化認同產生影響。第二，當「新客華人」的人數越來越少於「土生華人」情形持續發展，泰國華人社群對於興辦教育的態度也必定會受到影響。對現實考量取向強烈的泰國華人社群而言，「泰化」會是保障經濟利益甚至獲得身分地位的最佳途徑。這可從兩個方面得到證明：其一，1932

年參與政變及其後掌握實權的領導人，很多都具有華人或華裔身分，如民主派的比里・帕儂榮、軍派的披耶拍鳳、鑾披汶及皇道派的披耶馬奴巴功等人。可見泰國華人社群在經過數百年的移民與同化後，已確實和泰國當地泰族人無異，不但掌控泰國大部分的經濟，更進一步執掌政治權力（外交部檔：020-010408-0080）。其二，泰國華文教育發展的盛衰都與中國國內的政治活動關係密切，以「土生華人」為主流的泰國華人社群對興辦華文教育其實並不那麼熱衷。

因此，當 1949 年以後來自中國國內的政治影響力逐漸退場與泰國反共力道的逐漸加強，泰國的華文教育即幾乎失去發展動力而陷入長期一蹶不振的狀態（外交部檔：11-EAP-03359）。泰國華人社群的「民族思維」呈現持續的轉變，泰國民族主義似乎正在逐步為泰國華人族群接受中，華文學校的興辦雖受到限縮，經營及教學內容受到干涉及壓制，但是泰國華人社群已願意朝向遵守泰國國家法規發展（外交部檔：020-010408-0072）。華文的教學雖被限制在最小的範圍內，華人社群仍在以泰族文化為主流的教育體系之下繼續傳播華人文化並同時融入當地社會（外交部檔：11-EAP-03539）。華文教育在 1921 年至 1938 年之間成為泰國民族主義與中國民族主義彼此調適融合的場域，也是泰國華人社群開始真正融入並認同自己為「泰國人」的起始場所。

1938 年鑾披汶的上臺執政，標誌著泰國極端民族主義將成為泰國國家政策的核心概念。由於外交上親日本而遠英美，使得中國與日本關係的惡化成為泰國軍派民族主義勢力限制及壓制華人社群的主因（外交部檔：020-010402-0112-0030a）。華人社群及華文教育的發展都進入最為艱困的一段時期（南京中央日報 1948）。直到 1957 年鑾披汶政府結束執政為止，泰國華文教育在極度遭到壓制的情況下，「泰化」政策下學校性質的改變、經營趨向商業化、師資嚴重不足、缺乏資金來源及學生入學人數大量減少等因素，促使泰國華文教育「自然地」形成慣性衰退的趨勢（鷲津京子 2011）。不過，在鑾披汶政權兩次執政期間，軍派民族主義勢力對於泰國華人社群的主要恐懼來自於共產主義及其思想的散布（南京中央日報 1948）。禁絕華文刊物、關閉華文學校、限縮華人移民數額及限制華人社群發展等措施，其實都是擔心共產主義的影響會隨華人進入泰國（外交部檔：020-010401-0058）。1938 年至 1940 年間在 233 間華文學校中有 164 間遭到政府關閉，另有 51 間自動停辦，而遭到泰國官方查封停辦的華校，其後所出的復辦申請則一律被拒絕，華文學校已幾乎在泰國消失（外交部檔：020-010408-0100-0120a）。根據泰國官方的統計數據，至 1941 年為止，在鑾披汶政權的強力壓制下，泰國全境的華文學校僅剩兩所，且都在曼谷（Watson 1976）。華文學校在此一時期成為極端民族主義及政治鬥爭下的犧牲品。其後在民主派民族主義短暫重新掌有國家權力的情形下與中國的政治勢力簽訂協議，使華人社群所受到的限制獲得短暫的舒緩，華文教育的興辦也稍有復興（外交部檔：020-010402-0010）。但在泰國民族主義地位已形穩固及中國政治勢力介入泰國華人社群事務逐漸減退的狀況下，華文教育在泰國的發展基本上仍是呈現持續衰退的狀況（李玉年 2007）。但此種衰退並不意味著華文教育的完全消失，而是在華文學校逐步成為泰國國家教育體系一部分的同時，華文教育也逐漸退居次要地位，成為泰國國家教育中的「族語教育」或「外語教育」。1946 年《中暹友好條約》簽訂後，泰國華文學校在中國大使館的爭取下，也依照《民立學校條例》的認定資格，開始接受泰國教育部所核發的「教育贊助金」，做為學童的教育及學校設備的經費來源之一。華文學校自此在法理意義上已正式成為泰國教育體系的一部分（外交部檔：020-010401-0058）。

1975 年中國與泰國正式建立外交關係，中斷了數十年的華文教育才又開始有較為「回溫」的現象。但此時的泰國華文教育已不再具有中國海外僑民教育的性質，也不再帶有中國民族主義的色彩，而在很大的程度上較像是實用取向的外語教育（李屏 2012）。不過，泰國統治階層對華人社群的限制政策及法規並沒有因為軍派極端民族主義勢力的下臺而結束。從泰國官方的數據來看，鑾披汶政權第二次執政結束後的 1960 年，泰國境內共有華校 185 所。但到了 1992 年泰國教育部解除對華文教育的教授限制為止，泰國華校的數量卻是不增反減，只剩下 129 所（蔡巧娟 2006）。由此可以看出，泰國統治階層即使經過二次大戰結束將近半個世紀，對華人社群所可能受到來自中國政治勢力影響的疑慮依然沒有鬆動。華文教育依然被視為可能散播中國政治思想的工具而加以限制，而對華人社群所採取的同化政策也依然持續。1992 年開始，經過泰國華人社群組織的極力爭取，泰國教育部終於在內閣會議中修訂相關教育法規，將華文與其他外語列入同樣等級，准許各級學校開設教學（蔡巧娟 2006）。泰國華文教育從第二次世界大戰以來雖不能說恢復興盛的發展，但至此已經算是得到「應有」的地位。但此種「地位」並非將華文看成泰國國內的少數族群語言而加以尊重，而是視為一種帶有非泰族群意識的「外語」。簡言之，泰國的「華文」已經被泰國官方定位為「中文」，而非泰國華人所說的「華文」了。華文的作用，也不再是華人社群傳承文化的載體，而是一種與中國人之間商業交際及溝通的語言工具。

五、結語

泰國近代政治發展下極端軍派民族主義的上臺及親日政策的推動，

使泰國華人社群必須要正視並面對被加速強制同化於當地及認同泰國民族主義的議題。雖然泰國華人社群融合於當地文化腳步數百年來一直未曾停止，但是「土生華人」與「新客華人」在思維模式上的逐漸分離，也造成了華人社群內部的政治認同差異問題（外交部檔：020-010499-0067）。極端民族主義對華人社群所實施的經濟及移民雙重限制政策，加速了泰國華人社群融合於移居國當地社會的速度，而隨著華人被「強制同化」於泰國社會及同時期來自中國民族主義影響的日漸減弱，泰國華文教育也逐漸擺脫階段性的政治性色彩與目的。泰國華文學校的發展並非停止或消失，只是學校的性質逐漸改變。泰國華文教育在泰國民族主義及泰國華人社群「在地思維」的主導下，由暫時性的中國海外僑民教育的地位融入到官方的泰國國家教育組成的一部分，但也使華文教育在經歷過強力限制的艱難時期後，繼續發展的動力相對弱化，產生了明顯的「斷層現象」。

泰國在 1999 年頒布了第一部《國家教育方案》（National Education Act）。這個方案的特殊之處，在於對私人辦學限制的開放與支持。方案條文第 45 規定：「國家應該視所有私人辦學的教育相關單位為國家教育的一部分，在國家教育單位的監督之下，私人教育單位應合法享有辦學的彈性及自由。」（Nation Education Act 1999）法規的制定及頒布看似對泰國境內所有私人辦學單位開放限制，但過去將近 60 年的時間中（1938-1999），在統治階層強力推行泰國民族主義與反共政策的主導下，遭到強力限制興辦教育的族群唯有華人社群而已。從泰國官方制定教育政策開放私人辦學至少可看出三點泰國統治階層對華人社群的態度：其一，泰國統治階層對華人社群在泰國存在的「威脅感」已經消失，華人社群及華文教育已經不再是阻礙泰國民族主義發展的因素。其二，華文已從泰國正規教育中逐漸被泰文與英文取代，難以大規模發展並形成某種意識形態。其三，因為 1979 年之後中國的開放與 90 年代後期開始中國與東協（ASEAN）快速發展的政治與經貿關係，華人社群再次成為泰國與中國之間頻繁往來的「最佳代理人」。因此，開放華人辦學一方面可攏絡長期受到教育限制的華人社群，另一方面也可以為泰國帶來龐大的國家利益，再次體現了泰國政體中以國家利益為優先考量的「兩手策略」模式。

參考文獻

一、外文檔案

國史館藏，《外交部檔》，1918年〈民立學校條例〉，檔案編碼：020-010405-0014-0027a/0042a（泰文及譯文）。

國史館藏《外交部檔》，1937年〈新民立學校條例〉，檔案編碼：020-010408-0100-0023a/0082a（泰文及譯文）。

國史館藏，《外交部檔》，1947年〈移民限額法案〉，檔案編碼：020-010408-0098-0036a/0038a（泰文及譯文）。

中研院近史所藏，《外交部檔》，1946年〈中暹友好條約〉，檔案編碼：020-010402-0010（泰文及中文）。

中研院近史所藏，《外交部檔》，1941年〈保留職業條例〉附修正案，檔案編碼：020-010408-0087（泰文及譯文）。

二、中文檔案

國史館藏，《外交部檔》，1944年〈統制募捐條例〉譯文，檔案編碼：020-010499-0072-0051a/0058a。

國史館藏，《外交部檔》，〈外國貨幣運帶入境條例〉譯文，檔案編碼：020-010499-0071-0053a/0054a。

國史館藏，《外交部檔》，〈電復僑團募捐方式及今後補救辦法〉，檔案編碼：020-010499-0072-0038a/0040a。

國史館藏，《外交部檔》，〈統制募捐條例對僑界之影響〉，檔案編碼：020-010499-0072-0011x。

國史館藏，《外交部檔》，暹文前鋒報社論〈寄居者之禮貌〉譯文，檔案編碼：020-010408-0092-0065a/0068a。

國史館藏，《外交部檔》，〈暹羅不願與我國訂約之理由〉，檔案編碼：020-010402-0013-0061a 。

國史館藏，《外交部檔》，〈暹羅皇帝陛下參觀各華校後之總演說詞〉，檔案編碼：020-010402-0013-0118a-0120a 。

國史館藏，《外交部檔》，〈暹羅華僑最重要問題－學校取締問題〉，檔案編碼：020-010402-0013-0097a/0098a 。

國史館藏，《外交部檔》，〈有關日泰間軍事協定報告〉，檔案編碼：020-010402-0112-0030a 。

國史館藏，《外交部檔》，〈呈報泰教育部不准華校復辦情形〉，檔案編碼：020-010408-0100-0120a 。

中研院近史所藏，《外交部檔》，〈呈報暹羅政府更改國名為「泰國」事〉，檔案編碼：020-010401-0011。

中研院近史所藏，《外交部檔》，〈唯國主義條例〉第 1 至 11 部譯文，檔案編碼：020-010401-0054。

中研院近史所藏，《外交部檔》，〈呈報暹羅擬改稱泰國緣由事〉，檔案編碼：020-010401-0011。

中研院近史所藏，《外交部檔》，〈請大使館向暹方抗議取締排華言論及行動〉，檔案編碼：11-EAP-03543。

中研院近史所藏，《外交部檔》，暹文國民日報社論〈自由主義〉譯文，檔案編碼：11-EAP-03543。

中研院近史所藏，《外交部檔》，〈呈報關於暹國會對職業保留案辯論結果〉，檔案編碼：020-010408-0087。

中研院近史所藏，《外交部檔》，曼谷民眾報〈泰國將劃「職業保留區」〉譯文，檔案編碼：11-EAP-03542。

中研院近史所藏，《外交部檔》，〈暹文報刊登所謂中國侵暹之十二年計劃〉，檔案編碼：11-EAP-03543。
中研院近史所藏，《外交部檔》，〈最近暹羅國會中有關華僑之辯論〉，檔案編碼：020-010401-0064。
中研院近史所藏，《外交部檔》，〈暹羅議員排華政策之一幕〉，檔案編碼：020-010401-0063。
中研院近史所藏，《外交部檔》，〈自乃寬政府至鑾披汶政府〉，檔案編碼：020-010401-0064。
中研院近史所藏，《外交部檔》，暹文新暹羅報社評〈勸告華人〉譯文，檔案編碼：11-EAP-03543。
中研院近史所藏，《外交部檔》，〈呈報關於乃寬反對保留職業條例事〉，檔案編碼：020-010408-0087。
中研院近史所藏，《外交部檔》，暹文新暹羅報社論〈關於保留泰國人民職業〉譯文，檔案編碼：11-EAP-03543。
中研院近史所藏，《外交部檔》，〈暹羅恢復保留職業〉，檔案編碼：020-010408-0088。
中研院近史所藏，《外交部檔》，〈旅暹華僑所遭遇之特殊困難及對策〉，檔案編碼：020-010499-0073。
中研院近史所藏，《外交部檔》，〈函請向暹羅抗議取消人頭稅及人口苛例案〉，檔案編碼：020-010402-0013。
中研院近史所藏，《外交部檔》，〈呈報泰國政府劃設軍事區驅離華僑事〉，檔案編碼：11-EAP-03542。
中研院近史所藏，《外交部檔》，〈防止營業過分牟利條例〉譯文，檔案編碼：020-010404-0046。
中研院近史所藏，《外交部檔》，〈華僑小販觸犯過分牟利條例被逐出境呈請鑒核〉，檔案編碼：020-010404-0046。

中研院近史所藏，《外交部檔》，暹文新暹羅報社論〈誰為暹國主人？〉譯文，檔案編碼：11-EAP-03543。

中研院近史所藏，《外交部檔》，暹文京訊報社論〈保留職業〉譯文，檔案編碼：020-010408-0087。

中研院近史所藏，《外交部檔》，〈鑾披汶頌勘對華僑解釋演說詞〉，檔案編碼：11-EAP-03400。

中研院近史所藏，《外交部檔》，〈旅暹華僑代表為暹羅排華回國請願事〉，檔案編碼：020-010402-0016。

中研院近史所藏，《外交部檔》，〈駐清邁總領事館有關過份牟利條例之報告〉，檔案編碼：020-010499-0072。

中研院近史所藏，《外交部檔》，〈中國與暹羅訂約報告書〉，檔案編碼：11-LAW-00260。

中研院近史所藏，《外交部檔》，〈研究暹羅強迫華僑不得學習本國文字案〉，檔案編碼：11-LAW-00260。

中研院近史所藏，《外交部檔》，〈駐暹華校強迫班試行辦法〉，檔案編碼：11-LAW-00260。

中研院近史所藏，《外交部檔》，〈暹教育部秘書就取消強迫班答華報記者問〉，檔案編碼：11-LAW-00260。

中研院近史所藏，《外交部檔》，〈救濟暹羅僑民教育臨時辦法〉，檔案編碼：11-LAW-00260。

中研院近史所藏，《外交部檔》，〈暹羅僑民教育與文化促進情形〉，檔案編碼：020-010499-0073。

中研院近史所藏，《外交部檔》，〈有關暹羅華僑之狀況〉，檔案編碼：020-010408-0080。

中研院近史所藏，《外交部檔》，〈暹羅嚴格注意華校教員思想與行動〉，檔案編碼：11-EAP-03359。

中研院近史所藏，《外交部檔》，〈華校對統制募捐條例之應對〉，檔案編碼：020-010408-0072。

中研院近史所藏，《外交部檔》，〈蟻光炎呈報暹羅華僑現狀及建議〉，檔案編碼：11-EAP-03539。

中研院近史所藏，《外交部檔》，〈鑾披汶再度秉政與華僑之影響〉，檔案編碼：020-010401-0058。

中研院近史所藏，《外交部檔》，〈泰國當地政府發給僑校補助費〉，檔案編碼：020-010401-0058。

中研院近史所藏，《外交部檔》，〈有關重慶政府傷害泰國言論報告〉，檔案編碼：020-010499-0067。

三、數位檔案

政大數位典藏，民國 38 年以前重要剪報資料庫，反攻報〈籲請國府派軍來暹護僑〉，1935 年 10 月 5 日。

政大數位典藏，民國 38 年以前重要剪報資料庫，暹羅正言日報〈華教問題昨再繼續折衝〉，1948 年 6 月 22 日。

政大數位典藏，民國 38 年以前重要剪報資料庫，南京中央日報〈暹羅反共乎？排華乎？〉，1948 年 6 月 30 日。

政大數位典藏，民國 38 年以前重要剪報資料庫，上海大公報〈暹羅軍人主張嚴禁華僑入境〉，1948 年 8 月 2 日。

政大數位典藏，民國 38 年以前重要剪報資料庫，南京中央日報〈暹羅排華運動的再起〉，1948 年 8 月 22 日。

政大數位典藏，民國 38 年以前重要剪報資料庫，新加坡南僑日報〈暹羅華僑教育遭受暹方惡辣摧殘〉，1949 年 6 月 6 日。

四、學位論文

蔡巧娟。2006。《泰國華文教育歷史、現狀與問題研究》。重慶：重慶大學碩士論文。

鷲津京子。2011。《泰國政府對華文教育政策之研究（1911-1949）》。臺北：國立政治大學歷史研究所碩士論文。

五、中文期刊

寸雪濤。2006。〈從泰國政府政策的變化剖析當地華文教育的發展歷程〉。《東南亞縱橫》，8：54-57。

李屏。2012。〈泰國華文教育史研究綜述〉。《東南亞縱橫》，8：32-36。

李玉年。2007。〈泰國華文學校的世紀滄桑〉。《東南文化》，1：71-75。

譚曉健。2015。〈19 世紀中葉以來泰國語言教育政策嬗變〉。《雲南師範大學學報（對外漢語教學與研究版）》，1：71-79。

六、中文專書

Victor Purcell 著，郭湘章譯。1968。《東南亞的華僑》。臺北：正中書局。

中華民國僑務委員會編印。1999。《各國華人人口專輯》（第三輯）。臺北：中華民國僑務委員會。

洪林、黎道綱主編。2006。《泰國華僑華人研究》。香港：香港社會科學出版社。

郁漢良。2001。《華僑教育發展史》。臺北：國立編譯館。

施堅雅（G. William Skinner）著，許華、王雲翔、魏嵩壽、林俊棉譯。2010。《泰國華人社會：歷史的分析》。廈門：廈門大學出版社。

戴維 K. 懷亞特著，郭繼光譯。2009。《泰國史》。上海：東方出版中心。

七、外文專書

Chantavanich, Supang. 1997. *From Siamese-Chinese to Chinese-Thai: Political Conditions and Identity Shifts Among the Chinese in Thailand.* Singapore: Institute of Southeast Asian Studie.

八、外文期刊

Watson, J. K. P. 1976. "A conflict of nationalism: The Chinese and education in Thailand 1900-1960." *Paedagogica Historica: International Journal of the History of Education*, 16(2): 429-451.

第七章

馬來西亞柔佛客家新村與結社

楊忠龍 *

前言

1824 年英國與荷蘭簽署條約，雙方承認各自殖民地的宗主權，馬來半島歸屬英國，英國認同荷蘭對東印度的治理。1826 年，英國將新加坡、檳城與馬六甲聯合組成為海峽殖民地。之後，英國意圖干預馬來半島上各蘇丹國的內政，加上蘇丹們彼此內戰，彭亨、雪蘭莪、霹靂與森美蘭便接受英國委派的參政司指導 [1]。1895 年英民政府將四州合成馬來聯邦（Federated Malay States），由總參政司實際統治。至於其他 5 邦（包括玻璃市、吉打、吉蘭丹、登嘉樓和柔佛）則一起受英國保護，稱為馬來屬邦（Unfederated Malay States），亦稱馬來非聯邦州。1946 年，馬來屬邦與馬來聯邦、海峽殖民地（不含新加坡）在英國政府管理

* 國立高雄師範大學東南亞暨南亞研究中心計畫研究人員

1 英國參政司雖介入馬來聯邦各州屬事務，但各州屬蘇丹仍存續至今，其定期的蘇丹會議成為 1957 年馬來亞獨立後統治者會議（Conference of Rulers）的雛形。

下，組成馬來亞聯邦（Malayan Union）。1948 年馬來亞聯邦（Malayan Union）改為馬來亞聯合邦（Federation of Malaya）。

華人移入柔佛時間約在 19 世紀，受港主制度及義興公司的拓荒影響，潮州人在柔佛南部是第一大幫群，客家人則到 1920 年代才陸續遷居到柔南。今日東南亞客家的認知，可追尋到文獻上的「1830 年代的東南亞→ 1850 年代的廣州→ 1890 年代的嘉應州」（河合洋尚、飯島典子 2013），是從德國宣教士郭士立（Karl Friedrich August Gutzlaff, 1803-1851，另譯郭實臘、郭實獵）早先注意到「客家」此族群，1840 年代後他帶巴色差會（Basel Mission）至中國廣東地區傳教。傳教士在文書中主要是用 "Khek"、"Keh" 來稱呼客家，並且知道東南亞有一群被稱為「客」的廣東省移民。

客家人拓墾柔佛地區約略在 1920 年代後，緊急狀態時期所建立的客家新村位於從中部居鑾往南到新山一帶的內陸區域，分別有居鑾縣屬之拉央拉央（Layang-Layang）、令金（Renggam）和新邦令金（Simpang Renggam，46 哩）等地；多數客家新村所在的古來縣（Kulai）轄下 4 個區[2]，分別是古來（Kulai）、士乃（Senai）、武吉峇都（Bukit Batu）、加拉巴沙威（Kelapa Sawit，26 哩）、沙令（Saleng，17 哩）、泗隆（Seelong）和士乃（Senai）等市鎮；新山縣屬江加埔來（Kangkar Pulai）及笨珍縣屬北干那那（Pekan Nanas）。因此，本文論述柔佛南部地區的客家新村時，地理位置相對集中在古來縣範疇，然而客家人的人口和比例一併歸在柔佛華人系統之內，使外界易理解本地客家人所處時

2 2008 年古來脫離新山縣，另劃設為古來再也縣。2015 年 12 月，柔佛蘇丹將其更名為古來縣。

空背景[3]。其次，本文論述客家新村的內部社會時，會以社團組織做為標的，其因在於東南亞華人移民與社團組織有密不可分的關係，例如海外移居地的行政治理是以籍貫分，人們自然依附在各幫群之下。再者，初來乍到的移民者必借重社團組織的協助方能生存，後者更透過中介寡占經濟扶助及宗教信仰等方式，凝聚移民群的認同感，可謂東南亞華人聚居之所在，亦有華人社團之存在。

一、柔佛客家的遷移與生根

華人大量移入到馬來半島後，1877 年英國在海峽殖民地之一的新加坡設立華民護衛司署（Chinese Protectorate），專責管理華人。1911 年英殖民政府人口調查，按照文平強（2007: 22）的研析，他指出 1901 年馬來聯邦華人 30 萬，客家人 8.3 萬；1911 年馬來聯邦華人 43 萬，客家人 14.3 萬；1921 年英屬馬來亞（含新加坡）華人 117 萬，客家人 21.8 萬。鄭良樹（2007: I）提到 1901 年柔佛客家人 6,704 人，1921 年 12,112 人約是華人的 12.4% 。由此可知，客家（Hakka）一詞已常見於英殖民政府官方記錄[4]。柔佛對岸的新加坡情況是 1916 年全人口數 31.2 萬人，

3　南洋或華僑的稱謂在東南亞各國紛紛獨立建國後，官方或民間逐漸不再使用，取而代之的是以各國籍別與華人來稱呼東南亞地區的華語使用者或族群，而華人與華僑的詮釋亦有差異，本文詞彙依照文獻記載應用。同時，華人的方言群或亞族群的代稱，並非特意區分，現今研究以亞族群指稱能廣博一個群體，不限於文獻上的單一方言使用群。

4　1906 年華民護衛司署為了裝修辦公室，特意購置 D. Maclver 於 1905 出版的《客英大辭典》（Straits Settlements 1906）。1913 年新加坡 Tan Tock Seng's

華人22.3萬人，其中嘉應州人1.3萬人（占華人比例中5.8%），嘉應州人大部分從事洗衣服、理髮、木匠及泥水匠等職業，從香港出航到此（深尾幸太郎 1916: 484）。

1922年的柔佛華人種植胡椒、橡膠等業（吉川精馬 1922: 158）。1927年的《南洋叢談》記載華人人口比例在海峽殖民地約56.1%，馬來聯邦州37.3%，英領馬來全體35.2%（藤山雷太 1927: 117）。1928年臺灣總督官房調查課按照英殖民政府1921年國勢調查，得知在英屬殖民地人口總計3,358,054人，分布如海峽殖民地883,796（新加坡425,912）、馬來聯邦州1,324,890（柔佛州282,234人），〈表1〉可見方言群男性比例，柔佛州華人主要五幫群比例相對海峽殖民地或馬來聯邦較為平衡。

〈表1〉1921年每千名華人男子的族群比例

族群別 \ 英領馬來	海峽殖民地	馬來聯邦	柔佛
福建人	423	214	298
潮州人	166	46	182
廣東人	200	353	210
客家人	78	294	127
海南人	80	59	148
其他	53	34	35
合計	1,000	1,000	1,000

資料來源：臺灣總督官房調查課，1928，《阿片調查 一、新嘉坡阿片、印度阿片》，頁22-23。依據1921年國勢調查。

Hospital的醫務總監H. J. Gibbs調查院內病患華人族群別，客家（Hakka）籍居華人第四位（Straits Settlements 1914: 520）。

1920年代左右客家人陸續移往柔佛，依據馬來西亞學者安煥然等人的調查，客家人大量移墾柔佛，除「水客」和親朋好友的人脈外[5]，大部分是馬來半島境內多次遷徙的移民，例如雪蘭莪、吉隆坡（Kuala Lumpur）、森美蘭以及馬六甲的南下移民。此外，印尼勿里洞（Belitung）有不少從事開採錫礦的客家人，在採礦事業結束後，經新加坡轉途到柔佛南部（安煥然、劉莉晶 2007: 5）。換言之，柔佛州客家人多來自鄰近區域，原鄉渡洋者少，亦有幾哩之距的再遷徙。

以柔佛南部客家人的主要聚居地區來觀察，從新山沿著馬來亞鐵路往北走，柔佛州內陸郊區，包括士乃到古來轄區，上至居鑾等地，才是柔南客家人的主要拓墾和聚居地。客家人移居柔佛南部後，他們從事勞動力職業，像是割膠、種黃梨（鳳梨）、養豬、種菜，本地客家聚落多半是河婆客、惠州客和豐順客，而河婆客又占半數之多。

1920年代馬來半島的經濟產業以橡膠業為主，其次是水稻、椰子、木薯（tapioca）、鳳梨等，鳳梨加工製品至新加坡出口，華人掌控了馬來半島的鳳梨事業，尤其是陳嘉庚為首屈一指的實業家，柔佛南部是鳳梨產業主要產地之一（臺灣總督官房調查課 1928: 53），種植範圍與客家人聚落相鄰，使得柔南客家聚落先民們均種植鳳梨與橡膠做為主要經濟收入來源。

1931年東南亞整體華人人口及方言群人口數如下〈表2〉，從表中知悉福建人在印尼、菲律賓及馬來均居華人數量首位，廣東人因地理位置關係在越南占優勢，潮州人在泰國單獨過半，客家人主要在越南、印尼及馬來占有一席之地，各地客家人雖無人數上的優勢，然在移居地

5　水客是一種行商，往來中國與東南亞等地，收取錢財替人送信、送物品及轉匯。

胼手胝足勤耕翻壤，力鑿枯泉，客家人辛勤奮鬥的身影如同所有華人一般。

〈表 2〉1931 年東南亞六百萬華人人口比例（%）

南洋諸國名／族群別	佛領印度支那（法屬越南）[6]	暹羅（泰國）[7]	蘭印（印尼）	菲律賓	馬來[8]
福建人	20	10	55	80	34
廣東人	50	10	15	20	24
客家人	30	8	20	－	18
潮州人	－	60	10	－	12
海南人	－	10	－	－	6
總人口數	381,471	2,500,000	1,233,650	110,500	1,709,392

資料來源：企畫院調查部，1939，《華僑研究資料》，頁 11。

1921 年及 1931 年馬來亞方言群人口數見〈表 3〉，從其表得知英領馬來的福建人、廣東人、客家人、潮州人與海南人等方言群儼然是馬來半島華人的族群圖像，政府管理與民間控制集中在此五個方言群。

1931 年華人方言群各自性別比例為客家女性 34%，福建女性 38%，廣東女性 36%，潮州女性 32%，海南女性 13%，客家女性比例與其他方言群女性差異微小，僅有海南女性比例偏低。

6 越南華人主要居住在越南南部，以西貢為中心的聚居地。原資料載於《南支南洋》昭和 13 年（1938）11 月號。

7 此外，上海及湖北人 2%。

8 英屬北婆羅洲華人約 75,000 人（高尾為雄 1938）。

〈表 3〉1931 年英領馬來華人族群人口數

族群別＼年份	1921	1931
福建人	380,656	男 333,788：女 206,948
		540,736
廣東人	332,307	男 264,568：女 153,730
		418,298
客家人	218,139	男 208,826：女 109,913
		318,739
潮州人	130,231	男 142,025：女 66,979
		209,004
海南人	68,393	男 85,058：女 12,836
		97,894
以上合計（比例 %）	1,129,726(96%)	男 1,034,265：女 550,406
		1,584,671(92%)
其他[9]	45,051	124,721
總人口	1,174,777	1,709,392

資料來源：作者整理自高尾為雄，1938，《南洋華僑事情》，頁 57；企畫院調查部，1939，《華僑研究資料》，頁 136-137。

1911 年至 1921 年，移殖柔佛的客家人顯著增加。至 1931 年，客家人已占柔佛華人各方言群人口的 20.2%，排居第二位（安煥然、劉莉晶 2009: 90），柔佛客家人占西馬客家人的 11.24%，有 33,600 人[10]。若引述《南洋華僑事情》的資料，1935 年客家人在海峽殖民地有 33,588 人[11]。

9　其他包含廣西人、福州人、福清人等。

10　2000 年柔佛客家人占西馬客家人的 17.86 %（文平強 2005: 163）。

11　《南洋華僑事情》的海峽殖民地資料員原引自 1936 年 *Annual Departmental Reports of the Straits Settlements for the Year*。日本尚未進軍馬來半島前的南洋研究，基礎資料相當倚靠英殖民政府在新加坡出版的 *Annual Departmental Reports of the Straits Settlements for the Year* 等報告，即使日本占領馬來半島後，

〈表 4〉1931 年英領馬來州屬華人人口數

新加坡（シンガポール）	421,821	柔佛（ジョホル）	215,076
檳城（ペナン）	176,518	吉打（ケダ）	78,415
馬六甲（ムラカ）	65,178	吉蘭丹（クランタン）	17,612
海峽殖民地	**663,517**	登嘉樓（トレンガヌ）	13,254
雪蘭莪（セランゴール）	241,351	玻璃市（ペルリス）	6,500
霹靂（ペラ）	325,527	汶萊（ブルネイ）	2,683
森美蘭（スンビラン）	92,371	Unlocated	794
彭亨（パハン）	52,291	非聯邦州	**334,334**
聯邦州	**711,540**		
英領馬來			**1,709,391**

資料來源：企畫院調查部，1939，《華僑研究資料》，頁 144。

從〈表 1〉到〈表 4〉呈現東南亞地區華人在 1921 年至 1931 年的人口變化與分布位置。1931 年的調查顯示客家人依舊是勞動者為多，尤其在橡膠園工作。客家人多來自廣東省北部嘉應州、福建省南境的汀州及龍巖等地，客家稱謂是中國原鄉新客與土客之互稱，客家人性格質實剛健，勤勉耐勞，婦女不纏足，同男性般勞動無休。

從 1943 年《南方年鑑》之記載得知整體南洋華人人口為福建人（170 萬人）、潮州人（180 萬人）、客家人（80 萬人）、廣東人（100 萬人）、海南人（40 萬人）等五個方言群，合計 600 萬人（田村壽 1943: 231）。吳鐵城（1941）在〈宣慰南洋報告書〉提到 1938 年全馬人口總數為 5,278,866 人；華人則為 2,220,244 人，馬來人 2,210,867 人[12]。《南方年鑑》揭示 1940 年馬來亞華人人口數約為 238 萬人，比起 1921 年

亦無法全面性開展人口普查與社會調查。除英國資料外，國民政府駐外領事館的報告也是人口統計資料來源，如在企畫院調查部《華僑研究資料》的說明提到中國年鑑的資料正確性。

12　1941 年時任南洋華僑協會理事長吳鐵城在中國國民黨中央常會之報告。

117萬人及1931年170萬人又增長不少（濱田桓一1943: 678）。華人方言群比例則是，福建31.6%、廣東24.5%、客家18.6%、福州12.2%、海南島5.9%及其他0.72。

〈表5〉1943年南洋華僑職業別人口比例

職業別＼南洋諸國名	英領馬來	蘭領印度（印尼）	比（菲）律賓	佛領印度支那（越南）	泰國
原始產業[13]	35	31	21	16	10
工礦業	20	20	14	28	20
商業	16	37	57	46	50
交通業	6	3	1	–	–
公務 自由業	10	1	2	–	–
其他	13	8	24	10	20
合計（%）	100	100	100	100	100

越南跟泰國資料不明，故推測部分產業數據。
資料來源：田村壽，1943，〈南方華僑の現勢〉。《南方年鑑》（昭和18年版），頁232[14]。

華人方言群的移民情況，大致上分為五群：福建人自廈門渡航至南洋，英領馬來、蘭領東印度跟菲律賓的福建人是華僑人口比例中第一位，多半從事商業或中介活動，因而形成巨富；泰國250萬華僑裡有150萬人是潮州人，均從廣東省東部汕頭移往泰國或其他地區，潮人從商者多，資本家亦能與福建人平起平坐。廣東府人可稱廣州人，主要從廣州灣一帶出航；客家人多居於廣東省東北部客家人山間，主要分布

13 原始產業指農業、漁業、牧業等產業。調查地區有英領馬來、蘭領印度、比（菲）律賓、佛領印度支那（越南）、泰國等五個區域。

14 日本田村壽等人的國勢調查來源多數是英殖民政府的人口普查及政府年報，並非日本派人進行實地調查。

在嘉應州下的梅縣、興寧、五華、蕉嶺、大埔等五縣地方，英屬馬來客家人少於福建人與廣東人，蘭領印度客家人位居第二，婆羅州則是客家人的天下。客家人勤勉有嘉，藥商、當舖商、勞動者居多（南洋協會 1940: 24）；海南人口比例少，從事粗重活與飲食小店居多。各幫群內部積極結社關係密切，亦有三成土客與七成新客的內部矛盾（田村壽 1943: 231）。

二、二戰後的柔佛客家

1945 年第二次世界大戰結束，英國重返馬來半島。此時的殖民政府與二次大戰前的行政管理有所差異，殖民政府為了錫礦和橡膠產業的經濟收入能填補母國戰時損耗，強化經濟產業的控管導致工人示威，而部分馬來亞抗日軍拒絕歸順政府，多方因素造成 1946 年起馬來亞武裝騷亂頻仍。1948 年至 1960 年英殖民政府宣布緊急法令（a state of Emergency），當時的軍事長官 Rawdon Briggs 為了勦滅馬來亞共產黨（簡稱馬共），制定畢利斯計畫（Briggs' Plan）以阻絕方式斷開馬共與華人的聯繫，並強制華人聚落居民徙居至政府安置的行政新村，此時新村居民的生活作息受到政府監控和管制，猶如集中營一般。

馬來亞施行緊急狀態後，全境在 1954 年有 480 個新村（林廷輝、方天養 2007: 49），兩人亦指出從 1954 年到 1973 年之間，新村數量介於 439、546、480 到 556 個之間；1962 年 Hamzah Sendut 認為 1954 年有 440 個新村，受影響人口 541,458 人，華人約占 87%，由上述資料來看，新村總數難有定論。其中依據 1950 至 1953 年馬來亞聯邦發展計畫的進展報告，新村總數為 546 個，新村人口約為 57 萬人。

鄭良樹（2007: III）揭示 1947 年柔佛華人有 35.4 萬人，客家人 7.7 萬人，客家比例 21.7%。近半數客家人（3.6 萬）居住在新山縣屬的古來，也就是今日的古來縣，其他有居鑾（1.1 萬）、昔加末（8 千）、峇株巴轄（6 千）、哥打丁宜（5 千）、麻坡（3 千）、笨珍（2 千）等。1973 年 Ray Nyce 整理柔佛州華人事務辦公室資料 [15]，〈表 6〉可以看到 1956 年柔佛州新村華人人口比例：

〈表 6〉1958 年柔佛華人新村方言群比例

Johor: Composition of the Chinese Population of the New Villages by Dialect, 1956	Percentage
Hokkien	34.8
Hakka	32.1
Cantonese	9.1
Hainanese	8.8
Teochew	6.6
Hokchiu	4.6
Kwongsai	3.6
others	0.4
Total	100

資料來源：Ray Nyce, 1973, *The New Villages in Malaya: A Community Study*, p.232.

〈表 6〉的客家人約為柔佛州華人新村人口數的 32.1%，僅比福建人少 2.7%，廣東或潮州籍新村人口比例均不到一成，後兩者新村人口與緊急命令前的人口比例相去甚遠 [16]。

15 1963 年 Ray Nyce 完成 “The New Villages of Malaya: A Community Study” 的博士論文，他在怡保田野傳播福音時，同時調查客家新村。

16 柔佛廣東人或潮州籍推測多居於新山等城鎮，多數人未遷至新村，其他州屬華人亞族群比例與新村人口比例亦有差異。

〈表 7〉1958 年華人方言新村

Number of new village in which dialect is the prevailing one	Johor	Total
Hakka alone	6	74
Hakka and Hokkien	4	14
Hakka and Teochew	2	2
Hakka and Hainanese	3	6
Hakka and Cantonese	8	30
Hakka and Kwongsai	—	6
Hokkien alone	29	90
Hokkien and Hakka	12	15
Hokkien and Foochow	—	5
Hokkien and Teochew	10	13
Hokkien and Kwongsai	—	1
Hokkien and Cantonese	8	12
Hokkien and Hainanese	7	7
Cantonese alone	—	20
Cantonese and Hakka	3	22
Cantonese and Teochew	—	1
Cantonese and Hockchew	1	2
Cantonese and Hokkien	—	3
Cantonese and Kwongsai	—	5
Teochew alone	3	11
Teochew and Hokkien	2	4
Hainanese alone	2	4
Hainanese and Teochew	2	2
Hockchew alone	3	9
Kwongsai alone	—	16
Kwongsai and Cantonese	—	6
Kwongsai and Hakka	—	8
Total	105	388

資料來源：Malayan Christian Council, 1958, *A survey of the new villages in Malaya*, p.24.

緊急狀態時期柔佛州華人新村的亞族群人口數難以推論，1958 年 Malayan Christian Council（MCC）公布華人新村方言人口調查報告，此問題有了進一步解答。MCC 報告顯示柔佛人口 925,919 人[17]，新村人口 146,000 人，柔佛新村人口占柔佛境內全體 15%。州內新村有 130 個（馬來 27；印度 2），華人新村有 101 個，占柔佛新村的 77%，而詳細的方言優勢村可參見〈表 7〉。

從〈表 7〉得知馬來亞單一客家新村共計 74 個，約占 MCC 全體新村調查（388）的 19%，至於其他州屬的單一客家新村分別是 Melaka (12)、Sembilan (7)、Pahang (4)、Pinang & P.W (1)、Perak (28)、Selangor (16)[18]。霹靂（Perak）州有馬來半島最多的單一客家新村，其因是霹靂州客家人於 19 至 20 世紀在當地開採錫礦及橡膠。霹靂州華人新村人口在緊急狀態初期約占全體新村人口數 36.4%（Voon Phin Keong 2011）。吉隆坡與雪蘭莪則有大型華人新村，有些新村人口數超越 5 千人之多，如雪蘭莪州 Seri Kembangan（沙登）新村是第一大的客家新村，全國新村排行第二，僅次於吉隆坡的增江新村。

下方〈表 8〉柔佛州的單一客家新村為 6 個，分布在當時行政區域哥打丁宜縣的 Tai Hong Kang；新山縣亞逸文滿（Ayer Bemban）、武吉巴都（Bukit Batu）、加拉巴沙威（Kelapa Sawit）及 Yu Kong 等[19]。

---

17 Council of Churches of Malaysia 從 1947 年 Malayan Christian Council、1967 年 Council of Churches of Malaysia and Singapore、1976 年 Council of Churches of Malaysia 更名後沿用至今，其名稱的更替反映馬來半島的歷史變遷。

18 Negri Sembilan 有 TiTi、Pearadong、Pertang 等；Perak 有 Chendrong、Gunong Hijau、Kampong Bemban、Kampong Simee、Lahat 等。

19 MCC 報告中，哥打丁宜縣 Pasir Gogok 有客家人跟馬來人各占一半；士乃（Senai）是客家人約 90%，潮州人 10%；江加埔來（Kangkar Pulai）未列方言

〈表 8〉1958 年柔佛客家語通行新村

Number of new village in which dialect is the prevailing one	Johor	Total
Hakka alone	6	74
Hakka and Hokkien	4	14
Hakka and Teochew	2	2
Hakka and Hainanese	3	6
Hakka and Cantonese	8	30
Hakka and Kwongsai	–	6
Hokkien and Hakka	12	15
Cantonese and Hakka	3	22
Kwongsai and Hakka	–	8
Total	38	177

資料來源：作者整理自 Malayan Christian Council, 1958, *A survey of the new villages in Malaya*, p.24.

柔佛單一客家新村與客家語通行新村合計 38 個，約占 MCC 報告中全體新村的 10%，柔佛華人新村的 21.4%，新村客家人口數為 23,372[20]。與 1947 年柔佛客家人 7.7 萬有著一定差距，部分因素是少數新村未列入報告（如新邦令金）或未計算新村以外人口及未統計新村人數，三種未統計數字使得 MCC 報告無法反映真實的新村客家人口數，但可供日後研究客家新村之參考。另外，方言優勢村不代表村內僅是一個亞族群構成，部分情況是不同府籍的人群使用單一通行語，外部研究均視為單一語群。〈表 8〉則以客家語做為篩選，列出客家語通行的新村，值得注意的是上表中的新村人群是跨籍貫的集合，其數量增減在於

群，但今日依田野調查是河婆人為主的新村。2008 再也年古來縣設置後，原先新山縣屬的華人新村，被劃設在古來縣，僅存江加埔來。

20 MCC 調查中有未列人數的客家村，如 Hock Lam（混居村）、Kota Kehil（混居村）、Tai Hong（單一村）、Yu Kong（單一村）。

整體華人亞族群的比例、原鄉地緣關係及移民至柔佛的歷程，形成上表呈現的數字。

1950 年代建立的華人新村分類承繼了二次戰前的幫群治理，仍以華人祖籍或方言群做為分水嶺，但忽略了華人內部亞族群的差異性。若從文獻上的柔佛客家新村來看，明顯地以「客家」通稱本地客家方言群，以河婆人為主的江加埔來、士乃、加拉巴沙威等地，自動被歸屬為單一客家新村或客家多數新村，而今日的現實狀況中，新村河婆人既不加入客家公會，也不參與潮州公會，而是在聚落中成立地緣團體及血緣團體，之後於 1977 年成立柔佛河婆同鄉會。

三、柔南客家新村的結社

現今馬來西亞華人方言群主要來自閩（閩南）、粵（廣府、潮州與海南）與客家語，新加坡與馬來西亞的「福建」（Hokkien）一詞非指所有福建人，本地指稱閩南，特別是漳或泉州。從前述的文獻角度來看，Hokkien 方言群是講著閩南話的一群人，福清或福州話是另外一群人，至於客家人是跨籍貫的集合體，柔南客家新村的各類型社會團體自然具備跨地域的特色。一般認知 19 至 20 世紀東南亞地區的華人分野，向來是祖籍或方言群做為篩選標準，不論是殖民政府的官方報告或私人文獻調查均照本宣科，而華人亞族群分類反映在當地社會定先聚眾組幫，各幫各社由原籍地人群所組成，地域觀念壁壘分明，其源自原鄉地方社會的家族主義或裙帶關係，因為在原鄉重諾秉義，移民到海外時，自然依靠同宗族同鄉籍的先輩。華人的鄉族團體為省、縣、區（鄉或村）到氏族的集合所構成，移居地人群集結與劃分立基於原鄉經驗，視其為一脈相承的傳統，然此傳統並不與原鄉如出一轍。

華人社團中的血緣性社團、業緣性社團等，多半也相似於地緣性社團，傳統的三緣社團的地域性分布，與華人人口地域性分布的特點密切相關。早期客家人的方言會館與中國清代行政建置有密切關係，有州府為基準的嘉應州、惠州等地客家人創建，也有以縣制為單位，甚至有跨府籍客家人組建的會館。馬來西亞華人會館組建情況與其原籍關係非常密切，原籍的區域劃分決定華人地緣性會館的發展。從檳城嘉應會館（1801）、雪隆惠州會館（1864）、霹靂嘉應會館（1900）、馬來西亞海陸會館（1865）、馬六甲惠州會館（1805）到山打根客家公會（1886）的成立年代，顯示 19 世紀開始，隨著東南亞地區的發展和中國華南沿海移民的不斷南來，移民的新住地陸續發展各形式的社團組織，並構成了今日東南亞華人社會的樣貌之一。移民們在抵達居地後，不論其移民動機為何，自然探尋功能性的互助與精神化的心靈寄託，華人社團便應運而生。早期華人移民組織多半是血緣性、地緣性或業緣性關係的延伸，人們嘗試複製原鄉社會規模，拉攏各地新來移民。此外，移民們在人生地不熟的情況下，血緣親屬或同方言群自然成為力量憑藉，同緣結構組織維持和建構原籍地文化，抵抗外來衝擊，但也因此形成方言群界線，以方言群或地緣各自為首的現象，這些以社會組織、宗族結構等為基礎的地方組織，成為東南亞華人社會的文化特徵。

（一）新村之前的社團組織

二次戰前柔佛州客家地緣性社團有 1917 年峇株巴轄茶陽會館、1925 年麻坡茶陽會館、1936 年居鑾惠僑公所（惠州會館前身），及 1941 年古來的鶴山同鄉會（安煥然 2009: 93），前述會館群建立在地緣關係上，不是一個族群（方言群）的概念。柔佛客家人組建以「客家」為名的公會，大多是 1936 年後以現居地為主的客家公會，公會領導層響應南洋客屬公會的號召陸續成立本地客家公會。日本進軍中國後，日本政府調查馬來半島的華人社團對於日本態度（高尾為雄 1938），其指出新馬地區客家人會館有應和會館、惠州會館、客屬總會、永安會館、八和會館，高尾並標誌抗日最力者如中華總商會、潮州八邑會館、瓊州會館等，1944 年馬來亞華僑團體在國民政府年鑑計有 46 個，占全體 389 個的 11.8% 。職業團體 12 個占全體 165 個的 7.2%，社會團體 34 個占全體 172 個的 19.7%，馬來亞華僑社會團體是全世界的首位，柔佛州 11 個華社是所有州屬之最（行政院 1945: (8)12）[21]，當時馬來亞柔佛州仍在日本控制之下，不少華人團體不是被解散，就是暫時隱姓埋名不對外公開活動，即便戰爭結束後，大多數會館仍難以復振。

（二）緊急狀態後的新村社團

1945 年後柔佛州客家人以地緣性組建的客家會館比族群性的「客家公會」相較多數，柔南客家人越是聚居，地緣性或血緣性團體越是發展，人群裡的內部分化更加明顯，至於形成此現象的原因之一是客家新村的分立，若理解到緊急狀態下的華人新村的困境，就知悉新村內部團體紛紛成立的源由。華人的社會團體一般扮演著團結眾人的功能，但華人新村的會館卻不一定能夠扮演意見領袖，有時是相互競爭與新村社會停滯的因素，雙方的差異性不一定來自於會員組成或鄉籍差異，而是對

21　暹羅 100 個華僑團體中，82 個是職業團體。新加坡 11 個團體，10 個社會團體，其他如檳榔嶼、馬六甲、吡叻（霹靂）、雪蘭莪、森美蘭、彭亨均有備案的華僑團體。馬來亞跟印尼是唯二國家中能依州屬取得資料，其他團體是以國籍分。

於想像認同的不一致性，如同本地社會在客家、河婆或潮州會館的構成與競合關係有來自於認同的多重性。

以士乃為例，新村眾人在緊急命令發布後，聯名上書給柔佛州華人辦公室，說明士乃華人忠誠與政府合作，消滅匪徒。其〈通告士乃居民〉所述如下：

> 以下為士乃中華商會致政府關於關閉商店問題之信的一部分：「敝會茲誓言政府忠誠合作，盡力協助政府消滅匪徒，並保證今後更努力更積極在各方面協助當局。」如果士乃全體居民團結起來，實行這個誓言，則本區的匪徒不久必被消滅，正常的狀況及和平的生活必隨之而恢復，每個居民應負責實行這個誓言。[22]

上書領銜人是士乃中華商會主席黃子松，他創立柔佛士乃江夏互助會（1947）為團結士乃黃氏宗親，血緣團體尚有蔡氏濟陽堂（1963）、柔佛劉氏公會（1966）、柔佛劉關張趙古城會（1967）等（安煥然 2009: 96）[23]，更有三山國王廟的管理委員會，上述公會領導層一起度過新村艱困生活，卻也各自成立公會，若視傳統聚落遷居到行政新村是一種解構後的重塑，重新聚眾組幫無非是原鄉經驗再生產，只不過此原鄉置換成柔佛士乃，因此不難想像新村內部社會是如何複雜，遑論團結眾人凝聚客家。

---

22 柔佛檔案館所藏1950年9月柔佛州治安官與土地礦業專員往來信件，信中討論到士乃當地商舖聯名上書。

23 古來縣尚有柔佛莊氏公會（1974）、古來李氏公會（1983）、柔佛戴氏公會（1995）、柔南曾氏宗親會（1996）、柔南彭氏宗親會（1996）、柔南張氏公會（1996）。

（三）客家社團的重組與創新

今日的馬來西亞客家社團已與百年前傳統的會館組織有所「斷裂」，並在社會脈絡中進行了「重組」與「創新」（蕭新煌等 2016）。早期的華人移民史階段，華人的結社組織成為東南亞華人移民社會的重心之一。英殖民時期結束之後，華人社團受到國家現代化的浪潮，傳統「中國（方言）」會館的存續挑起內部核心價值的轉變。對華人而言，忠誠國家是理所當然之事，然說華文、讀華校、閱華報及拜祖廟是日常生活的一部分，苦心經營的華人會館若堅守私（小眾）領域，可能消散在歷史洪流中，故主動改變或被動改組是華人社團的長遠之路，至少在柔南客家社團已見重組和創新的華人社團。其一是柔佛客家社群透過想像的「寧化石壁」的打造，超越傳統祖籍地緣、血緣的聚合，且回避社團內部權力爭執，其客家文化象徵性，對柔佛客家社群和社團領導人來說，卻是別具意義的（安煥然 2009: 102），以尋根文化承載著客家文化的延續，固然具有爭議的傳說未必為真，柔佛客家社團在某種程度仍做出改變，試圖從分化的方言群窠臼整合在一個共有的「客家文化」之下。客家共識不僅是柔佛客家社群試圖重整之目標，亦從北馬的檳城嘉應會館到東馬山打根客家公會等例子，改變自身的傳統格局，把功能性的會館結合文化性活動，會館接受「客家」名詞做為公開網絡的媒介，積極推展客家文化，傳承客家的願景納入會館章程，而這些變化正說明了其在地社會的「重組」與「創新」。

另一種改變是社團發展呈現一種動態形式，因應外部變化產生新的思維與行動，像是 1980 年代華人會館陸續成立婦女團及青年團，從原先男性專屬的場域變革為公民共同參與，推動集體參與公民社會，融入國家社會議題，這種轉變反映了本土化的趨向，華人會館不再是原鄉社會結構的延伸，原鄉經驗逐漸轉化為本土經驗。以加拉巴沙威的客家社團做為例子，2015 年起沙威新村社團政黨聯合會為慶祝馬來西亞獨立日（亦為國慶日 8 月 31 日）[24]，與沙威文創社合作辦理「沙威藝起來」，以「客家」做為號召，推廣客家美食，鼓勵在地青年投入新村文化改造，每年國慶日慶祝活動拓展為定期文化活動，使外地遊客與本地村民進一步認識沙威新村；士乃新村或客家人社群是以客家美食與三山國王廟遊神活動，做為在地客家的文化展演（cultural performance），相較於新山柔佛古廟的五幫共處，士乃三山國王廟遊神更像是以一個「河婆（客家）」為儀式符號，連結士乃、河婆、客家為一個士乃客家人的特有標誌，也不同於江加埔來三山國王廟神明出巡。不論是日常生活或宗教儀式等文化實踐，新村客家人本身詮釋了其身分的轉化，不是在於他們對外展示「客家」意涵。從此觀點，柔南或其他州屬的客家社團和華人社團正處於一種動態的重組和創新，從聯誼互助到綜合經濟政治與文化的多功能社會組織。

四、結語

柔佛客家人從遷徙歷程來看，不僅是跨半山渡南洋，到了馬來半島落地生根卻又遭逢戰禍與高壓統治，近 50 多年的顛沛流離，使得客家人各層面皆受影響，如人口數量與定居、社團組織的發展等日常生活，柔佛客家人口的統計正因變動的時空環境，難有真實的計算。客家人口

---

24 沙威文創社於 2014 年成立，當年已辦理村里壁畫寫生，鼓勵年輕人與孩童畫出自己意象中的新村。

統計歷來面臨一個困境，原本客家是一個跨籍貫的族群，英國行政官員要如何去定義客家人，往昔以方言使用做為標準看似準確，但方言群的劃分是否先建立在被調查對象的認同之上，福建、廣東、潮州及海南等群體並無客家來得複雜，客家人既來自閩，亦有自粵來，甚至潮、贛等地方，河婆客的歸屬在 20 世紀初期已被劃定，後繼的日本學者亦無法說明此現象，接續著英國人的論述而作紀錄。緊急狀態施行後，柔佛客家人不再是人口統計上的一個數字，而是探討客家人在新村如何自處，他們在新村的社會生活與社團組織，從柔南部分新村社團例子來看，緊急狀態期間促使新村居民新創或重組社團組織，其因之一是人群聚集後面臨到社會層面的多重挑戰，亦使新村內部社會再度分群。緊急狀態解除後，社團組織發展出多樣性，青年團、婦女部甚至族群文化的復振顯示新村居民並非受限在一個傳統歷史框架裡。

柔佛客家人進入到新村後，其原生社會受到影響，每位村民長久以來的共同記憶再次重新塑造，行政界線與族群邊界的雙重限制使得新村客家人走向不同於過往鬆散的社會結構，他們從原鄉或南洋落腳地依靠著中國傳統慣習及文化親近性的自然生存模式轉變為由上而下的高壓治理，新村內部精神文化自然產生回響。馬來西亞獨立後的國家認同與民族意識逐漸推擠認同層次，並衝擊著新村社會文化，另一方面文化上的中國想像正不斷實踐，透過華文教育傳遞、祭祀禮儀及飲食生活等代代傳承，然多數新村居民自認是華人，也被認為是華人，但一體性的華人文化僅是族群圖像外層，不同區域的華人及其地方社會已產生質變，內層的族群意識與自我認同可以是新村或非新村居民未來探索的方向。

今日馬來西亞或東南亞地區的客家方言會館對於客家意識或客家認同，大多認知是客家方言群所組成的「客家」，這種理解也出現在其他華人方言會館之中，而部分客家認知又有臺灣客家運動、中國客家製造及研究的外溢效應，使得東南亞客家社群的行動參與相較其他方言群有所差異。大多數的客家會館對於復振客家文化和客家認同並不熱切，也非必要之事，站其立場思考，延續實踐客家文化和客家認同是客家人的共擔，把重責賦予方言會館未免沉重，且尊重個人和群體的抉擇是理解雙方的首要，客家既為跨地域的集合，就以多元做為客家文化之內涵。

參考文獻

一、中文部分

文平強。2007。〈華人移民與環境適應——探討馬來西亞客家人的經濟適應與變遷〉。《馬來西亞華人研究學刊》，10：19-34。

利亮時、楊忠龍。2015。〈二戰後馬國客家聚落的演變——以士乃新村為例〉。《興大歷史學報》，28：387-394。

安煥然、劉莉晶編。2007。《柔佛客家人的移植與拓墾》。新山：南方學院出版社、新山客家公會。

安煥然。2009。〈馬來西亞柔佛客家人的移植及其族群認同探悉〉。《臺灣東南亞學刊》，6：81-108。

行政院。1944。《國民政府年鑑》。重慶：行政院。

河合洋尚、飯島典子。2013。〈日本客家研究的軌跡：從日本時代的臺灣調查到後現代主義視角〉。《全球客家研究》，1：123-162。

林水檺、駱靜山編。1984。《馬來西亞華人史》。馬來西亞雪蘭莪：馬來西亞留臺校友會聯合總會。

林廷輝、方天養。2005。《馬來西亞新村——邁向新旅程》。馬來西亞：華社研究中心。

蕭新煌、張維安、范振乾、林開忠、李美賢、張翰璧。2005。〈東南亞的客家會館：歷史與功能的探討〉。《亞太研究論壇》，28：185-219。

蕭新煌。2013。〈序言〉。林開忠編，《客居他鄉：東南亞客家族群的生活與文化》。苗栗／南投：客家委員會客家文化發展中心／國立暨南國際大學東南亞研究中心。

蕭新煌等。2016。〈臺灣與東南亞客家認同的延續、斷裂、重組與創新〉。《人文與社會科學簡訊》，18(1)：72-84。

二、外文部分

Chieh Police Officer. 1950. Ref: CPOJ/Q/4/10/4, Johore.

Malayan Christian Council. 1958. *A survey of the new villages in Malaya*. Kuala Lumpur: Malayan Christian Council.

Straits Settlements office. 1906. *Annual Departmental Reports of the Straits Settlements for the Year*. Singorpe.

——. 1914. *Annual Departmental Reports of the Straits Settlements for the Year*. Singorpe.

——. 1936. *Annual Departmental Reports of the Straits Settlements for the Year*. Singorpe.

Voon Phin Keong. 2011. *The Chinese New Villages In Malaysia: Impact Of Demographic Changes And Response Strategies*. Kuala Lumpur: Malaysian Chinese Studies Center.

田村壽 .1943.〈南方華僑の現勢〉.《南方年鑑（昭和 18 年版）》. 東京 : 東邦社 .

企畫院調查部 .1939.《華僑研究資料》. 東京 : 企畫院調查部 .

吉川精馬 .1922.《戰後の南支南洋と臺灣》. 臺北 : 實業之臺灣社出版部 .

南洋協會 .1940.《南洋の華僑》. 東京 : 南洋協會 .

深尾幸太郎 .1916.《殖民地大鑑》. 東京 : 東洋タイムス社 .

高尾為雄 .1938.《南洋華僑事情》. 未知 .

藤山雷太 .1927.《南洋叢談》. 東京 : 日本評論社 .

臺灣總督官房調查課 .1928.《南支南洋鳳梨事業》. 臺北 : 臺灣總督官房調查課 .

第三篇

臺灣新住民

第八章

近年臺灣東南亞新移民研究之發展與分析

彭婉菁 *

一、臺灣多元文化社會

根據內政部人口統計資料[1]，從民國 87 年截至 110 年，在臺灣的非本國籍配偶[2]總數為 618,154 人，近 62 萬人，臺灣人口總數近 2,357 萬人[3]，新住民總數占臺灣人口約 3%（2.75%）；近年臺灣人口總數呈現下滑趨勢之時，反觀在新住民人口統計占臺灣全國人口總數比例之數字，較 107 年的 2.45% 是呈現正成長數字。且 COVID-19 疫情爆發以來（民國 109 年至民國 110 年）的新住民在臺人口總數實為銳減狀態，但在臺灣總人口數的人口比例為增長情況，可見新住民在臺之社會角色的重要性仍日趨增長中。

---

* 國立中山大學中國與亞太區域研究所博士生

1 資料來源：中華民國內政部戶政司人口統計資料，https://www.ris.gov.tw/app/portal/346。

2 以下以「新住民」稱之。

3 截至民國 110 年統計之實際數字為 23,561,236。

本文欲研究主題為近年東南亞新移民（新住民）相關研究之發展與分析，研究目標範圍為近年臺灣多以新住民稱呼之新移民，含已歸化臺灣國籍者和未歸化臺灣國籍者；2012 年新住民正名化運動後，中華民國內政部移民署正式宣布於官方用詞將以「新住民」替換「外籍配偶」一詞，代表該群體為臺灣多元文化之一，避免使用臺灣社會對其形象污名化之詞語，因此本文將以「新住民」、「新移民」等關鍵字之論文為研究範圍主題。依在臺灣新住民人口之原國籍來分析，近年人口增長最多為來自東南亞國家之新住民，故本文想透過研究已發表之近年碩博士論文，來分析逐年東南亞新移民相關研究方向之變化，以及透過政府政策宣導、執行，是否有間接影響臺灣碩博士生研究方向與發展，此為本研究欲深入瞭解的問題。

（一）臺灣新移民意識的崛起

為了理解何謂「新移民意識」，以涂爾幹主張「社會事實應當看作事物來對待」，認為將社會事實與心理哲學分離之，能更具實證性研究[4]。簡述而言，涂爾幹的社會事實是外在於行動者，並且能強制行動者，比起心理哲學，以社會事實而論，會將「臺灣東南亞新移民如何創造共同意識」更具體化，臺灣的社會結構變遷如何改變一個群體的歷史思維基本結構，並進一步清楚東南亞新移民在臺灣的發展過程與學術研究方向的變化。

在涂爾幹論及社會實體，將其分為「物質性社會事實」和「非物質性社會事實」，以下本文作深入探討該兩者分別。

4　George Ritzer 著，馬康莊、陳信木譯，2005，《社會學理論（上冊）》。臺北：巨流，頁 168-172。

涂爾幹將「物質性社會事實」分為（1）社會：原既有的初民社會反應在語言、文化上。（2）社會的結構組成成分：結構成分會受族群、信仰等影響。（3）社會的型態成分：社會中人口密度（以族群分之）、溝通管道（本文將其意指為人民與國家的溝通方法、機構）、居住區域配置（分成族群混居、族群集中，或按國家法律規定而居之）。

「非物質性社會事實」則有四個部分；（1）社會道德：依國家教育或家庭教育產生個人差異。（2）集體意識：在歷史過程中建構出的族群意識有共同信仰或情感意識。本文認為是當兩個以上的不同群體相互適應後所產生多種的不同集體意識感受。（3）集體表象：特定的集體之規範與價值；似於在集體意識產生作用（亢奮）下而創造出的規範（表徵），可視為集體意識的具體狀態或基體。（4）社會潮流：涂爾幹主張社會潮流是無中生有地降臨到集體中的每一個個體，而且能夠無視個體意識的存在，將個體意識帶進集體意識[5]。

本文認為主觀的集體意識之形成、塑造，少不了社會學理論常論及的「集體的心理狀態」。集體意識還是與涂爾幹談及的「物質性社會事實」（語言、宗教、血統）之間產生急劇地拉扯和聯繫關係。以東南亞華人來舉例，該群體的主觀意識是藉由整個華人社會在東南亞歷史中的共同演進而成，而這歷史之中，必須談及最初的血統關係、氏族關係，再聯結到民族生存的歷史，以及祖先、神的崇拜，這是環環相扣的。隨著東南亞不同國家的歷史發展、政策改變，現在東南亞各國的華人在經過幾個世紀後，都出現不同於以往的華人意識與文化面貌，以及產生不同的各國華人群體意識。此為「物質性社會事實」（語言、宗教、血統）

5　George Ritzer 著，馬康莊、陳信木譯，2005，《社會學理論（上冊）》。臺北：巨流，頁 173-211。

塑造「非物質性社會事實」（集體意識），接著「非物質性社會事實」（集體意識）影響「物質性社會事實」（社會結構）發展的現象。

因此，當臺灣「新移民」、「新住民」稱呼被創造出來，即代表該群體已於臺灣社會結構產生了「集體意識」。暫且不論該移民群體是由多個原生國移民組成，而是在「新移民」、「新住民」或如本文主要研究對象「東南亞新住民」之稱呼出現，即該群體已成為臺灣多元文化社會的一個重要組成成員之一，與整個臺灣社會的歷史發展、變化產生聯繫，與之相關的學術研究，其重要性與日俱增。

（二）臺灣新住民認同變遷

社會中一族群認同之所以發生變遷，主要原因是該群體和不同的族群團體之間有接觸（contact）與互動（interaction），有接觸和互動必然會產生競爭，而各族群團體之間為求群體最佳利益，競爭之下便會導致族群或群體認同變遷之發生[6]。學者葛永光將認同變遷分為三方面因素；分別是心理、經濟及政治[7]。心理方面，「居劣勢」是優勢；即被歧視或偏見對待的群體，會產生挫折感，讓其與具有優勢群體互動時，相對剝奪感提升，開始想要改變或修正原有角色，如此便會發生集體心理影響社會事實的情況，產生認同變遷。例如，從「臺灣外籍新娘」的稱呼轉為「臺灣外籍配偶」，直到近年的「臺灣新住民」；此為「居劣勢」發展到爭取「優勢」集體心理上之認同變遷。

---

6 葛永光，1991，《文化多元主義與國家整合：兼論中國認同的形成與挑戰》。臺北：正中，頁 87-91。

7 葛永光，1991，《文化多元主義與國家整合：兼論中國認同的形成與挑戰》。臺北：正中，頁 90-94。

從經濟方面分析，當該群體成員收入、職業、教育發生變化，且為正向進而足以影響社會經濟發展，或是該群體成員經濟條件明顯提升，會讓其為尋求提升自己或群體在社會之地位，產生群體認同之變遷。例如，臺灣社會社團組織中，以東南亞為主之協會組織開始成立，組織成立數量漸增，即為多個東南亞國家新住民成員組成的群體組織，為群體成員彼此相互支持而產生「南洋」認同變遷。

最後一種認同變遷為因政治因素而產生；當東南亞新住民群體組織成立，例如南洋姐妹會等類似之團體組織；組織發展隨著成員、新移民等人數逐漸增長，但國家福利資源未能滿足群體組織所需資源，便使得族裔之間（例如原住民團體組織、客家社團組織等不同族裔組織）產生需要爭取更多政治支援之情況，該群體組織即產生認同變遷，以獲得政治支援。因此，東南亞新移民團體之成員多來自不同國籍，他們需要透過「東南亞新住民」此身分認同來為自己爭取政治力量，獲得較多社會福利資源，此為政治因素所產生之認同變遷。

民族主義大師Kohn提出現代民族主義應為「開放性民族主義」[8]，指要建立一個機會均等，成果共享的「福利國家」，各種不同且獨一無二的文化都可和平共存；而將其套用在臺灣多元文化社會，所謂多元文化主義，就是要尊重每一個族群文化在臺灣的自主性，並且保護其族群文化的自主發展。因此，從臺灣對於東南亞新移民相關學術研究之方向、研究重點，可觀其是否因近年來臺灣提倡社會多元文化，如何轉變臺灣研究者對該群體的文化認同，從而改變對研究目標之研究方向、動機目的，深入探討東南亞新移民相關的研究，對臺灣多元文化發展產生之

8　黃有志，1995，〈民族主義與族群認同—論多元文化主義的理念與實踐〉。見邵宗海等編撰，《族群問題與族群關係》。臺北：幼獅文化，頁82。

變化。

在現代民族主義所謂的「福利國家」就是指個體應有的法律、政治權利之外，尚包括社會權利；如獲得工作的權利、失業時獲得救濟的權利，以及得到符合標準的保健、住宅、教育和其他社會服務的權利。換言之，「福利國家」基本上就是照顧社會上的每一成員，使其有均等的機會共享社會發展的成果。

本文以上述「福利國家」之「法律與政治」、「社會權益」及「其他社會行為與科學研究」作研究項目分析，將研究目標作分類，分析近年臺灣碩博士於東南亞新移民相關研究發展；論未來東南亞新移民在臺灣多元文化社會的角色發展之可能面貌。

二、臺灣東南亞相關研究文獻分析

所謂多元文化主義，就是要尊重每一個族群文化在臺灣的自主性，並且保護其族群文化的自主發展。因此，從臺灣對於東南亞新移民相關學術研究之方向、研究重點，可觀其是否因近年來臺灣提倡社會多元文化，如何轉變臺灣研究者對該群體的文化認同，從而改變對研究目標之研究方向、動機目的，深入探討東南亞新移民相關的研究，對臺灣多元文化發展產生之變化。

本文將以前述「福利國家」之「法律與政治」、「社會權益」及「其他社會行為與科學研究」作研究項目分析，將研究目標作分類，分析近年臺灣碩博士於東南亞新移民相關研究發展；論東南亞新移民在臺灣多元文化社會之角色發展變化。

本研究以「全國博碩士論文網」[9]為搜尋平台，以「東南亞」、「新移民」、「新住民」做為搜索關鍵詞。與東南亞相關研究之碩博士論文撰寫年份為2006年至2022年，共有161篇論文[10]；接著將以「法律與政治」、「社會權益」、「其他社會行為與科學研究」等三項目作研究分析。[11]

（一）法律與政治

法律與政治相關的研究論文為13篇；最早發表於2008年周淑君《蘭陽地區居民對東南亞新移民女性態度之研究》，本文認為該篇論文屬文化政策類；討論文化政策推廣與人民對東南亞新移民女性的態度影響，以量化研究方法為主，質性研究方法為輔，分析蘭陽地區12鄉鎮對東南亞新移民女性相關政策實行下，當地居民態度之影響，該研究分為「對東南亞新移民女性」、「對東南亞新移民女性子女」、「對東南亞新移民女性家庭」、「對東南亞新移民女性政策」等四項影響變項[12]。本文認為周淑君對於其論文研究之目的「期為政府提供新移民女性相關政策之制定參考」已達成，然量化資料之蒐集礙於人力、財力、語言等因素而未能完善，實屬可惜，若能全面化實施問卷資料蒐集，可有效地提升該篇研究論文之問卷可信度。

9　全國博碩士論文網，https://ndltd.ncl.edu.tw/cgi-bin/gs32/gsweb.cgi/ccd=Mk6b6J/login?jstimes=1&loadingjs=1&o=dwebmge&ssoauth=1&cache=1700636717789。

10　其中，2009年石承恩發表《東南亞籍新移民女性國家認同的形塑與建構—以臺中市立五權國中補校為例》，本文同時將其歸於「社會權益」之教育相關與「其他社會行為與科學研究」之文化認同。

11　「法律與政治」13篇、「社會權益」57篇、「其他社會行為與科學研究」92篇。

12　周淑君，2008，《蘭陽地區居民對東南亞新移民女性態度之研究》。宜蘭：佛光大學社會教育學研究所碩士論文。

另外，與文化政策相關還有2篇，分別為2017年陳莉莉《設置新住民博物館之可行性研究：以臺灣東南亞新住民為例》[13]和2022年江易儒《臺灣東南亞新住民文化資產之可能性》[14]，皆為探討在臺發展新移民文化資產之可能性及實施文化政策對臺灣社會之影響。與新移民政策相關的論文為1篇，2010年任儀梅《社群組織對於新移民文化適應的影響——以東南亞女性新移民為例》[15]，以參與觀察與深度訪談等研究方法，分析臺灣新移民政策與社群組織的關係，探討兩者如何互相影響及實施政策時對臺灣社會、新移民社群組織的影響。

與福利政策相關論文計5篇（2012年、2013年、2018年、2021年）[16]；

---

13 陳莉莉，2017，《設置新住民博物館之可行性研究：以臺灣東南亞新住民為例》。臺北：國立臺北大學公共行政暨政策學系碩士在職專班碩士論文。

14 江易儒，2022，《臺灣東南亞新住民文化資產之可能性》。臺北：國立臺北大學民俗藝術與文化資產研究所碩士論文。

15 任儀梅，2010，《社群組織對於新移民文化適應的影響—以東南亞女性新移民為例》。臺北：國立政治大學民族研究所碩士論文。

16 徐子淇，2012，《新移民女性就業困境與培力政策之評析：以東南亞新移民女性為例》。高雄：國立高雄師範大學性別教育研究所碩士論文。

劉慧平，2013，《東南亞婦女新移民教育政策之評估》。嘉義：國立中正大學政治學研究所碩士論文。

蔡佳昕，2018，《臺灣新住民職業訓練政策之檢討—以東南亞新住民為例》。高雄：高苑科技大學經營管理研究所碩士論文。

李惠珍，2021，《無固定雇主與自營作業之東南亞新住民勞工加入工會勞保意願之研究：以高雄市為例》。高雄：國立高雄師範大學東南亞學碩士在職學位學程碩士論文。

劉柏漩，2021，《東南亞籍新住民人力轉型輔導為長期照護服務員政策方案可行性之研究：以高雄地區照服員專班為例》。高雄：國立高雄師範大學東南亞學碩士在職學位學程碩士論文。

參政權相關之論文計 2 篇（2013 年、2016 年）[17]；法律相關之論文為 2 篇（2020 年）[18]。

本文發現「法律與政治」相關之東南亞研究論文，由於新移民人口增多，從前期強調新移民文化適應問題而衍生之文化政策研究，轉向以社會福利政策為重之研究方向；近些年出現法律相關之研究論文，是以刑法為研究主題；而在此項目論文研究主題是以東南亞新移民女性為重，較少與其子女、家庭相關。

（二）社會權益

與社會權益相關之東南亞研究論文共 57 篇[19]，分類為下述 6 項（由多至少順序排列）：教育相關計 31 篇、醫療相關計 7 篇、社會福利相關計 6 篇、社工服務相關計 6 篇、就業權益相關計 5 篇、社群組織相關計 2 篇。本文以臺灣發展為福利國家之前提而分作「法律與政治」、「社會權益」及「其他社會行為與科學研究」等三項研究主題，發現最早與東南亞研究相關之論文是以「社會權益」相關之研究論文；分別為 2006

---

17 陳煥修，2013，《新北市新店區新移民女性政治社會化之研究：大陸籍與東南亞籍比較》。宜蘭：佛光大學國際與兩岸事務學系碩士論文。

康逸琪，2016，《臺灣新移民女性政治賦權之研究》。臺北：國立政治大學國家發展研究所碩士論文。

18 樂擎，2020，《論文化辯護於我國刑事判決中之實踐方式—聚焦於原住民族與東南亞外籍移工、新移民比較》。臺北：國立臺灣大學科際整合法律學研究所碩士論文。

方嘉鴻，2020，《東南亞籍女性配偶犯罪歷程之研究》。桃園：中央警察大學犯罪防治研究所博士論文。

19 論文相關資料請參詳附件一。

年與醫療相關的 2 篇東南亞研究論文，王美晴《臺北市東南亞新移民家庭早期療育相關服務使用經驗與影響因素之探析》和林冠群《臺灣東南亞籍早產母親與醫護人員之溝通狀況——以北部地區某醫學中心新生兒科為例》[20]。

另外，2007 年劉嘉貽發表《東南亞新住民母親對早期療育滿意度之研究》[21]，2008 年蕭崴云《東南亞新移民初產婦於產後初期為人母之狀況及其相關因素》[22]，本文發現前期醫療相關研究主題皆以東南亞新移民女性在臺之子女為主要就醫對象作研究方向。2011 年醫療相關 1 篇，2012 年 1 篇，2013 年 1 篇 [23]，此時期，研究主題才轉以東南亞新移民女性，其婦女本身就醫情況為主的研究方向；研究對象之用詞解釋亦從「新移民」轉變為使用「新住民」一詞。社會福利相關論文則依然以東南亞新移民女性為主要研究對象。

社工服務相關論文則是由被動方轉為主動方 [24]。換言之，研究導向發生變化，由原先研究對象為「被社會志工需要協助的對象」，轉為「新移民幫助來自異國移民的新移民」，但此項目的論文研究對象依然皆為東南亞新移民女性；此部分值得本文作進一步的研究分析為何皆為東

20 王美晴，2006，《臺北市東南亞新移民家庭早期療育相關服務使用經驗與影響因素之探析》。臺北：國立臺灣大學社會工作學研究所碩士論文。

林冠群，2006，《臺灣東南亞籍早產母親與醫護人員之溝通狀況—以北部地區某醫學中心新生兒科為例》。桃園：長庚大學醫務管理學研究所碩士論文。

21 劉嘉貽，2007，《東南亞新住民母親對早期療育滿意度之研究》。臺北：國立臺北教育大學特殊教育學系碩士論文。

22 蕭崴云，2008，《東南亞新移民初產婦於產後初期為人母之狀況及其相關因素》。臺北：國立臺灣大學護理學研究所碩士論文。

23 論文相關資料請參詳附件一。

24 論文相關資料請參詳附件一。

南亞新移民女性，該項目之研究論文研究是否有其他變項因素之遺漏或量化資料蒐集之缺失，此為本文未來希望可以透過研究得以解清疑惑。且本文發現，社工服務的研究項目已由「他人論述新移民」轉為「新移民對於自我本身之陳述」為研究資料的主要蒐集方向；可以認為臺灣多元文化政策推廣之下，對學術研究之影響也相對發生變化。

而教育方面之研究論文，則可透過歷年發表之論文文章發現，早期皆為著重於「東南亞新移民第二代子女」，對於該群體在家庭以及學校之教育學習相關的論文研究。接著，中期則是關注於東南亞新移民女性對於第二代子女的教育及學校對於新二代教育的影響與成效，以東南亞文化對於臺灣教育文化之影響，並將多元文化做為主要影響變項，而研究對象多為新移民與其子女的群體，分析該群體在臺灣接受多元文化教育後的影響之相關研究，欲透過研究，分析臺灣多元文化教育的成效[25]。近年則多為研究東南亞新移民女性之教育相關研究問題；已將研究方向轉為「新移民女性」本身教育議題，研究分析東南亞新移民女性在臺教育相關問題。

「就業權益」則明顯因臺灣對於「新住民正名運動」而有變化，論文題目、主題方向明顯不同，而研究目標與對象對於「新移民女性」之名詞解釋也有差異；雖無法控制每篇論文之受訪者的自我主觀意識，但論文主題則不然，論文研究之思維方向必定存在當下研究者的主觀意識，此便意味著臺灣多元文化對於東南亞新移民的敘述論點、接納程度已產生變化。

25 論文相關資料請參詳附件一。

（三）其他社會行為與科學研究

其他社會行為及科學研究相關論文計 92 篇，本文將其分類為下列 6 項（由多至少順序排列）。分別為家庭相關 39 篇、認同 24 篇、社會適應 18 篇、傳播媒體相關 6 篇、創業相關 5 篇和宗教相關 1 篇[26]。

與家庭相關的 39 篇研究論文，本文發現由 2007 年至 2009 年的研究方向多為探討東南亞新移民家庭的父權或母權，其生活相處及教育方式對於子女成長的影響，分析新移民子女在家或在校的教育影響；另外，分析父權家庭下的新移民女性教育程度、語言使用是否對其子女在校學習造成影響。2009 年始開始出現夫妻婚姻、婆媳相處等相關研究，將研究方向由「父母」、「子女」轉變為「夫妻」、「婆媳」，研究主要目標為探討東南亞新移民女性在臺之家庭適應問題。本文認為此時期家庭相關的研究論文是一重要轉折點，對於新移民女性的角色自「被動方」轉為「主動方」的時期，開始研究新移民女性的配偶權與家庭事務分配權等主題。

因此，2007 至 2009 年主要研究目標為探討家庭、子女，而 2009 年至 2011 年的主要研究目的為夫妻及東南亞新移民女性在家之權力；2011 年至 2017 年主要研究方向轉為東南亞新移民女性的自主權對婚姻關係的影響，及進一步地將研究問題延伸至新移民家庭、東南亞新移民女性對臺灣社會的發展與影響。2019 年至 2022 年則是為新移民女性對孩子的家庭教育影響，和探討東南亞新移民女性在臺的移民歷程及生活發展；本文發現東南亞新移民女性明顯已成為主要研究對象。

認同相關研究為 24 篇，本文按研究論文主題之發展分為文化認同、社會認同、國家認同，以釐清在「認同」項目，臺灣研究方向有何

---

26 論文相關資料請參詳附件二。

轉變[27]。在「文化認同」方面，自 2007 年到 2022 年，從東南亞新移民子女的文化認同研究方向轉為東南亞新移民女性對自我家鄉文化認同；「社會認同」自 2011 年到 2020 年，研究主題從探討東南亞新移民女性如何被臺灣社會認同，轉為東南亞新移民女性想被社會認同。

「國家認同」主要是研究新住民對臺灣的認同；另外，2017 年柯閔祥發表《創建友善職場——東南亞新住民第二代未來就業與挑戰》，此篇研究對象為東南亞新移民第二代，期透過該研究建議國家創造多元文化環境，讓東南亞新移民第二代對於新移民原生母國的國家產生認同感，並創造臺灣就職友善環境，同時讓新移民第二代願意赴新移民原生母國之臺企就業。

傳媒相關研究 6 篇，由主要研究對象為東南亞移工、東南亞新移民女性和其第二代子女；2017 年陳浩寧發表《從搖籃到社會：像新二代這樣的臺灣人》，是有關東南亞新移民第二代子女由早期的污名化報導，轉為近年正向發展的報導研究。2019 年陳冠穎《臺灣當代散文中的新移民女性形象》則是透過分析與東南亞新移民女性有關的文章專書，探討東南亞新移民女性的主體性，以及新移民女性的角色書寫開拓性。本文發現雖傳媒相關的論文僅 6 篇，但 2017 年、2019 年的兩篇研究相較於早先的研究，對於研究對象的用詞及分析轉為正向性。最後，與創業相關研究為 4 篇，於 2020 年開始出現，皆以東南亞新移民女性為主要研究對象，主要研究東南亞新移民女性創業意圖與創業歷程之發展。

---

27 論文相關資料請參詳附件二。

三、結論與反思

中華民國憲法增修條文第10條，提及國家肯定多元文化……；國家應重視社會救助、福利服務、國民就業、社會保險及醫療保健等社會福利工作，……[28]。雖此增修條文多半為維護原住民權益的法條，但中華民國憲法肯定國家的多元文化發展，而本研究認為新住民之原國籍文化，在臺灣的在地延伸、融合、發展已然成為臺灣多元文化之一。故與新住民相關的政策推動（學術研究之推展），實則皆影響著新住民在臺灣的新住民文化發展之情況。

學者陳碧笙（1991: 3-5）談及「民族意識」，認為其就是一群體的「共同的心理狀態」。它來自三個方面，第一，來自共同的血統；二，有共同的歷史；第三則是共同的崇拜[29]。在「新住民」形成的初期，共同的血統（非臺灣國籍）是一個主要的因素，到了「新住民」發展壯大的時期，共同的歷史（在臺灣的生活）是一個主要因素，到了新住民開始融入臺灣社會的時候，共同的崇拜（新住民的未來政治發展）就是主要的因素。

> 雖然目前臺灣社會中常常以「新住民」來稱呼臺灣的新移民，但是他們並不是一個同質性的團體，而是包括來自不同文化、宗教、教

---

28 中華民國憲法增修條文第10條第8項「國家應重視社會救助、福利服務、國民就業、社會保險及醫療保健等社會福利工作，對於社會補助和國民就業等救濟性支出應優先編列。」、第11項「國家肯定多元文化，並積極維護發展原住民民族語言及文化。」

29 陳碧笙，1991，《世界華僑華人簡史》。福建：廈門大學，1991，頁3-5。

育、經濟等背景的不同群體，這些不同的背景也讓他們在臺灣社會的生活產生多樣的風貌[30]。（紀駿傑 2009: 177）

自臺灣新住民正名運動開始到 2012 年移民署正式宣布「外籍配偶」正名為「新住民」，本文發現「法律與政治」、「社會權益」、「其他社會行為與科學研究」等三分析項目確實皆在正名運動時期前後發生變化，研究主題及目標、對象與早期 2010 年之前的研究顯著不同；研究名詞解釋也產生一致性的變化，直至 2022 年的東南亞新移民相關研究所使用的名詞解釋屬正面向，因此，本文認為未來臺灣在推行東南亞新移民相關政策時，應謹慎實行並推廣。透過前述之文獻分析，現今臺灣強調多元文化之重要的社會環境，國家政策的推廣，的確對近年碩士生、博士生在思考臺灣東南亞新移民研究主題時造成影響；然需反思，在臺灣的東南亞新移民研究是否會影響臺灣新住民文化的發展，及新住民對臺灣其他多元文化的認同，亦或更進一步地影響臺灣未來的政治、經濟、教育……等多層面未知的變化、發展，此為本文期望未來能窺知一二的重要研究方向。

此外，隨著臺灣的新移民人口漸增，在「法律與政治」相關之東南亞研究論文項目，從前期針對新移民文化適應而推行之文化政策研究，轉以對新住民社會福利政策研究為主；近些年已開始出現與東南亞新移民相關之刑法案例研究論文，本文認為未來在新移民人數達到足以影響臺灣政治、社會文化之時，對於法律、政治的東南亞新移民研究相關論文篇數勢必也會增加。

30　紀駿傑，2009，〈族群關係〉。載於瞿海源、王振寰主編，《社會學與臺灣社會》。臺北：巨流，頁 177。

臺灣多元文化是否能夠共存，取決於臺灣各族群及成員在發展的過程中之「整合」，本文認為國家政策「整合」之步驟更為重要，因為需要保證任一群體的成員不應為自己的族群歸屬，而毫無理由地被剝奪其在政治、經濟、社會與教育諸領域機會均等的權利。近年來在臺灣國家發展、推動東南亞新住民學術研究，相關的政策實施過程中實需注意其原生母國之代表印象在臺灣社會發展的走向，如何讓各族群社會的差異轉化成功能性的相互依賴，而非促使個人民族主義的高度發展，間接地可能導致臺灣社會的失序（anomie），因此，國家政策推廣與學術論文發展環環相扣，實為值得注意。

參考文獻

一、專書

George Ritzer 著，馬康莊、陳信木譯。2005。《社會學理論（上冊）》。臺北：巨流。

紀駿傑。2009。〈族群關係〉。瞿海源、王振寰主編，《社會學與臺灣社會》。臺北：巨流。

陳碧笙。1991。《世界華僑華人簡史》。福建：廈門大學，頁 3-5。

黃有志。1995。〈民族主義與族群認同——論多元文化主義的理念與實踐〉。邵宗海等編撰，《族群問題與族群關係》。臺北：幼獅文化，頁 82。

葛永光。1991。《文化多元主義與國家整合：兼論中國認同的形成與挑戰》。臺北：正中。

二、博、碩士論文

任儀梅。2010。《社群組織對於新移民文化適應的影響——以東南亞女性新移民為例》。臺北：國立政治大學民族學系碩士論文。

江易儒。2022。《臺灣東南亞新住民文化資產之可能性》。臺北：國立臺北大學民俗藝術與文化資產研究所碩士論文。

李惠珍。2021。《無固定雇主與自營作業之東南亞新住民勞工加入工會勞保意願之研究：以高雄市為例》。高雄：國立高雄師範大學東南亞學碩士在職學位學程碩士論文。

周淑君。2008。《蘭陽地區居民對東南亞新移民女性態度之研究》。宜蘭：佛光大學社會教育學研究所碩士論文。

徐子淇。2012。《新移民女性就業困境與培力政策之評析：以東南亞新移民女性為例》。高雄：國立高雄師範大學性別教育研究所碩士論文。

康逸琪。2016。《臺灣新移民女性政治賦權之研究》。臺北：國立政治大學國家發展研究所碩士論文。

陳莉莉。2017。《設置新住民博物館之可行性研究：以臺灣東南亞新住民為例》。臺北：國立臺北大學公共行政暨政策學系碩士在職專班碩士論文。

陳煥修。2013。《新北市新店區新移民女性政治社會化之研究：大陸籍與東南亞籍比較》。宜蘭：佛光大學國際與兩岸事務學系碩士論文。

劉柏漩。2021。《東南亞籍新住民人力轉型輔導為長期照護服務員政策方案可行性之研究：以高雄地區照服員專班為例》。高雄：國立高雄師範大學東南亞學碩士在職學位學程碩士論文。

劉慧平。2013。《東南亞婦女新移民教育政策之評估》。嘉義：國立中正大學政治學系碩士論文。

樂擎。2020。《論文化辯護於我國刑事判決中之實踐方式——聚焦於原住民族與東南亞外籍移工、新移民比較》。臺北：國立臺灣大學科際整合法律學研究所碩士論文。

蔡佳昕。2018。《臺灣新住民職業訓練政策之檢討——以東南亞新住民為例》。高雄：高苑科技大學經營管理研究所碩士論文。

附件一：社會權益相關共計 57 篇

醫療 7 篇（依西元年份順序排列）				
	年份	研究人	論文名稱	發表地
1	2006	王美晴	《臺北市東南亞新移民家庭早期療育相關服務使用經驗與影響因素之探析》	臺北：國立臺灣大學社會工作學研究所碩士論文
2	2006	林冠群	《臺灣東南亞籍早產母親與醫護人員之溝通狀況—以北部地區某醫學中心新生兒科為例》	桃園：長庚大學醫務管理學研究所碩士論文
3	2007	劉嘉貽	《東南亞新住民母親對早期療育滿意度之研究》	臺北：國立臺北教育大學特殊教育學系碩士論文
4	2008	蕭崴云	《東南亞新移民初產婦於產後初期為人母之狀況及其相關因素》	臺北：國立臺灣大學護理學研究所碩士論文
5	2011	方恩真	《東南亞籍新移民母親照顧癌症子女之生活經驗》	臺北：國立臺北護理健康大學護理研究所碩士論文
6	2012	郭淑芬	《以 Andersen Model 驗證臺灣東南亞籍婦女婦幼預防保健服務使用：涵化與相關因素探討》	臺北：臺北醫學大學醫學科學研究所博士論文
7	2013	簡妙如	《東南亞新移民女性個人健康、家庭功能及其相關因素探討—以臺中市為例》	臺中：中山醫學大學護理研究所碩士論文
社會福利 6 篇（依西元年份順序排列）				
	年份	研究人	論文名稱	發表地
1	2007	邱吟馨	《新移民女性的依附風格、社會支持與主觀幸福感之相關研究—以桃園縣東南亞籍新移民女性為例》	新竹：國立新竹教育大學教育心理與諮商學系碩士論文
2	2007	林慧甄	《東南亞新移民女性特殊需求子女社會資源運用之研究》	宜蘭：佛光大學社會教育學研究所碩士論文
3	2008	蔡禎祥	《澎湖縣東南亞籍女性配偶社會控制適應與發展之研究》	新北：國立臺北大學犯罪學研究所碩士論文
4	2015	謝亞彤	《臺灣學校社工對東南亞籍新移民家庭的跨文化服務知能與困境》	南投：國立暨南國際大學東南亞學系碩士論文

	年份	研究人	論文名稱	發表地
5	2017	薛盈瑩	《新移民女性生活適應與照顧輔導之研究—以桃園市東南亞籍為例》	桃園：開南大學公共事務管理學系碩士論文
6	2021	徐美惠	《原住民與新住民居家服務員跨族群服務經驗之探討—以屏東縣為例》	屏東：國立屏東科技大學社會工作系所碩士論文
社會志工 6 篇（依西元年份順序排列）				
	年份	研究人	論文名稱	發表地
1	2010	吳蕙君	《社工員對跨文化服務之因應—以高雄地區從事東南亞籍新移民服務之社工員為例》	臺南：長榮大學社會工作學系碩士論文
2	2010	李宜芬	《東南亞新移民女性參與志願服務對自我成長影響之探索性研究—以南部地區為例》	臺南：長榮大學社會工作學系碩士論文
3	2011	王祈允	《東南亞新移民女性參與福利服務方案充權歷程之研究》	屏東：國立屏東科技大學社會工作系碩士論文
4	2012	游婷婷	《東南亞籍新移民服務工作者之生命經驗》	嘉義：南華大學非營利事業管理學系碩士論文
5	2014	張睿耘	《一位東南亞裔社區口譯員的自述》	臺北：國立臺灣師範大學翻譯研究所碩士論文
6	2017	蔡依庭	《新移民女性社會參與和家庭支持經驗之探討》	臺北：實踐大學社會工作學系碩士論文
社群組織 2 篇（依西元年份順序排列）				
	年份	研究人	論文名稱	發表地
1	2011	任儀梅	《社群組織對於新移民文化適應的影響—以東南亞女性新移民為例》	臺北：國立政治大學民族研究所碩士
2	2013	洪于婷	《新移民女性遭受婚姻暴力調適歷程之研究—以三名東南亞籍新移民女性為例》	新竹：玄奘大學社會福利與社會工作學系碩士論文
教育 31 篇（依西元年份順序排列）				
	年份	研究人	論文名稱	發表地
1	2007	盧雅鈴	《東南亞新移民女性子女所知覺的母親教養方式與其學習適應關係之研究》	嘉義：國立嘉義大學教育行政與政策發展研究所碩士論文

	年份	研究人	論文名稱	發表地
2	2007	周宛君	《東南亞地區新移民女性子女學校生活適應之個案研究》	屏東：國立屏東教育大學教育行政研究所碩士論文
3	2007	林妗鎂	《將識字教育視為一種賦權：以宜蘭縣東南亞新移民女性生活適應為例》	宜蘭：佛光大學社會教育學研究所碩士論文
4	2007	向芳誼	《臺北市國民小學東南亞新移民子女學校適應之研究》	臺北：臺北市立教育大學教育行政與評鑑研究所碩士論文
5	2008	蕭如芬	《東南亞裔新移民女性家長參與及其子女學校生活適應之關聯》	臺北：國立臺北教育大學心理與諮商學系碩士論文
6	2008	廖錦煌	《城鄉地區東南亞新移民子女英語讀寫學習成就之探討—以臺中縣國小三年級生為例》	南投：國立暨南國際大學東南亞研究所碩士論文
7	2009	石承恩	《東南亞籍新移民女性國家認同的形塑與建構—以臺中市立五權國中補校為例》	彰化：國立彰化師範大學政治學研究所碩士論文
8	2009	黃巧如	《國小教師與東南亞新移民女性家長親師溝通現況之調查—以嘉義縣為例》	嘉義：國立中正大學犯罪防治所碩士論文
9	2009	王筱慧	《站上講臺說自己—東南亞文化講師的賦權行動歷程》	臺北：世新大學性別研究所碩士論文
10	2010	詹宜珮	《東南亞新移民女性生活現況、子女教養情況與親師溝通之研究—以桃園縣快樂國小四位新移民女性為例》	臺北：臺北市立教育大學課程與教學研究所課程與教學碩士學位在職進修專班碩士論文
11	2011	郭乃菁	《東南亞籍新移民女性就讀國中小補校現況之研究》	高雄：國立高雄師範大學教育學系碩士論文
12	2011	曾佳華	《東南亞籍新移民子女學校適應之研究—以臺中市一所小學為例》	臺中：靜宜大學社會工作與兒童少年福利學系碩士論文
13	2011	王婷瑟	《國小社會領域教科書東南亞教材內容分析》	南投：國立暨南國際大學東南亞研究所碩士論文
14	2012	劉玲月	《東南亞新移民子女學習使用母親語言之研究—以高雄市湖內區為例》	臺東：國立臺東大學進修部臺灣語文教師（暑期）碩士論文

	年份	研究人	論文名稱	發表地
15	2012	莊淑晶	《桃園縣八年級新住民子女的數學成就表現研究》	桃園：中原大學教育研究所碩士論文
16	2012	戴夢伶	《新移民與本國籍子女在七年級數學學業成就之比較研究》	桃園：中原大學教育研究所碩士論文
17	2013	楊盛名	《東南亞新移民女性華語文學習動機之研究—以屏東縣鹽埔鄉新圍國小補校學生為例》	屏東：國立屏東教育大學華語文教學碩士學位學程碩士論文
18	2013	許文松	《東南亞新住民母語傳承課程於國小階段的實施現況與成效分析：以新北市安和國小為例》	南投：國立暨南國際大學東南亞研究所碩士論文
19	2013	王心伶	《東南亞新住民楷書書法教學之行動研究》	屏東：國立屏東教育大學華語文教學碩士學位學程碩士論文
20	2014	劉秀榮	《東南亞新住民女性識字學習參與障礙相關因素之研究—以新竹縣海藍國小識字班成員為例》	新竹：國立新竹教育大學社會學習領域教學碩士班碩士論文
21	2015	洪鈺雯	《中小學在職進修教師的多元文化素養：以東南亞領域為例》	南投：國立暨南國際大學東南亞學系碩士論文
22	2015	鄔明怡	《夢想練習曲—國中生涯探索小團體對東南亞新住民子女之輔導成效分析》	南投：國立暨南國際大學東南亞學系碩士論文
23	2016	林佩樺	《安坑國小之東南亞文化素養與教學實踐》	南投：國立暨南國際大學東南亞學系碩士論文
24	2017	胡佳恩	《彰化縣東南亞新移民子女自我認同之研究》	南投：國立暨南國際大學社會政策與社會工作學系碩士論文
25	2018	林若馨	《東南亞新住民子女之平等受教育權—雙語教育作為積極平權措施》	臺北：國立臺灣大學法律學研究所碩士論文
26	2018	李宛臻	《臺中市國民小學音樂教師對東南亞新住民多元文化融入音樂課程之現況調查》	臺中：國立臺中教育大學音樂學系碩士班碩士論文
27	2019	鍾惠媛	《新住民語文教師教學增能需求之探討—以越南語教師為中心》	南投：國立暨南國際大學東南亞學系碩士論文
28	2020	楊香儀	《雙北地區辦理新住民語正式課程之修課學生探究》	南投：國立暨南國際大學東南亞學系碩士論文

	年份	研究人	論文名稱	發表地
29	2021	薛文瑤	《高中音樂教科書之東南亞地區音樂及其與新住民文化之相關內容分析》	臺北：國立臺灣師範大學音樂學系碩士論文
30	2022	張簡義璽	《臺灣東南亞裔新住民女性在推廣母語教學之現況、困境與策略研究—以高雄市為例》	高雄：國立高雄師範大學東南亞學碩士在職學位學程碩士論文
31	2022	蔡宜璋	《東南亞婚姻移民對臺灣多元文化教育影響之分析：以 108 課綱納入「新住民語文」課程為例》	高雄：文藻外語大學東南亞學系碩士論文
就業權益 5 篇				
1	2011	段宗君	《臺灣受暴女性新移民的就業困境》	嘉義：國立中正大學勞工研究所碩士論文
2	2013	黃國維	《屏東縣東南亞女性外籍配偶參加職業訓練意願與影響因素認知之研究》	嘉義：國立中山大學公共事務管理研究所碩士論文
3	2014	王世智	《新住民二代跨國就業之研究》	臺南：長榮大學社會工作研究所碩士論文
4	2016	趙含章	《東南亞新住民女性使用公立就業服務機構資源之探究—以中部以北地區為例》	臺中：東海大學社會工作學系碩士論文
5	2020	羅少宏	《適才適所：公部門東南亞新住民女性的階層化勞動分工》	南投：國立暨南國際大學東南亞學系碩士論文

附件二：其他社會行為與科學研究相關共計 92 篇

家庭 39 篇（依西元年份順序排列）				
	年份	研究人	論文名稱	發表地
1	2007	李維純	《東南亞籍新移民女性其青少年子女自我概念發展與轉換之探討研究》	南投：國立暨南國際大學輔導與諮商研究所碩士論文
2	2007	蔡蓉蓉	《東南亞新移民家庭親職經驗探究：子女就讀國小階段之家庭》	嘉義：國立嘉義大學家庭教育研究所碩士論文
3	2007	沈原億	《東南亞新移民女性子女自我概念與學校生活適應之研究》	嘉義：國立嘉義大學國民教育研究所碩士論文
4	2007	林含茵	《東南亞新住民母親的五歲幼兒國語能力之研究》	臺北：國立臺北教育大學幼兒教育學系碩士論文
5	2008	周炳言	《東南亞裔新移民女性之子女學業成就三年追蹤及其與配偶親職角色支持狀況之關聯》	臺北：國立臺北教育大學心理與諮商學碩士論文
6	2008	彭佳伶	《東南亞裔新移民家庭語言環境與子女學業成就之關聯》	臺北：國立臺北教育大學心理與諮商學系碩士論文
7	2008	張淳熙	《從文化資本與社會資本探究東南亞裔新移民子女學業成就與自我效能之共變結構模式》	臺北：國立臺北教育大學心理與諮商學系碩士論文
8	2008	葉菁	《東南亞新移民家庭第二代子女親子互動關係與自我概念之研究》	臺北：國立臺灣師範大學社會教育學系在職進修碩士班碩士論文
9	2008	黃志銘	《南投縣國民中學東南亞新移民子女在校生活適應探討》	南投：國立暨南國際大學東南亞研究所碩士論文
10	2008	許繼今	《東南亞新住民母親子女的敘事評論能力之研究》	臺北：臺北市立教育大學幼兒教育學系碩士論文
11	2009	邱美瑛	《婆家？娘家？—東南亞新移民女性婆媳互動關係之探討》	南投：國立暨南國際大學東南亞研究所碩士論文
12	2009	朱麗文	《臺中縣市東南亞籍已婚新移民女性代間矛盾之研究》	臺中：國立臺中教育大學諮商與應用心理學系碩士論文
13	2009	潘佳涵	《東南亞新住民母親教導子女母語之研究》	臺東：國立臺東大學幼兒教育學系碩士論文
14	2010	洪珮惠	《東南亞媳婦與臺灣婆婆同住的互動經驗探究》	嘉義：國立嘉義大學輔導與諮商學系碩士論文

	年份	研究人	論文名稱	發表地
15	2010	陳孟君	《東南亞籍新住民母親如何陪伴子女幼兒園適應》	臺北：臺北市立教育大學幼兒教育學系碩士論文
16	2010	林秋月	《從高達美「我一你」關係談文化婚姻的和諧關係—以臺灣東南亞新住民為例》	嘉義：南華大學哲學系碩士論文
17	2011	洪千惠	《東南亞新移民夫妻之家的意義建構》	彰化：國立彰化師範大學輔導與諮商學系博士論文
18	2011	鄭詩穎	《順從？抵抗？—東南亞新移民女性的家庭照顧經驗》	臺北：國立臺灣大學社會工作學系碩士論文
19	2012	戴夢伶	《新移民與本國籍子女在七年級數學學業成就之比較研究》	桃園：中原大學教育研究所碩士論文
20	2013	姜淑惠	《東南亞新移民離婚女性的婚姻歷程和母職實踐》	南投：國立暨南國際大學東南亞研究所碩士論文
21	2013	黃淑貞	《東南亞新移民女性自行創業與家庭角色之探討》	南投：國立暨南國際大學東南亞研究所碩士論文
22	2013	王美玲	《"扛與抗"：在臺東南亞新移民女性家務分工之經驗與因應》	南投：國立暨南國際大學東南亞研究所碩士論文
23	2014	陳儀榕	《大陸籍與東南亞籍「新臺灣之子」學習成就之研究—以宜蘭縣羅東國中為例》	宜蘭：佛光大學公共事務學系碩士論文
24	2014	詹巧盈	《東南亞新住民女性之經濟與就業排除：一個優勢觀點分析》	臺中：亞洲大學社會工作學系碩士論文
25	2014	劉芯妤	《東南亞新住民對子女教養方式之研究》	臺東：國立臺東大學教育學系教育研究所碩士論文
26	2015	胡育菱	《東南亞籍新移民女性配偶家庭權力探究：以智能障礙者之配偶為例》	臺中：東海大學社會工作學系碩士論文
27	2015	黃庭芬	《從多元文化觀點探討東南亞新住民教導子女母語之層面與方式》	嘉義：國立中正大學教學專業發展數位學習碩士在職專班碩士論文
28	2016	蔡立群	《東南亞新移民女性之家庭適應分析：以宜蘭縣頭城鎮為例》	宜蘭：佛光大學公共事務學系碩士論文
29	2016	王依靜	《獨立養育子女之東南亞新移民女性親子互動關係之探討：以屏東縣東港鎮為例》	屏東：國立屏東科技大學社會工作系所碩士論文

	年份	研究人	論文名稱	發表地
30	2017	李映綺	《東南亞女性新移民的營養知識、營養態度及飲食行為之探討》	南投：國立暨南國際大學東南亞學系碩士論文
31	2018	白桂英	《新住民母語學習歷程之研究：以臺泰跨國婚姻家庭為例》	南投：國立暨南國際大學東南亞學系碩士論文
32	2019	嚴德祐	《不同母親國籍子女的學習成果差異》	臺北：國立臺灣大學經濟學研究所碩士論文
33	2019	范穎芳	《新住民家庭幼兒大班升小一暑假活動安排：中國大陸及東南亞新住民母親之比較》	臺北：國立臺灣師範大學人類發展與家庭學系碩士論文
34	2019	曾玉如	《東南亞新住民及其子女家庭生活與學習之研究》	高雄：國立高雄師範大學東南亞學碩士在職學位學程碩士論文
35	2019	張瑋翔	《新住民家庭對子女母語之定義與語言態度研究》	花蓮：國立東華大學教育與潛能開發學系碩士論文
36	2020	葉芳伶	《東南亞已婚新住民婦女的汗與淚》	嘉義：國立嘉義大學輔導與諮商學系研究所碩士論文
37	2020	陳翊薇	《臺印跨國婚姻家庭親子互動經驗之個案研究》	彰化：國立彰化師範大學輔導與諮商學系碩士論文
38	2021	謝瑜心	《東南亞籍新住民女性的工作收入對原生家庭經濟之影響—以是否為商品化婚姻為調節變項》	臺北：國立臺灣大學國家發展研究所碩士論文
39	2022	梨恩瑜	《東南亞新住民（越南女性）在臺婚姻生活》	高雄：國立高雄師範大學東南亞學碩士在職學位學程碩士論文
文化認同 24 篇（依西元年份順序排列）				
	年份	研究人	論文名稱	發表地
1	2007	龔元鳳	《大陸與東南亞新移民女性子女族群認同之差異研究》	臺南：國立臺南大學教育學系課程與教學碩士班碩士論文
2	2007	李國基	《東南亞外籍配偶子女雙族裔認同之研究》	屏東：國立屏東教育大學教育行政研究所博士論文
3	2009	石承恩	《東南亞籍新移民女性國家認同的形塑與建構—以臺中市立五權國中補校為例》	彰化：國立彰化師範大學政治學研究所碩士論文
4	2010	陳秀美	《桃園縣東南亞籍新移民文化傳承之研究》	桃園：元智大學社會暨政策科學學系碩士論文

	年份	研究人	論文名稱	發表地
5	2011	趙禹菱	《桃園縣國中學生對東南亞籍女性移工及新移民接納態度之研究》	臺北：國立臺灣師範大學人類發展與家庭學系碩士論文
6	2011	楊濬瑋	《東南亞籍新移民女性國家認同之形塑與建構—以雲林縣為例》	彰化：國立彰化師範大學公共事務與公民教育學系碩士論文
7	2011	江麗淑	《社會接觸對東南亞新移民女性刻板印象之研究》	臺北：國立臺北大學社會學系碩士論文
8	2011	詹昶誼	《東南亞新移民女性在臺夫妻關係適應經驗》	臺南：國立臺南大學諮商與輔導學系碩士班碩士論文
9	2012	梁淑芬	《東南亞華人移民的離散認同—以四位新移民女性的生命史為例》	南投：國立暨南國際大學東南亞研究所碩士論文
10	2012	謝世軒	《東南亞新移民女性的認同建構與增權：三項媒介文化行動的個案研究》	嘉義：國立中正大學電訊傳播研究所碩士論文
11	2014	傅雅麟	《桃園縣東南亞新移民女性休閒活動、休閒阻礙及其協商策略》	南投：國立暨南國際大學東南亞研究所碩士論文
12	2015	黃馨嫺	《已婚東南亞新移民職業婦女在臺灣就業歷程中角色認同之探討》	彰化：國立彰化師範大學輔導與諮商學系碩士論文
13	2016	鄭杏如	《東南亞新住民子女對母親族群之認同研究—以雲林縣三名高職生為例》	嘉義：國立中正大學教學專業發展數位學習碩士在職專班碩士論文
14	2016	何韋君	《文化適應與再生產：臺灣桃園市閩客家庭中的東南亞新住民女性配偶》	南投：國立暨南國際大學東南亞學系碩士論文
15	2017	柯閔祥	《創建友善職場—東南亞新住民第二代未來就業與挑戰》	嘉義：國立中正大學勞工關係研究所碩士論文
16	2018	陳迪萱	《在臺灣東南亞女性新住民的認同歷程探討》	臺中：朝陽科技大學社會工作系碩士論文
17	2018	謝涼	《新住民是異鄉人或本地人？以臺中市豐原區為例》	臺中：靜宜大學社會工作與兒童少年福利學系碩士論文
18	2018	林偉婷	《面對固有的傲慢：二代移民述說他們的故事》	臺北：實踐大學應用外語學系英語溝通碩士班碩士論文

	年份	研究人	論文名稱	發表地
19	2018	吳蕙安	《偏鄉地區新臺灣之子的認同發展》	南投：國立暨南國際大學東南亞學系碩士論文
20	2019	陳美玲	《飲食生活型態與消費行為關係之研究—以東南亞籍新住民為例》	臺北：中國文化大學生活應用科學系碩士在職專班碩士論文
21	2020	陳玉水	《臺灣東南亞新住民社會形象的轉變及其教育意涵—從他人的觀看到自我的建構》	臺北：國立臺灣師範大學課程與教學研究所碩士論文
22	2020	幸美芳	《「東南亞」與布農的相遇：異鄉人、家與 Antala》	南投：國立暨南國際大學東南亞學系碩士論文
23	2021	李昱璇	《東南亞新二代加入志願役之研究》	新北：淡江大學國際事務與戰略研究所碩士在職專班碩士論文
24	2022	蔡旻蓉	《東南亞新住民子女族群認同與族語學習動機之研究—以新北市秀朗國小為例》	臺北：臺北市立大學歷史與地理學系社會科教學碩士學位班碩士論文
社會適應 18 篇（依西元年份順序排列）				
	年份	研究人	論文名稱	發表地
1	2008	吳嘉德	《桃園縣東南亞新移民的休閒與生活適應》	桃園：元智大學資訊社會學研究所碩士論文
2	2008	張郁雯	《東南亞裔新移民女性之家中權力與活動力探究》	臺北：國立臺北教育大學心理與諮商學系碩士論文
3	2010	陳泰綸	《析探外籍配偶之文化與社會認同—以彰化縣芬園鄉為例》	彰化：國立彰化師範大學政治學研究所碩士論文
4	2012	趙可芳	《東南亞離婚新住民女性之婚姻歷程與工作境況之研究》	南投：國立暨南國際大學東南亞研究所碩士論文
5	2013	李家鳳	《新移民女性社會支持系統與生活適應之研究—以臺東縣東南亞籍為例》	臺東：國立臺東大學教育學系碩士論文
6	2014	吳孟曄	《苗栗縣公館鄉東南亞新住民語言使用與語言態度調查》	苗栗：國立聯合大學客家語言與傳播研究所碩士論文
7	2016	楊詩婷	《三位東南亞籍新移民女性面對壓迫的經驗》	臺中：靜宜大學社會工作與兒童少年福利學系碩士論文
8	2016	蔡淑惠	《東南亞新住民女性社區參與之研究社會資本論—以彰化縣芬園鄉為例》	彰化：國立彰化師範大學公共事務與公民教育學系碩士論文

	年份	研究人	論文名稱	發表地
9	2016	任惠茹	《園藝治療對東南亞籍女性新住民自我價值感與幸福感之效益研究》	臺南：國立臺南大學諮商與輔導學系碩士在職專班碩士論文
10	2017	鍾慧華	《金門地區東南亞籍新住民女性識字情況與休閒生活現況之探討》	金門：國立金門大學觀光管理學系碩士論文
11	2018	侯忠劭	《東南亞新住民女性在臺生活與文化適應之探究：以移民署高雄市第一服務站通譯人員為例》	高雄：國立高雄師範大學成人教育研究所碩士論文
12	2019	薛舒羽	《東南亞新住民由受助者到助人者之轉換歷程》	臺中：靜宜大學社會工作與兒童少年福利學系碩士論文
13	2020	阮秋嫻	《東南亞新住民在臺灣生活適應之研究：以高雄地區越南新住民女性為例》	高雄：國立高雄師範大學東南亞學碩士在職學位學程碩士論文
14	2020	徐亦瑩	《欲走還留的旅程—因婚暴離家之東南亞裔新住民女性的波瀾與再生》	臺南：長榮大學社會工作學系碩士論文
15	2020	江麗偵	《東南亞女性新住民社會支持網絡發展之探討—以六個在臺灣綻放生命之花的個案為例》	臺中：東海大學教育研究所碩士論文
16	2020	劉怡攸	《霸凌及其危險因子：東南亞籍新住民子女及臺籍青少年子女的比較研究》	高雄：慈濟大學人類發展與心理學系碩士論文
17	2021	湯婉妮	《新住民休閒參與動機與生活滿意度之研究—以雲林縣東南亞新住民女性為例》	雲林：國立雲林科技大學休閒運動研究所碩士論文
18	2021	黃俊堯	《其實我懂妳的心—男性社會工作者提供東南亞女性新住民家庭服務經驗初探》	臺北：國立臺灣師範大學社會工作學研究所碩士論文
傳播媒體6篇（依西元年份順序排列）				
	年份	研究人	論文名稱	發表地
1	2008	張正	《全球化之下東南亞移民／工社群的跨界文化鬥爭》	南投：國立暨南國際大學東南亞研究所碩士論文

	年份	研究人	論文名稱	發表地
2	2009	張蓓琳	《閱聽人眼中的東南亞新移民女性：青少年的媒介使用與新移民族群認知的關聯》	臺北：國立政治大學新聞研究所碩士論文
3	2010	汪倩如	《「日久故鄉在他鄉」—移工／民媒體《四方報》的產製與閱讀》	臺北：國立臺灣大學新聞研究所碩士論文
4	2016	莊詠翔	《《島嶼雲煙》之創作論述》	臺北：世新大學廣播電視電影學研究所碩士論文
5	2017	陳浩寧	《從搖籃到社會：像新二代這樣的臺灣人》	臺北：國立臺灣大學新聞研究所碩士論文
6	2019	陳冠穎	《臺灣當代散文中的新移民女性形象》	臺北：國立臺北教育大學語文與創作學系碩士論文
創業4篇（依西元年份順序排列）				
	年份	研究人	論文名稱	發表地
1	2020	余慧鈴	《東南亞新住民在臺灣創業研究：以越南餐飲業為案例》	高雄：國立高雄師範大學東南亞學碩士在職學位學程碩士論文
2	2021	鄧氏綫	《人格特質、創業環境、創業資源對創業意圖之影響—以在臺灣的東南亞新住民為例》	臺北：國立臺北教育大學東南亞區域管理碩士學位學程碩士論文
3	2022	陳英琪	《國內東南亞籍新住民女性創業研究》	高雄：國立高雄師範大學東南亞學碩士在職學位學程碩士論文
4	2022	林源誦	《東南亞飲食文化之導入與發展—以印尼為例》	嘉義：南華大學文化創意事業管理學系碩士論文
宗教1篇				
1	2009	黃麗燕	《新移民女性來臺宗教信仰演變之初探—以臺中市某國小補校東南亞國籍配偶為例》	新竹：玄奘大學宗教學系碩士在職專班碩士論文

第九章

東南亞族裔街區為教育場域：議題融入課程的策略*

沈豪挺**

一、研究動機

近年來，由教育部所主導各種教學創新計畫，非常強調「議題」與「場域」的重要性，主張課堂不應只是在教室中進行，而應該讓學生面對真實世界，接觸與思考公共議題。例如若搜尋「大學課程」、「社會參與」兩組關鍵字，就會看到各大學所推動的各式相關課程，也分享各大學如何以該校特色，發展相對應的議題與場域。

筆者自 2017 年因工作因素，開始投入以東南亞族裔街區為教育場

---

* 此文部分內容曾發表於 2020 年 11 月 20 日「新南向新世代聚焦東南亞研討會」,〈東南亞族裔消費地景作為教育場域——以「翻轉移民區病理的體驗設計」課程為例〉，此教學案例為筆者任職於暨南國際大學「探戈 w/ 保羅大叔：修煉批判敘事力，以『東南亞』為方法」計畫期間所執行，感謝計畫主持人李美賢老師的支持，讓課程能夠順利進行。

** 筆者現為桃園市蘆山園社區大學主任秘書、國立暨南國際大學東南亞學系兼任助理教授。

域，規劃單日式工作坊讓各級學校能夠透過東南亞街區認識移民／工議題，也在幾所大學開設相關課程，嘗試以東南亞族裔街區議題融入課程當中，透過戶外參訪體驗、遊戲化等方式進行教學[1]。在這些過程中，學生學習情況呈現多種樣態，部分學生因興趣或家庭背景等因素，會願意全心投入學習，以瞭解東南亞移民的處境；也有部分學生對這個議題較為無感，只因學分需求等因素，選擇此課程。

而關於學生投入狀況較差的因素，筆者歸納有幾項原因，首先，在大學裡面修習課程，四年常見要求的學分數大約 128-140 學分，且同學多半有大三以前想要完成較多學分的期待，以利大四報考研究所、準備高普考、實習、交換出國等任務。在這種處境下，部分學生會將 4 年修習的課程壓縮在 3 年之間完成，若以 130 學分計算，每學期需修習 21 學分以上，平均每天 4 小時的課程。以這樣的修課負擔，除非是投入課業相對多的同學，不易每門課都用心投入，因此會造成課程中學生參與程度較低的情況。

另外，在普遍學生的認知中，大學課程學習最理想的狀況是與就業掛勾，認為大學課程要跟未來就業有關，才願意多學習，對於所謂與社會議題相關的通識課或選修課，除非個人有興趣，通常投入的時間與精神就會相對少。所以學生會放更多心力在認為有用的科目，甚至教師若沒有強制要求，有些學生會利用選修課的時間準備其它他認為更為重要

1 筆者自 2017 年加入桃園後站的「望見書間—東南亞藝文圖書」，隔年轉至位於臺中東協廣場，由暨南大學李美賢老師所主持的「SEAT 南方時驗室」服務，由於這兩個地方皆是以東南亞移民工消費為主的「族裔消費地景」，過去許多臺灣民眾稱之為「毒瘤」、「租界」的東南亞街區，為了翻轉這樣的刻板印象，我與團隊夥伴設計各種教學活動，讓來參訪的高中、大學師生更容易接近這個場域。

或緊急的科目。

為了處理此類情況，筆者曾嘗試各種方式進行教學，從單元的遊戲化教學、到整學期統整式問題導向教學，在過程中發現學生因採取不同的教學方式，能夠深化部分學生對於議題的認識，而此類教學方式隱含融入式課程設計的策略，因此本文將透過筆者所開設「以東南亞族裔街區為教育場域」的相關課程，以課程教材、學生作業與回饋等材料，探討其中所具備的融入式課程策略，並分析這樣方式如何突破既有的限制，增加同學的參與意願，深化同學對於議題的理解。

二、文獻回顧

融入式課程最具代表性的論述為 Laughlin、Engleson（1982）所提出，兩者以美國威斯康辛州（Wisconsin）能源教育為例，將融入式課程界定為將不同類別，但卻有相互關聯的單元一起教授，比如說將政策與能源議題結合，讓學生能從政治社會面向思考能源議題（徐敏雄 2008）。

在臺灣談論融入式課程設計以徐敏雄的論述較為完整，他提出融入式課程為「議題」與「主軸課程」相互融合的一種課程設計方法，他以臺灣的社區大學為研究對象，發展出四類融入式課程型態，分別為「單科附加單元」、「單科徹底融合」和「多學科附加單元」、「多學科徹底融合」與三種課程融入策略[2]，包含「將社區實體視為客觀知識」、「將社區實體視為可建構對象」和「將社區實體視為反思素材」等三種課程融入

2　此類型為徐敏雄根據融入式課程的基本定義，並參考黃政傑（2005）《課程改革新論》一書的看法。

策略[3]。

以前者來說，「單科附加單元」為18週課程中挑選1至數次課程，融入特定議題或進入場域。「單科徹底融合」則是將特定議題分散至18週課程內，「多學科附加單元」為同一學期內，由不同的講師圍繞著同一融入議題設計課程，參與1至數次課程單元。「多學科徹底融合」與「多學科附加單元」概念接近，差異在於18週主軸課程都要融入特定議題[4]。

而關於三種課程融入策略，「將社區實體視為客觀知識」意指將特定知能課程設定成主軸課程，再將社區實體及學習者主觀經驗視為融入議題，安插入主軸課程中，讓學習可以更加貼近真實生活世界，並重新發現個人經驗與社區實體之間的關聯性[5]。

「將社區實體視為可建構對象」則是改以學習者與社區實體為主，嘗試將知識與學習者的主觀經驗與社區實體進行對話，教師引導學習者詮釋自身的經驗，並賦予它意義，而產生更多元的詮釋角度。「將社區實體視為反思素材」則更為開放，教師的身分不只是講授者或引導者，而是創造出環境，與學習者一同將自身的經驗與社區實體做為議題，與知識和技能對話，在這樣的學習過程中反思與重建既有經驗、知能與社區實體[6]。

以筆者而言，曾於不同時期開設上述類型課程，如過去課程其中一週會安排同學去東協廣場參訪，是現行常見課程的操作方式，即屬於

3 有關徐敏雄關於融入式課程的設計，詳見其於2008-2013年的相關研究，詳見參考文獻。

4 同上。

5 同上。

6 同上。

「單科附加單元」。筆者也曾開設過管理類課程，邀請多位業界高階經理人於課堂中演講的課程，即屬於「多科附加單元」的操作模式[7]。而本研究所提出的個案則屬於「單科徹底融合」的類型，在策略上隨著課程安排與同學參與形式，將議題視為「客觀對象」、「可建構對象」或「反思素材」等情況，在後文會更詳細描述。

三、研究個案概述

在課程中最常碰到的阻力之一，就是學生學習意願較低，如同前述在整體環境的影響，學生的生涯規劃與同儕之間討論等因素，課程中同學的參與意願會有高有低，特別是像「東南亞移工」、「族裔街區」這樣的議題，離學生的生活情境相對較遠，即便臺灣社會若家中有年長者，便有可能聘請外籍移工，許多同學也有與外籍看護接觸的經驗，但要讓學生花費精神去理解外籍移工這樣的議題，其實並不容易，更何況要走入這個可能有些陌生、甚至害怕的東南亞街區[8]。

面對這樣的阻力，在課程的設計邏輯，我採用了幾個方式，以使同學能夠願意投入瞭解這個議題，在整體設計原則中，我以「遊戲設計」、「參與提案競賽」做為整個主軸，讓學生在這樣的過程中去接觸東南亞街區，認識族裔經濟與消費地景的議題，而在部分單元中，我也以遊戲做為媒介，來讓學生初步認識東南亞街區。

7　筆者於 2022 年與暨南大學資管系陳建宏老師合開「管理創新與社會正義實踐」課程，該課程有 6 週由陳建宏老師邀請業界經理人分享實務經驗。

8　在筆者這幾學期的開課經驗中，當帶領同學認識東協廣場時，會有些同學對於這個場域感到害怕或不自在。

本文以筆者於 2022 年所開設的「跨文化體驗教育活動設計」、「商業思維與社會實踐——以族裔地景為案例」課程為例，說明如何將場域探究與議題融入課程設計，首先簡述這兩門課程的課程規劃：

（一）跨文化體驗教育活動設計

本課程目標是讓同學透過系統化的步驟設計一款以東南亞移民工議題為主軸的「議題遊戲」，期望遊戲內容能打破一般人們對於東南亞移民工的刻板印象。第一部分先讓同學瞭解相關議題與體驗學習的概念，接著學習如何蒐集相關元素與設計遊戲，第三部分則是透過體驗設計與遊戲化的工具去優化遊戲，期望遊戲能夠具備議題的內涵，且讓遊戲更為「好玩」，進而提高玩家的參與程度，並能夠促進反思。

此課程設計的初衷在於能以更貼近學生興趣的方式，讓學生認識東南亞族裔街區相關議題，考量大學部學生較常接觸各類遊戲，因此選擇此一媒介做為授課內容。在議題的部分，以東協廣場做為場域，課程內容聚焦在「族裔經濟」與「族裔消費地景」兩個面向。「族裔經濟」是談論東南亞街區的主角——族裔店家，讓同學瞭解族裔店家的定義、特徵與分類，並討論這些少數移民為何有些可以在移入國有較好的發展，有些則否；「族裔消費地景」則是從整個族裔街區的角度來討論，包含街區被病理化、污名化的情況，以及街區如何成為少數族裔網絡節點等議題（邱琡雯 2013；郭儉、羅金義 2017）。

在成果產出部分，筆者要求學生以組為單位完成「實境解謎遊戲」，遊戲包含「知識」、「在地故事」、「謎題」三個部分，在「知識」的部分，前 4 週的課程讓同學能夠掌握關於東協廣場此類族裔地景的相關理論，接下來要求同學透過前 4 週的理論框架，去理解東協廣場的現況，並完成具理論觀點的田野報告，做為設計遊戲的基礎資料。而「在地故事」的部分，先讓同學藉由導覽員的講述與親身體驗，瞭解東協廣場的各種細節，同時要求同學去蒐集東協廣場視覺、聲音、氣味與味道等其它元素，挖掘廣場內更豐富的面向。謎題的部分，則讓同學掌握謎題設計的原則，並瞭解如何把族裔地景融入謎題之中，也知曉如何把在地故事融入整個遊戲過程，而不致於讓遊戲僅流於好玩，缺乏了想要表達的內涵。

（二）商業思維與社會實踐——以族裔地景為案例

這門課的主要目標，是讓同學理解如何將管理／商業知識應用於社會實踐。課程中將透過個案講授、小組討論與實作去認識各項商業工具，包含價值階層圖、價值主張適配圖、商業模式圖、商業提案簡報等。同時以東南亞移工、新住民與族裔街區為案例，帶領同學思考如何透過這些工具，完成推動與族裔消費地景議題的提案計畫。

這門課的設計想法如同前一門課一般，思考如何讓同學有興趣去接觸某個社會議題，相較於以遊戲的方式做為媒介，這門課則是藉由商業工具，讓同學去接觸社會議題。因此在課程設計方面，議題的部分同樣是「族裔經濟」與「族裔消費地景」兩項議題。而成果產出的部分，則是要求同學完成一份提案計畫書，請同學想像假設每一組是某個以東南亞移民為議題的非營利組織，要發起某個特定的行動方案，向政府單位或民間企業爭取資源。在作業設計部分，會讓同學去分析此項社會議題的現況，同學們欲發起的行動方案為何，這個行動方案如何推廣，促進利害關係人參與，以及如何編列合理的時程與預算，讓此方案能真正推動。

四、課程實施成果

（一）跨文化體驗教育活動設計

1. 課程進行過程描述

這門課整體課程執行，前 4 週先講述有關族裔經濟與族裔消費地景相關的概念，接著讓同學至東協廣場踏查，以印證與比較課堂中講授的內容與自己親身所見的差異，並加深對於此議題的認識；在期中之後，一方面讓同學體驗數款東南亞的議題遊戲[9]，讓同學瞭解如何設計遊戲，也反思現行遊戲可能存在的問題；並要求同學自行至東協廣場田野調查，學習蒐集在地故事，觀察東協廣場店家與訪談新住民、移工等利害關係人，並思考將調查內容轉化為遊戲素材。

為了確認同學對於概念是否理解，以及對場域的認識程度，期中作業安排田野報告，讓同學記錄訪談與觀察結果，也做為遊戲設計的基礎。在課程最後 3 週，同學們必須提出遊戲的初稿，筆者會給予相關建議，包含議題是否有融入遊戲之中、遊戲過程順暢與否、玩家是否能體會遊戲意涵等環節。在課程最後一週，以公開方式舉辦成果發表會，邀請非修課且有興趣的同學一同參與，也給予回饋，讓同學更瞭解遊戲能夠優化與改善之處。

2. 學習成果案例[10]

以上簡述這門課程大致的進行過程，這門課程中總計產出 6 組遊

9　此遊戲包含由以東南亞移工為服務對象的組織— 1095 所設計的「移工人生」，以及筆者所自行研發的「東協廣場回憶錄」。

10　此學習成果作者為楊潔玲、楊曼姿、潘貞頤等三位同學。

戲，包含實境遊戲與桌上遊戲，接下來我以其中一組同學的成果做為例子，分享此成果如何融入族裔經濟等相關議題，且同學在過程中如何更為理解此議題。

（1）遊戲簡介

此遊戲名為北移工路，主要目的想要讓參與者換位思考，進入移工、新住民的角色故事情境，理解他們在臺灣工作、家庭融合上的適應、文化的衝突等議題。桌遊以分組進行，一組人數 4 人，玩家扮演在臺灣東南亞移工主要來源國家的移工或新住民，分別是來自越南美芳、泰國 Sarpocha、菲律賓 Prince 以及印尼 Buti，在遊戲開始前將抽取角色牌卡，每張角色牌卡的四大數值（健康、知識、人際關係以及金錢）都會因其角色背景而有所不同。下表是四位角色的介紹：

國籍 / 姓名	角色介紹
越南 / 美芳	學習中文多年，善於中文；出身家境清寒，嫁到臺灣須前往越南小吃店打工，補貼夫家家用外，所賺的錢一部分也須寄回原生家庭。
泰國 / Sarpocha	剛開始嫁到臺灣時，對於中文不熟悉；丈夫要求她在家帶小孩，因此很少機會認識其他朋友，有時候會趁丈夫上班和家裡沒人時帶孩子出門與同為新住民的鄰居聚會。曾經被發現她帶孩子出門，不僅被責備，也更加減少她能夠外出的時間。使她越來越不敢踏出家門。
菲律賓 / Prince	家境普通，聽聞臺灣各個福利與薪資好，而決定來到臺灣，但臺灣的雇主對他相當不好，惡意苛扣薪水，甚至多次毆打他，讓他身心靈都不堪其擾，壓得他喘不過氣，卻也不知道該如何是好。
印尼 / Buti	在印尼接受雙語教育，到臺灣沒有語言溝通障礙，同時他在印尼也認真完成大學學業，累積了許多人脈，因不想依靠父母親，決定來臺工作，希望未來能創業，卻碰上了許多瓶頸，包含宗教與歧視問題。

這四個的角色設計，原先僅以國籍做為考量，呈現移入臺灣主要四個東南亞國家，而筆者提醒同學，這樣的設計會讓人物描繪較為單薄，無法呈現更多新移民在臺灣的處境。同學們在閱讀相關文獻與相互討論後，決定參考課堂中所討論的文獻《獅子山下的南亞小企業》為基礎，該書提到影響移民社會發展的因素包含了族裔特性與所擁有的資源，包含經濟、人力、文化與社會等資本（郭儉、羅金義 2017），因此這四位角色增加了其它的元素，舉例來說，泰國的 Sarpocha 與越南的美芳相比較，兩者的語言能力就有所差異，會影響他們在臺灣的生活與適應，印尼的 Buti 除了曾接受雙語教育之外，也完成大學學業後來到臺灣，這也有助於他在臺灣的發展。

（2）遊戲進行規則

此遊戲為透過擲骰子前進（如下圖），走進屬於他們的未知事件，在進行過程中，玩家有機會取得兩種牌卡，其一為命運牌卡，包含工作環境、人生經歷、休閒娛樂、機會以及命運的命運牌卡，每次觸發的牌卡都將影響著角色的積分數值；另一類則為機會牌卡，主要是呈現東協廣場的特徵，讓玩家解開場景特定的謎題，能夠認識新移民假日的生活環境。

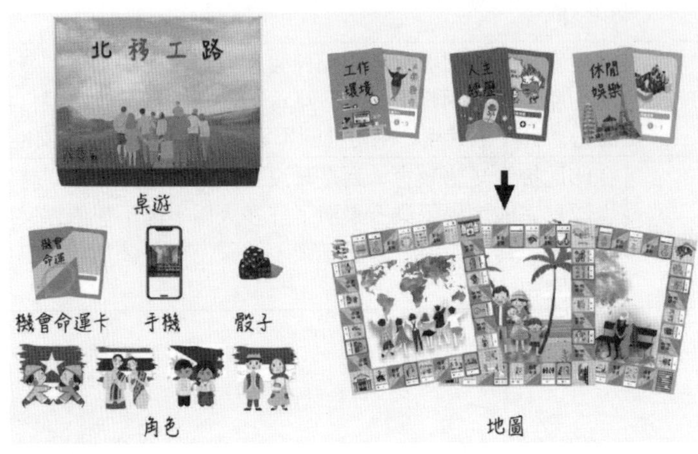

此段遊戲的安排，原先同學的設計有如臺灣大富翁或地產大亨的遊戲內容，想像新移民在日常生活中會遭遇的處境，來安排各項關卡與牌卡。此部分筆者也提醒同學如何在這些遊戲關卡、牌卡中融入族裔經濟相關理論的意涵，讓這個遊戲更具教育的意義。同學們一方面參考《獅子山下南亞小企業》一書，將機會結構的概念納入各項牌卡中，使得命運卡的內容涉及移民政策、經濟環境、營商條件和社會歧視；二方面參考王志弘關於臺灣東南亞族裔街區的相關研究，在機會卡中呈現移工假日在東南亞街區消費的特徵與意涵，讓整體遊戲有更豐富的內涵。

以這門課程來說，比較屬於單科徹底融合的類型，期望讓同學透過整學期的課程安排，能更熟悉「族裔經濟」與「族裔消費地景」的議題。而融入策略較為偏向「將社區實體視為客觀知識」，在同學進行作業時，將「族裔經濟」等議題視為融入議題，在同學製作遊戲的過程中，能夠貼近東南亞族裔街區，並連結自身經驗，發現族裔街區與自身的關聯性。

（二）商業思維與社會實踐——以族裔地景為案例

1. 課程進行過程

如前所述，這門課程主要是讓同學藉由學習商管工具的過程中去認識社會議題，主軸課程是以「商業管理」等概念為主，包含界定目標對象、分析需求、提出價值主張、行銷推廣等項目，融入議題則為「族裔經濟」、「族裔消費地景」等議題。整個課程著重在同學完成整體企劃，因此課程進度也依提案計畫的各項元素去安排。

在學期之初，同學在理解族裔地景等概念與議題之後，將從中思考針對這樣的議題希望提出什麼方案，並查找新聞報導、學術論文相關資料，訪談利害關係人，描述探討主題的現況；接下來則分析此議題現有組織所推動的行動方案，有何進展與不足之外，做為後續推動計畫的切入點；在學期中，要求同學要有初步的提案計畫，包含此方案的價值主張、目標客群、合作夥伴、關鍵資源等項目，完成此部分後，筆者會提供第一次的修改建議，讓同學調整內容，再進行後續的經費預算編列與工作時程安排；而在整體計畫完成且筆者再度確認後，同學會製作簡報與準備提案報告相關事宜。

為了讓同學們對於提案寫作更有真實感，該學期筆者鼓勵同學參與信義房屋所主辦的「全民社造行動計畫」提案競賽[11]，讓同學不僅是以完成作業為目標，而是想像若提案通過後，必須去付諸實踐，在 1102 學期，共計有 3 組同學，總計 10 人參與，這些同學皆以東南亞街區或移民做為主題，以臺中東協廣場為場域，銜接先前的學習內容，透過遊戲或策展來帶動更多民眾認識這個議題，而其中兩組更分別獲得種子獎與楷模獎的榮譽。

以下先簡述這項競賽的內容，並以主題為「異聲—隱藏的聲音」這組為例，說明學生們撰寫計畫與師生討論的過程，分析學生們在撰寫過程中如何深化對於相關議題的理解[12]。

2. 作業成果與分析[13]

信義房屋所主辦的「全民社造行動計畫」又稱之為「社區一家」計畫，是該公司為善盡企業社會責任所成立的獎助計畫，希望以社區為單

---

11 有關信義房屋「社區一家」可參考以下資訊：https://www.taiwan4718.tw/ 。

12 該組同學除參與社區一家提案之外，部分同學也開始準備提案中拍攝紀錄片相關事宜，曾先行訪問雇主、外籍看護與臺灣民眾。

13 此學習成果作者為江柏儀、劉瑀恩。

位，鼓勵臺灣大眾提出能改變社區面貌（無論是硬體或軟體）的計畫，經審核通過，該公司會給予1萬至20萬元不等的獎助金，讓獲選者有一定資金能夠投入自身希望執行的社會實踐專案。

該計畫的申請過程包含初選與決選兩個階段，初選需繳交一份資料表，包含提案動機、民眾參與度規劃、提案創意度、執行永續性與執行影響力等幾項內容。當初選通過後，才需繳交完整計畫書，並必須現場簡報。以「異聲—隱藏的聲音」這組而言，其初選資料如下：

1. 提案名稱 主標：異聲—隱藏的聲音 副標：雇主一定是壓迫的那方嗎？移工又是否一定是受壓迫的那一方？
2. 提案背景與動機說明（250字） 本團隊於暨南國際大學東南亞學系修習許多與東南亞移民相關課程，設計介紹東協廣場之影片，引導大眾思考移工污名化問題，並從中獲得啟發，而渴望更深入探討臺灣－東南亞移工之間的社會問題，並嘗試找出解方。近年來，許多媒體爭相報導外籍移工的處境，將「惡」的矛頭指向雇主。然而，沒有絕對的受害者，亦沒有絕對的加害者。當大眾批評雙方之行為時，卻忽略雇主與移工的勞動條件及生活狀況，因此希望透過實體型策展、數位移工假日生活軌跡地圖及紀錄片讓大眾看見隱藏在大眾媒體背後的全貌，創造真正平等多元的社會。

3. 民眾參與度 本提案目標對象以高中和大學學生為主，徵求志願者進行蒐集移工故事與策展工作，並於東協廣場設置展覽，共同向大眾宣傳此項議題；同時與東協廣場附近店家合作，製作數位移工假日生活軌跡地圖，並提供特定店家消費優惠，促進參與之觀展者至店家消費，預計 15 個店家參與合作，包括印尼、泰國、菲律賓及越南等店家。而本團隊實體展覽預計有 20 所學校、500 人次觀展；線上策展及紀錄片三部曲，包括 #TWO-WAY（呼應主題異聲，邀請大眾分享自身經驗與觀點，期望能呈現更多不同的想法）影片分享活動，預估能達到五千次點閱率。
4. 提案創意度 本提案以「紀錄片三部曲」為主軸，輔以「數位移工假日生活軌跡地圖」和「情境式故事體驗遊戲」為展覽亮點。首先，本團隊第一階段將進行田野調查，訪談雇主與移工，將蒐集資料做成情境式遊戲及生活軌跡地圖，並策劃實體展覽。以「故事體驗」將個案融入遊戲中，讓觀展者對議題有所啟發。以 Spark AR 結合數位軌跡地圖，在 IG、FB 製作每個店家專屬特效，供打卡與分享。最後，線上策展與紀錄片三部曲將呈現「壓抑、抵抗、共生」三大主題，促進大眾反思，讓參與者能夠「認識移工處境」、「反思移工議題」以及讓觀展者以 “#TWO-WAY” 影片分享活動，對於此項議題產生實際行動。

<table>
<tr><td>

5. 執行永續性

　　本團隊提案有三大項目，待實體策展過後將著重於線上策展。其一，將於線上策展中，放上紀錄片三部曲，其中第三部紀錄片將開放徵求觀展者之“#TWO-WAY”心得分享影片，於社交平台——FB、instagram等，持續引起更多大眾此議題的興趣。其二，「情境式故事體驗遊戲」在實體策展過後將設計線上遊戲體驗，以社群媒體為媒介著重網路宣傳，放置於線上策展中，打破地域性限制，增加線上參與者。其三，「數位移工假日生活軌跡地圖」在策展期間與東協廣場附近店家合作，除了吸引更多觀展者，提高團隊與店家收益，更建立良好關係。

</td></tr>
<tr><td>

6. 實施影響力

　　由於學生相對於成人較有可塑性，因此本提案的目標對象以高中和大專院校學生為主。以紀錄片三部曲紀錄參展者心境轉變，在對議題有基礎的瞭解後，於平台發表自己的觀點及心境變化。策展也透過情境式體驗遊戲讓參與者明白臺灣雇主－東南亞移工間之社會情況，瞭解應如何以多元平等的角度觀看事件，並學習翻轉常規之批判性思考。另外，數位移工假日生活軌跡地圖，以店家數位專屬特效吸引更多大眾目光，並創造與周圍店家的良好合作關係。活動宗旨在於讓大眾客觀理解東南亞移工與雇主之各自立場，消除社會大眾對於議題主角之刻板印象。

</td></tr>
</table>

　　本組同學會提出此項提案，起因於課程中我與同學們討論暨南大學李美賢老師於天下獨立評論所發表的一篇評論〈移工逃跑了？同理外籍移工的同時，不必妖魔化雇主〉（李美賢 2021），這篇文章透過兩則雇

主與移工之間的故事說明移工與雇主之間有著各種類型，提醒讀者移工的逃逸的背後，有著各種可能性，不應完全歸責於雇主，將雇主妖魔化。

這則短文內容不長，也沒有明確的批評或指責任何人、單位或組織，但引起幾個非營利組織成員的批判，如屏東縣好好婦女權益發展協會主任蔡順柔，即發文回應，透過幾則移工受虐，不公平對待的情況，來駁斥李老師的看法，他提到：

「我們這些服務者若說了這些事情（故事），這些事實都是希望提醒雇主引以為戒，即使我們透過媒體報導負面的事情或者加以批評發表，我不認為就等於妖魔化雇主。」（蔡順柔 2021）

這篇文章引起了同學許多的討論，由於不少同學們家中有聘請外籍看護，也有與看護相處的經驗，對於雇主與移工之間的關係會引起這樣的辯論感到有興趣，而同學們過去人文社會學科的經驗中，也感到有機會以別的方式將這樣的故事說明的更清楚，想引起更多人關注這樣的議題，因此有了開啟此計畫的構想。

同學在撰寫提案計畫書的過程中，會思考〈移工逃跑了？〉一文為何會引發非營利組織批評？若要引起大眾更認識移工處境，還必須進行哪些準備，取得哪些素材，才能讓故事說的更為完整；在與社會大眾溝通時，要用什麼媒介呈現，能夠引起更多的注意，並帶來更多的討論。

同學們為了解決上述的問題，他們閱讀相關文獻，去理解現有移工議題的學術討論，嘗試採訪同學家中的長輩與看護，親身去認識雇主與看護之間實際的互動情形，也會瞭解現行移工政策與法令。另外，他們也前往東協廣場與埔里街頭等地方採訪臺灣民眾，瞭解臺灣民眾對於此議題的看法，以及若是要推廣此議題時，要優先針對哪一類族群，以及要用什麼方式進行宣傳。

經過閱讀文獻、訪談以及與筆者的反覆討論後，該組同學以策展、紀錄片與 AR 科技的方式，來做為這個提案計畫的主軸，期望在東協廣場這個具代表性的場域內呈現移工議題更多的脈絡與樣貌，也透過社群分享的方式希望能引起大眾的討論。

在這個案例中，主軸課程應是「商業思維」，融入議題則為「族裔地景」，但與前一個遊戲設計的課程案例相較，這個案例整個教學過程更偏向於「將社區實體視為可建構對象」與「將社區實體視為反思素材」這兩個面向。在此之中，筆者的角色有時是引導者，針對議題提供建議，引導同學思考，但很多時候，筆者的角色更像與同學一起投入的參與者，在同學們每次討論的過程中提供一些看法，和同學們共同思考如何設計方案，來解決課堂討論中所觀察的現象與問題。

換言之，這個教學過程中，筆者沒有要求同學理解關於族裔經濟或地景等特定的理論概念，而是從課堂文本的討論結合同學們日常生活經驗，慢慢擴展出對於此議題的認識，反思與重建關於此議題的經驗。如同其中一位同學提到在經過多次訪談之後，他發現在網路媒體看似激烈的討論，但日常生活中關心此議題的民眾卻是出乎意料的少數，並非原先想像的二元對立，而更多是對此議題的不熟悉與不關心。

五、結論

本文以兩門課程為案例，探討如何運用融入式課程來讓同學理解族裔經濟與族裔消費地景等相關議題。筆者認為在現行大學的修課制度，與同學們因應此制度所衍生的應對做法，若是被認定為與自身生涯無關的科目，會傾向花費較少時間去處理該項科目，面對此一處境，融入式的課程設計是有可能改善此一情況的策略。而筆者所探討的兩門課程，分別以不同的方式來提升同學的參與動機，在「跨文化體驗教育活動設計」這門課程，筆者是以大學生較有興趣的「遊戲」為媒介，除了讓同學在課堂中體驗遊戲，也以遊戲做為表現任務，研究發現，同學們在設計遊戲的過程中，為了讓遊戲與社會議題結合更為緊密，會再重新思考課堂中所討論的文獻，並以自身的方式詮釋內容，融入遊戲之中，亦即同學在這樣的過程中，深化了對相關議題的認識。

而在第二個案例中，筆者以提案競賽做為媒介，讓同學發掘在臺灣新移民等相關議題中潛在的問題，並思考解決方案。在這個案例中，對於同學最大的誘因在於「提案」本身能讓同學連結未來的職涯發展，使同學認為理解這樣的議題有其意義與重要性，而在書寫提案的過程中，一方面能夠熟悉商業管理等這些與職場就業有關的工具，同時藉由閱讀文獻、觀察訪談等過程，重新思索這些議題。對這些同學而言，過去這些討論仍是屬於在人文學科同溫層中進行討論，同學之間比較能取得某些共同的見解，而同學在研究與撰寫報告與拍攝紀錄片的過程中，接觸到同溫層以外的意見與態度，對既有這些議題的想法，產生不同的觀點，也能對筆者所提供的套裝知識，有更多的反思。

綜合來說，這兩種策略可稱之為「有趣帶入議題」與「有用帶入議題」兩種操作模式，這裡的「有趣」或「有用」指的是相對於傳統的講述式教學，以及學生的認知，而非實際真的「有趣」或「有用」。若比較兩種教學策略的差異，後者更勝於前者，原因在於與職涯連結的誘因更勝於遊戲設計，且後者的核心目標在於提出解決方案，能促使同學更深入的思考。另外，此策略雖然能帶來較好的教學成效，但並非對所有同學都能產生同樣的效果，前提同樣在於同學們願意投入的程度。大致來說，該類型課程在系所推行相較於通識課程可能較能達到較好的效果，由於同學們必須花費較多課程以外的時間，且小組成員彼此之間，及與教師之間若能有一定的熟悉也助於遊戲設計與計畫書撰寫。

而此類型課程，若於人文系所開設，能夠拓展學生對於職涯的想像，讓同學思考如何以自身的專業領域應用於實務中，若於商管科系開設，則有助於培育學生對社會議題的關注，在追求經濟效益的同時，也能思考背後可能的倫理問題，並將這樣的經驗帶入日後職場工作中，對工作決策能有更廣泛地思考。

參考文獻

Laughlin, M. A., & Engleson, D. C. 1982. “Infusing curricula with energy education: Wisconsin’s approach.” *Indiana Social Studies Quarterly*, 33(3): 50-55.

王志弘。2008。〈族裔－文化經濟、謀生策略與認同協商：臺北都會區東南亞風味餐飲店個案研究〉。《跨界流離：全球化下的移民與移工（下）》。臺北：臺灣社會研究雜誌社，頁 61-107。

李美賢。2021〈移工逃跑了？同理外籍移工的同時，不必妖魔化雇主〉。天下獨立評論，https://opinion.cw.com.tw/blog/profile/162/article/11501（取用日期：2024 年 1 月 11 日）。

邱琡雯。2013。〈「移民區病理——網絡集結點」的衝突與克服：在臺越南女性的店家〉。《出外：臺日跨國女性的離返經驗》。臺北：聯經，頁 197-224。

郭儉、羅金義。2017。《獅子山下的南亞小企業》。香港：中華出版社。

陳錦榮、梁旭。2016。《認識香港南亞少數族裔》。香港：中華出版社。

黃政傑。2005。《課程改革新論——教育現場虛實探究》。臺北：冠學。

徐敏雄。2008。〈融入式課程設計的操作策略——以社區大學為例〉。《當代教育研究季刊》，16(3)：59-95。

——。2009。〈社區大學融入式課程設計之研究：基隆和新竹青風香社大的比較分析〉。《教育科學研究期刊》，54(3)：51-82。

——。2011。〈社區大學新移民議題融入媒體技巧課程經驗之個案研究〉。《教育實驗與研究》，24(2)：1-32。

——。2013。〈社區大學 MV 流行熱舞融入式課程實踐經驗之個案研究〉。《藝術教育研究》，25：1-31。

蔡順柔。2021。〈故事本就是一體兩面：訴說移工的悲慘遭遇，不等於妖魔化雇主〉。公民行動影音資料庫，https://www.civilmedia.tw/archives/105693（取用日期：2024 年 1 月 11 日）。